1970년대 박정희 정권의 문화정책과 문화통제

1970년대 박정희 정권의 문화정책과 문화통제

초판 1쇄 발행   2012년 2월 14일

지은이 ｜ 김행선
발행인 ｜ 윤관백
발행처 ｜

편   집 ｜ 소성순
표   지 ｜ 안수진
영   업 ｜ 이주하

인   쇄 ｜ 대덕인쇄
제   본 ｜ 바다제책

등록 ｜ 제5−77호(1998.11.4)
주소 ｜ 서울시 마포구 마포동 324−1 곳마루 B/D 1층
전화 ｜ 02)718−6252 / 6257   팩스 ｜ 02)718−6253
E-mail ｜ sunin72@chol.com
Homepage ｜ www.suninbook.com

정가   14,000
ISBN   978−89−5933−507−7   93900

1970년대 박정희 정권의 문화정책과 문화통제

김 행 선

선인
도서출판

이 저서는 2011년 정부(교육과학기술부)의 재원으로 한국연구재단의 지원을 받아 수행된 연구임(NRF-2011-327-A00055)

■ 책을 펴내며

　박정희 시대는 한국현대사에 있어서 긍정적인 의미에서건 부정적인 의미에서건 중요한 위치에 있다. 박정희 정권의 절정이라 할 수 있는 유신체제는 독재정치의 상징이자 자유와 인권문제의 억압적 체제로서 각인되어 왔지만 박정희 시대에 이룩된 경제성장으로 인해 아직까지도 박정희 신화는 계속되고 있다.

　특히 1970년대 유신체제기 우리 역사상 최초로 장기적이고 체계적인 국가적 지원 아래 추진되었던 문화정책은 당시 경제성장과 아울러 '문화한국'이라는 두 개의 수레바퀴를 추구했다는 점에서 오늘날 경제성장과 함께 문화선진국을 건설하고자 하는 우리에게 많은 시사점을 주고 있다.

　일제 식민통치로부터 벗어나 해방 이후 6·25전쟁을 경험하면서 한국 사회는 절대 빈곤상황 속에서 이를 극복하기 위해 경제성장과 경제번영을 목표로 달려왔다. 이제 먹고사는 문제가 어느 정도 해결되고 문화적인 욕구가 어느 때보다 절실하게 다가오는 21세기에 들어서서 대한민국의 경제성장과 문화한국의 초석을 놓았던 시기인 1970년대 박정희 정권 시대의 문화정책에 대해 연구한다는 것은 중요한 역사적 의미를 갖는다고 볼 수 있다.

또한 오늘날 사회 전반으로 문화에 대한 관심이 높아지면서 국가발전을 위한 경쟁력의 하나로 '문화'가 중요시되고 있다. 더 나아가 이제 세계는 글로벌 시대이며, 경제교류와 함께 문화교류가 왕성하게 이루어지고 또 절실하게 필요한 때이기도 하다. 문화교류를 통해 세계가 하나가 되고, 서로를 이해하며 국제친선을 도모할 수 있기 때문이다. 특히 세계적인 것은 지극히 한국적인 것이라는 점에서 한국의 전통문화에 대해 주목하지 않을 수 없는 것이다.

이에 한국역사상 처음으로 한국문화에 대해 체계적이며 종합적인 문화정책을 세우고, 자주적이고 주체적인 전통문화를 재인식하고 발견하려 했던 박정희 정권의 문화정책을 고찰하는 것은 의미 있는 일이라고 할 수 있다.

또한 우리는 보다 체계적이고 종합적인 문화정책을 시행했던 1970년대 박정희 시대를 고찰함으로써 오늘날 물질만능주의적 사고방식 및 천박한 자본주의 정신을 극복하고, 문화국민으로서 거듭나기 위한 학문적 시도를 모색할 수 있다.

아울러 그동안 한국사회는 해방 이후 분단체제하에서 형성된 독재정권에 저항하여 정치적 민주화 운동에 집중하여 문화적 민주주의에 대해서는 주목할 여유가 없었다. 그러나 이제는 정치적 민주화 운동뿐만 아니라 독재정권하에서 형성되어 온 위로부터의 문화적 억압과 규제로부터 벗어나는 '문화적 민주주의'에 대해서도 관심을 가져야 할 것이다. 이러한 길이 정치적, 경제적, 문화적 선진화의 길이기도 하기 때문이다. 그리하여 본 저서는 1970년대 박정희 정권의 문화정책에서 나타나는 국가적 민족주의의 폐단과 통제를 극복하고, 21세기 한국역사와 문화의 정체성과 발전을 모색하면서 개방화와 세계화 시대를 지향하는 데 기여하고자 한다.

　본인은 1970년대 유신체제기 고려대학교에서 대학생활을 했다. 그 당시 대학생들은 최루탄으로 상징되는 억압과 통제 아래에서도 청바지와 미니스커트를 입고 통기타를 치며, 젊음을 구가했다. 암울했던 유신체제의 혹독한 탄압 아래서도 젊은이들에 의해 대중문화는 발전하고 있었으며, 서구문화의 유입 속에서 방황하고 좌절하면서도 젊은이들은 낭만을 노래했고, 정의의 칼날을 내세우기도 했다. 한편으로는 유신체제에 굴종하는 사람들이 있으면서도, 또 한편에서는 저항한 시대가 바로 1970년대였다. 개발과 독재, 굴종과 저항이 함께 공존했던 시기인 1970년대 박정희 정권 시대를 문화정책과 문화통제라는 틀을 통해 다시금 객관적으로 재조명하고자 한다.

　이 책이 출간되기까지 내게 건강과 지혜를 주신 하나님, 나를 돕는 방패시며 나의 영광의 칼이신 하나님께 감사드린다. 그리고 나의 삶에 영원한 탯줄이시며 끊임없는 사랑을 공급해 주시는 노모와 큰 형부 및 사랑하는 가족들에게 감사드린다. 또한 학문적 인생의 길을 마련해 주신 강만길 교수님과 유영익 교수님에게도 감사드린다. 그리고 연구지원을 해주신 한국연구재단과 이 책을 기꺼이 출간해 주신 선인출판사 사장님과 직원 분들에게도 깊은 감사를 보낸다.

2012년 2월 5일
김행선

▌목차

제1장

머리말

제1장 머리말

　한국 근현대사를 둘러싼 논쟁의 중심에는 항상 박정희가 있다. 친일파, 한국현대사에서 군부의 역할, 경제발전의 공과(功過), 한일국교정상화, 베트남 파병, 각종 인권탄압, 지역감정 같은 해묵은 쟁점에서 그는 약방의 감초처럼 등장한다. 그는 전현직 대통령을 대상으로 한 인기도 조사에서 50%를 훨씬 넘는 수치로 수위를 차지하기도 한다.[1] 그리하여 박정희 신화는 오늘날까지도 계속되고 있다. 그는 4·19 민주화운동을 미완성의 혁명으로 만들고, 그의 통치 18년간 독재정권을 수립하고 인권을 탄압하고 자유를 억압했음에도 불구하고 그의 통치는 그가 이룩한 경제성장으로 정당화되고 있다. 즉 박정희 체제는 개발과 독재가 공존했던 체제이다. 그리하여 경제성장을 위해서는 어느 정도 독재가 필요했다는 '필요악' 논리가 의외로 설득력을 갖고 학계에 확산되고 있다. 그리하여 박정희 시대에 대한 재평가와 그를 둘러싼 논쟁이 계속되고 있는 것이다.

　그만큼 박정희 시대는 한국현대사에 있어서 긍정적인 의미에서건 부정적인 의미에서건 중요한 위치에 있다. 특히 박정희 정권의 절정이라

---

[1] 김일영, 「박정희 시대 연구의 쟁점과 과제」, 정성화 편, 『박정희 시대 연구의 쟁점과 과제』, 선인, 2005, 11~12쪽 ; 김행선, 『박정희와 유신체제』, 선인, 2006.

할 수 있는 유신체제는 독재정치의 상징이자 자유와 인권문제의 억압적
체제로서 각인되어 왔지만 박정희 시대에 이룩된 경제성장으로 인해 아
직까지도 그의 신화는 계속되고 있다.

박정희에 의해 단행된 유신체제란 1971년 12월 6일의 국가비상사태 선
언에서부터 1972년 말 유신헌법의 제안 및 선포에 이르기까지 일련의 조
치들을 통하여 성립되어 1979년 10월 26일 박정희 시해사건까지 지속되었
던 지배체제를 일컫는다. 박정희는 1972년 10월 17일 대통령 특별선언의
형식으로 기존 헌법을 폐지하고, 국회를 해산하여 대중들에게 강압적인
정치체제를 받아들이도록 강요했다. 무엇보다도 유신체제는 1972년 이
전까지 적어도 형식적으로나마 존속했던 경쟁적 선거를 통한 정권교체
의 가능성을 제도적으로 원천 봉쇄했다.[2]

그러나 유신체제가 성립되었을 때 대중들은 이 가혹한 체제의 성립 앞
에서 항거 한 번 제대로 못하였다. 그 이유는 무엇이었을까? 이에 대해
이종석은 분단상황과 연결해서 남한에서는 북한의 남침 가능성에 대한
실제적인 두려움이 있었고, 정치권력은 그것을 사회동원화에 이용하고
나아가 권력의 안정화에 이용했다고 설명하고 있다.[3] 그러나 이 외에도
당시 대중들이 유신체제에 즉각적으로 저항하지 않은 이유는 바로 유신
체제를 성립시키면서 이를 정당화시키기 위해 박정희 정권이 제시한 국
가적 민족주의 통치이념과 대중통제에서 찾을 수 있다.

이런 점에서 정해구는 오늘날까지도 박정희 신드롬이 양산되는 까닭
은 박정희 시대에 공유되었던 지배적인 통치이념을 대체할 수 있는 새로
운 패러다임 구축에 실패했기 때문이라고 보기도 한다.[4]

---

[2] 최경숙, 『한국현대사의 이해』, 부산외국어대학교 출판부, 2001, 271~272쪽.
[3] 이종석, 「유신체제의 형성과 분단구조」, 이병천 엮음, 『개방독재와 박정희 시대』,
　　창비, 2003, 279쪽.
[4] 정해구, 「박정희 신드롬의 양상과 성격」, 한국정치학회 편, 『박정희를 넘어서』, 푸

 박정희 정권이 제시한 유신체제의 통치이념(이하 유신이념)은 평화통일, 국력의 조직화와 능률의 극대화 및 총력안보, 반공주의, 한국적 민주주의, 성장주의, 주체적 민족사관의 정립과 민족문화의 창달, 사회혁신 등이다.5) 특히 박정희 정권은 6·25전쟁 이후 무분별하게 수용된 서구문화의 범람과 그 폐단을 지적하면서, 이를 극복하기 위한 통치이념으로 정치적으로는 한국적 민주주의의 확립을, 문화적·사회적으로는 주체적 민족사관의 정립 및 민족문화의 창달, 그리고 사회혁신 등을 제시했다. 그리고 제1차 문예중흥 5개년 계획을 추진함으로써 문화적 측면에서도 유신체제에 대한 대중들의 동의를 이끌어내고 대중들을 통제하고자 했던 것이다. 즉 1970년대 박정희 정권이 문화에 대해 간섭하는 방식은 '지원과 규제'라는 두 가지 방식을 통해서 보다 구체적이고 체계적으로 이루어졌으며, 그 대표적인 정책이 바로 제1차 문예중흥 5개년 계획이라 할 수 있다.

 1970년대 유신체제기 박정희 정권의 문화정책에 관한 연구성과물들은 다음과 같다. 우선 전재호는 박정희 정권의 문화정책을 민족주의와 결부시켜 파악하고 있다. 그는 「동원된 민족주의와 전통문화정책」과 이를 수정 보완한 「민족주의와 역사의 이용—박정희 체제의 전통문화정책」에서 박정희 정권의 문화정책은 자신들이 사활을 걸고 추진하던 경제개발정책에 국민들을 동원하기 위한 민족주의 프로젝트의 일부로서 추진되었으며, 이는 국민의 일상생활, 심지어 국민의 사고를 통제하기 위한 국가의 보이지 않는 손이라는 사실을 밝히고 있다. 즉 박정희 정권은 박정희 자신이 가지고 있는 정통성의 부재와 친일정권이라는 부정적 측면을 상쇄시키기 위해 전통문화정책들을 이용하여 민족주체의식을 확립하고 민

른숲, 1998, 65쪽.
5) 이에 대한 구체적 내용은 김행선, 앞의 책 참고.

족의 문화유산의 수호자로 자리매김하려 했다는 것이다.[6] 그러나 그의 연구는 1970년대 박정희 체제의 문화정책을 유신이념과 결부시켜 구체적으로 파악하지 못하고 있다.

1970년대 박정희 정권의 문화정책을 유신이념과 결부시켜 시도한 연구성과로 김창남의 「유신문화의 이중성과 대항문화」를 들 수 있다. 그는 유신체제하의 문화적 상황은 기본적으로 국가권력의 철저한 억압과 개입에 의해 규정되었다고 보았다. 그리고 정권의 정당성을 창출하는 이데올로기적 지배구조 속에서 대중문화에 대한 제반정책과 개입이 이루어져 실제로는 유신이념을 국민적으로 홍보하고 이데올로기적 기반을 다지고자 했다고 주장했다.[7] 그러나 이들 연구는 정작 유신체제하의 대표적인 문화정책인 제1차 문예중흥 5개년 계획에 대해서는 검토하고 있지 않다.

제1차 문예중흥 5개년 계획에 대해 구체적으로 분석한 논문으로는 우선 조현수의 「70년대 한국문화정책에 대한 연구」가 있다. 구체적으로 그는 한국사회의 구조적 모순에 대한 정책적 대응의 일부라는 관점에서 제1차 문예중흥 5개년 계획을 입안배경과 계획의 주체, 재원, 기능 등으로 나누어 분석하고 있다. 그 결과 그는 이 계획의 성격이 국민정신의 혁신이라는 유신정권의 방침과 연결되어 전 국민적 합의의 창출과 동원의 유도에 상당한 기여를 했다고 주장하고 있다.[8] 그의 연구는 이 계획에 대한 연구의 방향을 제시하는 데 있어 중요한 역할을 했지만, 이 계획이

---

6) 전재호, 「동원된 민족주의와 전통문화정책」, 한국정치연구원 편, 『박정희를 넘어서』, 푸른숲, 1998 ; 전재호, 「민족주의와 역사의 이용 - 박정희 체제의 전통문화정책」, 『사회과학연구』 7, 서강대학교 사회과학연구소, 1998.12.

7) 김창남, 「유신문화의 이중성과 대항문화」, 『역사비평』 30, 역사문제연구소, 1995 가을.

8) 조현수, 「70년대 한국문화정책에 대한 연구 - 제1차 문예중흥 5개년 계획(1974~1978)을 중심으로」, 중앙대학교 사회개발대학원 문화예술학과 예술학 석사학위논문, 1987.

갖는 정치적 이데올로기와의 상관관계를 밝히지 않고 있다.

이에 하효숙은 「1970년대 문화정책을 통해 본 근대성의 의미-문예중흥 5개년 계획과 새마을운동을 중심으로」라는 연구에서 한국인의 문화적 정체성과 1970년대 문화정책의 관련성을 규명한다는 관점에서 제1차 문예중흥 5개년 계획과 새마을운동을 분석하고 있다. 특히 동 논문은 선행연구들이 대체적으로 문화정책이 갖는 경제적인 결과에 중점을 둔 나머지 이것이 갖는 정치적 동력으로서의 의미를 밝히지 못한 공통적인 한계를 가지고 있다고 지적하고 있다.[9] 따라서 동 논문은 문화정책의 정치적 의미를 파악하는 데 중점을 두었다는 점에서 한 단계 발전된 모습을 보이고 있으나 실제 제1차 문예중흥 5개년 계획의 구체적 내용에 대해서는 검토하고 있지 않다.

이밖에도 백외문은 「한국문화정책의 발전방향에 관한 연구」에서 한국의 문화정책의 단계를 1기에서 6기까지 나누어 살피는 가운데 제1차 문예중흥 5개년 계획을 개략적인 수준에서 다루고 있다.[10] 이와 마찬가지로 정갑영 역시 「우리나라 전통문화정책의 전개과정과 그 의미」에서 1970년대 문예중흥정책과 전통문화보존정책에 관해 개략적인 수준에서 다루고 있다.[11] 제1차 문예중흥 5개년 계획을 기록을 통해서 그 실적을 개략적으로 밝힌 글은 이영도의 「기록을 통해서 본 70년대 문예중흥 5개년 계획」이다.[12] 그러나 이 글은 계획의 성격과 의미에 대한 분석은 없다.

이러한 선행연구들의 공통된 점은 역사적이고 실증적인 관점에서 제1

---

9) 하효숙, 「1970년대 문화정책을 통해 본 근대성의 의미-문예중흥 5개년 계획과 새마을운동을 중심으로」, 서강대학교 신문방송학과 석사학위논문, 2000.
10) 백외문, 「한국문화정책의 발전방향에 관한 연구」, 연세대학교 행정학과 석사학위논문, 1991.
11) 정갑영, 「우리나라 전통문화정책의 전개과정과 그 의미」, 『정신문화연구』 81, 2000.12.
12) 이영도, 「기록을 통해서 본 70년대 문예중흥 5개년 계획」, 『기록인』 7, 국가기록원, 2009 여름.

차 문예중흥 5개년 계획의 실시배경과 추진과정 및 방향과 원칙 그리고 내용, 더 나아가 동 계획이 갖고 있는 역사적 이중성, 즉 긍정적인 성격과 부정적 성격 등을 종합적으로 분석하고 있지 않으며, 동 계획의 역사적 의미와 문제점들을 구체적으로 검토하고 있지 않다. 특히 이들 선행연구는 사료이용 측면에 있어서도 제1차 문예중흥 5개년 계획의 담당주체인 한국문화예술진흥원에서 발간한 기관지인 『문예진흥』과 『문예년감』, 당시 신문들이나 잡지들과 문화공보부(이하 문공부)에서 발간한 사료들 및 국가기록원에 소장된 사료들을 보다 적극적으로 활용하지 않고 있다.

이에 본 연구는 제1차 문예중흥 5개년 계획을 역사적이고 실증적인 관점에서 실시배경, 추진과정과 방향 및 원칙 그리고 사업내용을 구체적으로 고찰하고, 그 의미와 문제점들을 종합적으로 분석하기로 하겠다. 사료이용에 있어서도 『문예진흥』과 『문예년감』, 당시 발간된 신문들 및 잡지들, 그리고 문공부와 남북조절위원회, 대한적십자사, 영화진흥공사(이하 영진공) 등에서 발간한 사료들과 국가기록원에 소장된 사료들, 대학의 기관지들을 적극적으로 활용할 것이다. 그리고 기존의 연구성과들이 동 계획의 부정적 측면만을 강조한 데 반해 본 연구는 긍정적 측면까지도 포괄하여 검토하고자 한다.

마지막으로 본 연구는 1970년대 유신체제기 제1차 문예중흥 5개년 계획이라는 문화정책하에서 실질적으로 어떻게 대중문화가 통제되었는지를 기존의 선행연구들을 정리함으로써 검토할 것이다.

개별적인 문화통제에 관한 연구는 다음과 같다. 우선 유신체제기 방송면에서의 문화정책에 대해 개략적으로나마 연구한 결과물은 최창봉·강현두가 저술한 『우리 방송 100년』이다. 이들은 유신이라는 초헌법적 통치 아래서 방송에 대한 국가통제가 전반적으로 강화되었고, 이전 시기와는 달리 방송내용에 대해 국가는 규제를 체계화한다고 하면서, 또 한편으로는 이러한 강력한 정치적 통제체제 아래서 방송산업은 역설적으로

이전 시기에 비해 비약적으로 확대 성장했다고 보았다.[13]

또한 영화방면으로는 김종원 · 정중헌의 『우리 영화 100년』이라는 연구성과가 있다. 이 책에서는 1970년대 한국영화산업을 쇠퇴기로 설정하고 있다. 그 이유는 정부에서 영화의 계도성과 교육성을 강조하여 국가안보 우선의 영화제작 및 유신이념을 홍보하기 위한 국책영화 위주로 정책을 펴고, 더 나아가 검열제도를 강화함으로써 영화산업의 발전과 자율성을 상실했기 때문이라는 것이다.[14] 박지연 역시 「1960, 70년대 한국영화정책과 산업」에서 박정희 정권의 근대화와 민족주의는 정치 · 경제 · 사회 · 문화 등 전반적인 영역에 영향을 미쳤으며, 당시의 영화정책은 이러한 근대화 프로젝트의 일환으로서 입안되었고, 한국영화와 영화산업은 유신체제의 직접적인 영향하에서 구조가 형성되었다고 주장했다.[15] 그는 이어서 「영화법 제정에서 제4차 개정기까지의 영화정책」을 구체적으로 살펴보면서 1970년대 박정희 정권하의 문화정책은 국가주의와 민족문화 담론이 구체화되는 매개였고, 국가주도의 민족주의 담론을 세련화하고 고도화하기 위한 것이었다고 주장했다. 그 일례로 영화정책의 변천과정을 통해 이를 입증했다.[16] 이외에도 이호걸의 「1970년대 한국영화」라는 연구논문이 있으며,[17] 김세진은 1970년대 국책영화 규정에 대해 연구한 바 있다.[18]

13) 최창봉 · 강현두, 『우리 방송 100년』, 현암사, 2001.

14) 김종원 · 정중헌, 『우리 영화 100년』, 현암사, 2001.

15) 박지연, 「1960, 70년대 한국영화정책과 산업」, 한국영상자료원 편, 『한국영화사 공부』, 이채, 2004.

16) 박지연, 「영화법 제정에서 제4차 개정기까지의 영화정책」, 김동호 외, 『한국영화정책사』, 나남출판, 2005.

17) 이호걸, 「1970년대 한국영화」, 한국영상자료원 편, 『한국영화사 공부』, 이채, 2004.

18) 김세진, 「1970년대 한국 국책영화 규정에 대한 소고」, 『현대영화연구』 3, 한양대학교 현대영화연구소, 2007.

또한 황혜진과 권은선은 박사학위논문으로 1970년대 한국영화에 대해 연구한 바 있다.[19] 황혜진은 1970년대 유신체제기 한국영화를 지속적으로 재문제화/재구조화되었던 문화적 형식으로 규정하고, 그것을 매개로 경쟁했던 국책영화의 공식적 담론과 대중영화의 비공식적 담론을 분석함으로써 그 경쟁의 공간에 대중의 욕망이 흡수되었거나 대중의 욕망이 경쟁의 지형 자체를 변화시켰던 지점을 해석적으로 재구성하고 있다. 외견상 서로 분리된 것으로 보이는 두 진영의 영화들은 때로는 상호 견제하는가 하면, 때로는 서로에게 깊이 침투하면서 당시의 대중의식을 형성하고 있었다고 주장하고 있다.

그리고 권은선은 1970년대 한국영화연구에 일종의 봉쇄효과를 만들어냈던 암흑과 쇠퇴의 수사학을 넘어서, 그리고 강제와 억압이라는 인식론을 넘어서, 1970년대 한국 영화 텍스트를 특정한 정치적 · 사회적 성운 속에 재배열하는 것을 목적으로 1970년대 한국영화를 검토하고 있다. 특히 그녀는 1970년대 유신체제기의 정치행태를 '생태권력'과 '생태정치'라는 개념을 원용하여 사용하면서 1970년대 개발 독재권력은 국익과 개발의 이름으로 국민을 통합시키기 위해서 구성원의 살아있는 신체, 일상적인 삶을 통치와 관리의 대상으로 삼고 정치적 영역의 한가운데로 포섭하고자 했다고 주장하고 있다.

한편 가요탄압에 대한 연구로는 김지평의 『한국가요정신사』와 박찬호의 『한국가요사』 및 문옥배의 『한국금지곡의 사회사』 등이 있다.[20] 그리고 1970년대 문화정책의 일환으로서의 연극제도와 국가이데올로기의 연

---

[19] 황혜진, 「1970년대 유신체제기의 한국영화연구」, 동국대학교 대학원 연극영화학과 박사학위논문, 2003 ; 권은선, 「1970년대 한국영화연구」, 중앙대학교 첨단영상대학원 영상예술학과 영화영상이론 전공 박사학위논문, 2010.

[20] 김지평, 『한국가요정신사』, 아름출판사, 2000 ; 박찬호, 『한국가요사』 2, 미지북스, 2009 ; 문옥배, 『한국금지곡의 사회사』, 예솔, 2004.

관성에 초점을 맞추어 연구한 논문은 박명진의 「1970년대 연극제도와 국가이데올로기」라는 논문이 있다.[21] 또한 윤진현은 1970년대 국립극단이 박정희 정권의 역사·문화적 관점을 대변하여 국가적 필요와 목표가 강력하게 관철되고 있음을 밝히기도 했다.[22] 이밖에도 한국예술종합학교 한국예술연구소에서 엮은 1970년대 전체주의적 국가주의 시대의 예술문화에 대한 종합적인 연구성과가 있다.[23]

본 저서는 1970년대 박정희 정권의 대중문화통제에 대한 기존의 연구성과들을 정리하면서 1970년대 대중문화의 발달과 대중문화통제에 대해 검토하기로 하겠다.

우선 문화 및 문화정책에 대한 개념규정으로 한국문화예술진흥원에서 발간한 『문화예술총서-문화정책』10에 나타난 것을 보면 다음과 같다. 문화에 대하여 테일러(Edward B. Tylor)가 총론적인 입장에서 정의한 '지식·신앙·예술·법률·관습 및 사회의 한 성원으로서 인간에 의해 획득된 기타 모든 능력과 습관들을 포함하는 복합총체'라는 개념을 생각해 볼 수 있으며, 보다 구체적으로는 지식·신앙·가치관·이념·예술·규범전달의 양식과 이러한 양식들을 유지, 전수, 창조하는 수단인 교육, 종교, 이념, 예술의 전달매체 등의 일체를 포괄하는 의미로 받아들이고 있다. 또한 정책의 개념으로는 '정부기관이 공적 목표의 달성을 위하여 가치와 실제를 투사해서 얻은 행동지침을 의미한다는 견해가 일반적으로 통용되고 있으며, 이와 같은 두 가지 개념의 복합개념으로서 문화정책이란 앞서 정의된 문화와 관련된 공적 목표(공익)의 달성을 위한 행동지침

---

21) 박명진, 「1970년대 연극제도와 국가이데올로기」, 『민족문학사연구』 26, 민족문학사학회·민족문학사연구소, 2004.

22) 윤진현, 「1970년대 국립극단 역사 소재극 연구」, 『민족문학사연구』 31, 민족문학사학회·민족문학사연구소, 2006.

23) 한국예술종합학교 한국예술연구소 엮음, 『한국현대예술사대계』 4(1970년대), 시공사, 2004.

을 의미하는 것으로 정의하고 있다.[24]

이러한 문화 및 문화정책에 대한 개념 아래 1970년대 박정희 정권의 문화정책인 제1차 문예중흥 5개년 계획과 문화통제에 대한 연구는 1970년대와 그 이후 한국문화를 이해하는 필수적인 과제이다. 이는 단순히 문화적 측면에서뿐 아니라 경제문제, 국가통제 등을 연구하는 데 매우 중요한 주제이며, 1970년대 역사연구나 그 시대의 역사적 성격을 해명하는 데 필요하다. 왜냐하면 문화는 경제 발전과 민주적 정치제도를 결정하는 핵심요인이기도 하기 때문이다.

특히 1970년대 제1차 문예중흥 5개년 계획과 문화통제에 관한 역사적인 관점에서의 연구 필요성은 지금까지 대한민국이 경제성장만을 추구하는 국가상에서 벗어나 21세기 '문화선진국'으로 나아가기 위한 초석으로 작용하는 데 있다. 일제 식민통치로부터 벗어나 해방 이후 6·25전쟁을 경험하면서 한국사회는 절대 빈곤상황 속에서 이를 극복하기 위해 경제성장과 경제번영을 목표로 달려왔다. 이제 한국인이 먹고사는 문제가 어느 정도 해결되고 문화적인 욕구가 어느 때보다 절실하게 다가오는 21세기에 들어서서 대한민국의 경제성장의 초석을 놓았던 시기인 1970년대 박정희 정권 시대의 문화정책에 대해 연구한다는 것은 중요한 역사적 의미를 갖는다고 볼 수 있다.

한편 파슨스(Talcott Parsons)는 『사회체제』라는 저작에서 사회질서를 정당화시킬 때 문화가 담당하는 역할을 보여주며, 그 문화는 사회구조와의 관계에서 상대적 자율성을 가지는 동시에 사회구조에 통합된다는 점을 논의했다. 파슨스의 논리에 의하면 사회체제는 하나의 사회구조와 세개의 하부체제들로 구성되고, 이 하부체제들 간에는 기능적 상호연관성이 있으며, 그중의 하나가 문화체제라고 했다. 즉 문화체제는 한 사회체

---

[24] 『문화예술총서─문화정책』 10, 한국문화예술진흥원, 1988, 11쪽.

제의 목표달성과 통합이라는 그 체제의 필요조건을 담당한다는 것이다. 다시 말해 문화는 근본적으로 사회체제 전체의 균형을 유지하는 중심적 역할을 한다. 문화는 자신들의 목표를 추구하는 사회행동인들을 계도할 상징적 환경들을 제공하며, 목표달성이라는 부담을 안고 있는 그 행동인들간의 협력과 통합이 유지될 수 있도록 한다. 요컨대 여기서 말하는 문화란 사회질서를 정당화시키는 데 봉사하는 이데올로기들, 이해관계, 공유하는 믿음 체계 등등을 함의하는 것이다.[25] 이런 점에서 1970년대 유신체제기 박정희 정권이 추진했던 문화정책과 문화통제는 이러한 문화체제의 기능을 유감없이 보여준 역사적 사례라는 점에서 주목될 수 있다. 따라서 본 저서는 이러한 관점에서 1970년대 박정희 정권의 문화정책과 문화통제를 검토하고 분석할 것이다.

더 나아가 이제 세계는 글로벌 시대이며, 경제교류에 앞서서 문화교류가 왕성하게 이루어지고, 더욱 절실하게 필요한 때이기도 하다. 문화교류를 통해 세계가 하나가 되고, 서로를 이해하며 국제친선을 도모할 수 있기 때문이다. 특히 세계적인 것은 지극히 한국적인 것이라는 전제 아래 한국적인 전통문화를 세계에 알리는 것은 한국을 세계에 이해시키고, 국익을 선양하는 데 필요하다. 이런 점에서 문화란 국가발전의 정신적 기초를 다지는 계기가 되고, 국가경쟁력의 원동력이 된다. 이제 문화는 국가발전의 전략으로 부상하게 된 것이다. 이에 우리는 우리의 전통문화를 세계적인 시각으로 바라보고 재해석하는 작업이 필요하며, 전통문화를 재인식하고 개발·발전시키기 위해서 역사적으로 어떠한 문화정책을 폈는지 연구할 필요성이 있다. 그리하여 우리 역사상 최초로 문화정책이 논의되고, 체계적이고 장기적인 문화예술 종합계획으로 추진되었던 1970

---

25) 크리스 젠크스(김윤용 옮김), 『문화란 무엇인가』, 현대미학사, 1996, 47쪽 ; 탈코트 파아슨즈(이종수 옮김), 『사회의 유형』, 기린원, 1989.

년대 제1차 문예중흥 5개년 계획에 관해 연구한다는 것은 이러한 점에서 더욱 필요하다고 할 수 있다.

또 한편 본 연구는 문화는 정신적 안식처이자 고향이라는 점에서 우리 시대의 물질만능주의적 사고방식 및 천박한 자본주의 정신을 극복하는 데 목적을 둔 학문적 시도라고 할 수 있다. 즉 우리 역사상 경제성장과 함께 '문화한국'의 모습을 창조하려 했던 박정희 시대의 문화정책에 초점을 맞추어 문화국민과 '문화한국' 건설의 필요성을 학문적으로 환기시키려는 데 연구목표를 둔다.

아울러 그동안 한국사회는 해방 이후 분단체제하에서 형성된 독재정권에 저항하는 정치적 민주화 운동에 집중하여 문화적 민주주의에 대해서는 별로 주목할 여유가 없었다. 특히 서구문화의 급속한 수용 및 물질만능주의와 천민자본주의의 발달로 인한 전통과의 단절 및 서구문화의 맹목적 추종 등으로 인해 발생한 여러 가지 한국사회의 병폐, 즉 정체성 상실과 문화적 비전 상실, 정신적 황폐화 현상 등은 심각한 문제가 되고 있다. 이러한 문화 부문의 낙후와 정체상태를 방치한 채 선진화를 말할 수 없다.

따라서 이제는 정치적 민주화 운동뿐만 아니라 독재정권하에서 형성된 위로부터의 문화적 억압과 규제로부터 벗어나 '문화적 민주주의'에 대해서도 관심을 가져야 할 것이다. 이러한 길이 정치적, 경제적, 문화적 선진화의 길이기도 하기 때문이다. 그리하여 본 연구는 1970년대 박정희 정권의 문화정책의 한계였던 국가적 민족주의의 폐단과 통제를 극복하고, 21세기 개방화와 세계화의 국제적인 흐름 속에서 한국사회가 보다 열려진 민족주의 사회, 개방된 민주주의 사회로 나아가 한국문화의 정체성과 발전을 모색하면서 한류의 흐름에 맞추어 한국문화의 세계화 시대를 열어가는 데 연구목적이 있다.

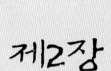

제2장

제1차 문예중흥 5개년 계획(1974~1978)의 내용과 역사적 의미

1. 실시배경

　제1차 문예중흥 5개년 계획을 추진하게 된 배경을, 박정희 정권은 우리의 국력이 이제는 문화예술분야에 관심을 돌릴 수 있고, 또 어느 정도 중점적으로 투자할 수 있는 경제적 여유를 가지게 되었다는 입장과 작금의 정치, 사회, 문화 등 모든 구조적 현상이 정신자원의 개발이나 문예중흥이라는 문제를 불가피하게 대두시키고 있다는 입장에 그 근거를 두었다. 첫 번째는 훌륭한 문화가 창조되는 시기에 그 나라는 예외 없이 번성했고, 또 부강한 국력을 배경으로 할 때에는 찬란한 문화의 창조가 가능했다는 역사의 교훈 속에서 추출해 볼 수 있듯이 문화와 국력은 표리의 관계에 있다는 것이다. 사실 1950년대 이전까지 우리의 국력은 문예중흥의 기대 가능성조차 없었던 비관적인 상태였다. 그러나 1970년대를 맞이하면서 힘과 자신을 갖게 되었다고 보았다. 즉 1960년대에 우리는 조국 근대화, 민족중흥이라는 기치를 선명하게 내걸고, 정부와 국민이 그야말로 혼연일체가 되어 총력을 기울인 결과 우리의 경제는 평균 8.6%라는 고도성장을 지속해 왔다는 것이다. 그 결과 1인당 국민소득은 1972년 293달러에서 1976년에는 700달러로, 1977년에는 864달러, 그리고 1978년에는 1천 달러를 훨씬 넘었다는 것이다. 그리하여 이제 어느 정도 자립

경제의 기반, 다시 말해 경제적 근대화의 기초를 구축하는 데 성공했다는 것이다. 이와 같은 국력의 신장, 경제면에서의 근대화를 위한 기초작업의 성취 등 모든 성장 추세가 제1차 문예중흥 5개년 계획이 추진되는 역사적 배경이 되었다는 것이다.[1]

두 번째 박정희 정권은 당시 문예중흥을 불가피하게 제기할 수밖에 없는 요인으로 문화·사회 등 모든 분야의 구조적인 면을 지적했다. 흔히 누가 한국문화의 특성은 무엇인가, 지금의 한국문화는 어떤 것인가라고 물었을 때 선뜻 이것이 한국문화이다라고 자랑스럽게 대답할 수 없는 상황에 처할 수가 있다는 것이다. 그만큼 우리 문화의 색채는 선명하지 못하고 주체성도 박약하다고 보았다. 먼저 문화창조의 모체라 할 수 있는 국민의 정신구조를 보면 과거지향적이고 비생산적이며, 비합리적이고 소극적이며, 의존적인 모습으로 형성되어 왔다고 보았다. 다음에 우리 문화가 전승 또는 생성되어 온 환경을 살펴볼 때 우선 조선사회 말기의 근시안적인 쇄국정책은 신문화의 형성이나 문화구조의 근대화를 저해하는 요인이 되었고, 36년간에 걸친 일본식민정책하에서의 이른바 조선문화말살정책이나 8·15해방 후의 혼란, 동족상잔의 6·25전쟁 그리고 1950년대 후반의 정치적 불안정 등 급격한 정치적 변동은 문화의 생성을 중단시키는 결정적 요인으로 되어 왔다는 것이다.[2]

이와 같이 고유문화의 전승이나 새로운 문화의 창조가 단절된 상황에서 8·15해방과 함께 조수처럼 밀어닥친 외래문화의 무분별한 직수입은 우리로 하여금 그 내면에 깊숙이 도사리고 있는 자유민주주의라는 본질적 사상보다는 외면에 부각되는 소비적이고, 경박하며 퇴폐적인 일면만

---

1) 문화공보부, 『문화공보 30년』, 문화공보부, 1979, 74쪽 ; 「문예중흥의 기본방향」, 『동서문화』 2권 10호, 1971.12, 18쪽.
2) 「문예중흥의 기본방향」, 『동서문화』 2권 10호, 19쪽 ; 윤주영(문공부장관), 「문예중흥의 배경」, 『월간중앙』 44, 1971.11, 229~230쪽.

을 모방함으로써 문화의 혼돈상태를 드러내게 되었다는 것이다.[3]

　박정희 정권은 일제 36년간의 민족수난기를 통해 우리는 고유한 전통
문화와 미풍양속을 많이 저버리게 되었으며, 또한 전통적인 문화유산을
모두 낡고 고루한 것으로 천시하는 열등감마저 갖게 되는 기풍이 조성되
기도 했다고 주장했다. 이러한 자학적인 기풍은 해방 후 오늘날까지도
좀처럼 사라지지 않은 채 그대로 남아 있는 경우가 많다고 보았다. 또한
박정희 정권은 해방과 더불어 겪어야 했던 조국 분단과 6·25전쟁이라는
민족비극은 우리에게 스스로의 전통문화를 부흥·발전시킬 수 있는 여
유를 허용하지 않았다는 점을 지적했다. 민족문화의 전통이 단절되고 퇴
색되어 버린 바탕 위에 해방 후 연합군과 함께 상륙한 서구 문명의 거센
물결은 일본을 통한 간접적인 것 외에는 별로 서구문화를 직접 접한 일
이 없었던 우리에게 그 섭취에 있어서 분별과 이성을 잃게 하였다고 보
았다. 그리하여 서구의 경우 선진적인 것이니까 무엇이든지 좋고, 우리
고유의 것은 후진적인 것이니까 무엇이든 버려야 될 것으로 아는 자멸적
인 풍조가 우리 사회를 휩쓸었다 해도 과언은 아니라는 것이다. 그 결과
서구문화의 건실하고 합리적인 장점보다는 퇴폐적인 단점만을 모방하는
'국적 없는 문화'를 조장하고 말았다고 주장했다.[4] 이에 박정희 정권은
4·19 민주화운동 이후 대두된 민족주의를 다시 표방하면서, 주체적 민
족주의 사관과 전통문화의 재창조 등을 내세우는 제1차 문예중흥 5개년
계획이 필요하다고 주장했던 것이다.

　이러한 인식은 일반 학계에서도 공유하고 있었다. 즉 역사의 전 과정
을 통해 볼 때, 우리의 전통문화는 외래문화와의 접촉으로 수많은 문화
접변을 경험해 오면서 오늘날과 같은 민족문화를 형성하였는데, 변화의

---

3) 「문예중흥의 기본방향」, 『동서문화』 2권 10호, 20쪽.
4) 「민족문화예술의 실태와 그 진흥의 필요성」, 『문교월보』 48, 1973.11, 31쪽.

속도에서는 특히 8·15해방 이후 서구문화의 영향처럼 큰 것은 없었다는 것이다. 의식주와 물질문화의 경우는 말할 것도 없고, 사회구조와 가치관의 문제에 있어서도 서구의 문화를 상당히 많이 수용하고 있어, 현재의 속도대로라면 우리의 전통문화는 지금까지보다도 더 크게 변질될 가능성도 없지 않다는 것이다.5)

특히 학계에서는 우리가 8·15해방 후 직접 접한 서구문화는 불행히도 미국의 군인문화라고 보았다. 한국은 제2차 세계대전 직후 미군의 군사점령지로서 미국문화를 만났고, 또 한국이 독립한 후에도 6·25전쟁을 계기로 전장에서 미국문화를 만났다. 그런데 그 군인문화는 미국문화의 정상적 정수가 아니라 비정상적 찌꺼기라는 것이다. 특히 미국은 서구문화에 있어서도 가장 현대물질문명의 꽃을 피운 나라이다. 그 물리적 힘은 인류사상 초유의 막대한 것이다. 그 물질적 힘이 전쟁의 형태로 한국땅에서 유감없이 발휘되었을 때 한국인은 정말 아찔했다는 것이다. 현기증을 일으켜서 제정신을 잃었다는 것이다. 그리고 전쟁터의 군인의 이상심리의 노출이 곁들여서 그 현기증이 배가 되었을 때, 미국문화에 대한 주체적 수용이란 거의 불가능했다고 보았다. 서구문화의 찌꺼기를 그 본체로 착각하여 가치의 전도현상이 일어났다는 것이다.6)

그 결과 서구문화, 특히 미국문화는 6·25전쟁을 통해 압도적으로 대량 도입됨에 따라 온갖 바람직하지 못한 부작용을 일으켰다고 했다. 분방한 자유의 물결은 사치와 허영과 경망한 풍조를 이 땅에 몰고 왔으며, 우리의 전래의 미풍양속은 자취를 감추고 말았다는 것이다. 그리하여 국민의 절대다수가 마음으로 승복하는 가치체계가 결여되었고, 가치체계의 결여는 다시 또 국민 전체의 목적의식이나 방향감각의 상실을 가져와

---

5) 여중철, 「전통문화와 외래문화」, 『영대문화』 10, 영남대학교, 1977, 217쪽.
6) 노명식, 「한국문화의 특수성과 보편성」, 『연세』 9, 1974.6, 122~123·125쪽.

한국인은 주체성 없이 각자의 안전과 이익만을 추구하는 지독한 이기주의 및 현세주의에 빠져들지 않을 수 없었다는 것이다. 그리고 주체성 상실의 허무함은 자연 한국인들을 말초적·관능적 쾌락주의와 찰나주의로 흐르게 했다는 것이다.[7]

그리하여 결국은 민족주체성마저 상실되고, 미국과 서양 것이면 무엇이든 좋다고 받아들이는 배외사상에 물들어 버렸다는 것이다. 특히 전쟁을 계기로 소비물자가 범람하는 현상은 사람들의 찰나적 생활태도와 결부되어 소비풍조를 조장했다. 여기서 돈만이 제일이라고 생각하는 물질만능주의가 생기게 되었다는 것이다.[8]

특히 6·25전쟁의 과정에서 미국은 군사적으로나 경제적으로나 한국을 살려 준 은인이 되었다. 미국이 한국을 도와준 데 대한 고마움은 곧 미국에 대한 절대적인 숭배사상으로 발전했다. 미국의 것은 무조건 좋은 것으로 받아들였다. 속된 말로 "미제는 양잿물도 좋고 똥도 좋다"는 사고가 한국사회에 만연하였다. 미국식 사고방식이 절대선으로 자리 잡음으로써 한국사회는 정신적으로 미국에 예속되고 말았다. 이것은 전쟁이 가져다준 직접적인 결과는 아니었지만, 전쟁이 없었다면 이 정도로 심각하게 자기 주체성을 상실하는 사회는 되지 않았을 것이다. 미국문화가 무차별적으로 쏟아져 들어오면서 한국의 고유문화는 점차 그 존재조차 희미해졌으며, 설 자리를 잃어갔다.[9] 그리하여 미국식 사고방식이 절대선

7) 문정복, 「해방 30년의 한국적 의식」, 『영대문화』 8, 영남대학교, 1975, 98~100쪽.
8) 정성호, 「한국전쟁과 인구사회학적 변화」, 한국정신문화연구원 편, 『한국전쟁과 사회구조의 변화』, 백산서당, 2002, 34~36쪽 ; 유팔무, 「한국전쟁과 문화변동」, 『아시아문화』 16, 한림대학교 아시아문화연구소, 2000.12, 217쪽 ; 부산일보사 기획연구실, 『임시수도천일』 하, 부산일보사, 1983, 141쪽 ; 김경동, 「오늘의 시점에서 본 6·25의 사회적 흔적」, 『현대사회를 어떻게 볼 것인가』, 동아일보사, 1988, 456~457쪽.
9) 임영태, 『대한민국 50년사』, 들녘, 1998, 173쪽 ; 김행선, 『6·25전쟁과 한국사회문화변동』, 선인, 2009.

으로 자리 잡음으로써 한국사회는 정신적으로나 문화적으로 미국에 예속되고 말았다.

그 결과 1970년대만 해도 전통적인 가치를 이미 상실한 채로 새로운 가치관이 정립되어 있지 못하는가 하면, 새로운 현대적 가치관과 전통적 가치관이 다 같이 왜곡된 채로 혼란에 빠져 있었다.[10] 그리고 1970년대 한국사회에는 물질주의와 그것이 가져온 속물근성이 뿌리깊이 만연해 있었다. 게다가 감각적 성향에서 오는 피상주의와 사대주의 및 공공정신의 빈약에 연유하는 정실주의와 같은 반지성적인 타성이 있었다. 이러한 경향과 타성으로 말미암아 한국의 문화에는 물량주의, 상업주의, 사대주의 및 정실주의 내지 정치주의라고 부를 수 있는 반문화적인 폐단이 현저히 나타나고 있었다.[11]

특히 상업주의로 우리의 민족문화는 급격히 저속화되어 가고 있었다. 대중의 본능에 영합하는 값싸고 말초신경을 자극하는 섹스문화 아니면, 금전으로 문화가 평가되어 전통적인 민족적 가치나 이러한 가치에 바탕을 둔 순수한 문화는 점차 퇴색되어 가는 경향을 보였다. 또한 문화가 고유한 의미의 문화인이나 예술인의 손을 떠나 이미 기업인의 손에 좌지우지되었다. 금전이 문화의 가치를 좌우하게 된 것이다. 문화가 그 자체의 가치에 따라 평가되지 않고, 기업이 조작한 대중적인 인기에 의해 좌우되게 된 것이다.[12]

그리하여 당시 학계에서는 전통의 자각과 주체성의 확립이 없는 곳에 문화의 새로운 창조와 정당한 수용이 있을 수 없으며, 민족 자긍의 신념과 자존의 긍지가 없는 곳에 영광 있는 장래의 전망이 있을 수 없다는 견해가 일기 시작했다. 그러므로 민족문화의 장래를 위해서는 무엇보다

---

10) 임희섭, 「해방 30년의 한국사회의 변화」, 『영대문화』 8, 영남대학교, 1975, 93~94쪽.
11) 김종길, 「한국문화의 현상과 새 가치관」, 『고대문화』 14, 1973.9, 26~27쪽.
12) 송건호, 「민족문화의 위기와 극복」, 『영대문화』 10, 영남대학교, 1977, 220쪽.

도 한국민족의 전통문화를 계발하여 세계 다른 나라 문화에 빠지지 않는 새로운 문화를 창조해 나가야 한다고 주장했다.[13]

특히 1970년대에 들어서 6·25전쟁이 끝난 지도 20여 년이 지났고, 정치적 변혁도 크게 두 차례나 경험하는 가운데 한국문화는 차차 제정신을 찾아서 서구문화와의 정당한 관계를 다시 모색하기 시작했다.[14] 또한 단순한 외래문화의 모방과 추종은 그 나라의 민족문화라고 할 수 없다고 보아, 진실한 민족문화의 창조와 발전을 위해서는 그 문화의 개성과 특징을 자각하고 문화적 구체성에 입각하여 그 개성을 더욱 풍부하게 하며, 그 특질을 더욱 발전시키도록 국민 전체가 노력해야 한다고 주장했다. 즉 안으로는 자기 나라의 문화전통과 정수를 존중·보호하고, 밖으로는 항상 외국문화의 장점을 섭취하는데 한국의 지성들이 이에 적극 참여하여 자국문화의 발전을 도모하고 조국근대화에 총진군하는 것, 이것만이 민족문화의 장래를 빛내게 하는 길이 될 것이라고 주장했다.[15]

또 한편으로는 외래문화에 대한 우리의 수용태도가 그릇되었다는 비판도 적지 않게 제기되었다. 더욱이 전시대에는 볼 수 없었던 문화의 저변확대 현상의 진전에 따라 오염의 주범을 그릇된 외래, 특히 미국문화로 규정하는 사례도 자주 보기에 이르렀다.[16]

그리하여 1970년대에 들어서 민족문화에 대한 재평가가 소리높이 강조되는 현상이 나타났으며, 우리 문화생활의 어느 분야를 막론하고 '민족', '전통', '주체'라는 말이 일종의 유행어가 되어 갔다.[17]

이에 박정희 정권은 물질과 정신면에 괴리되어 있는 차이를 하루속히

---

13) 박성의, 「민족문화에 대한 태도와 연구과제」, 『고대문화』 13, 1972.8, 25쪽.
14) 노명식, 앞의 논문, 123쪽.
15) 박성의, 앞의 논문, 26쪽.
16) 여석기, 「전통문화와 외래문화」, 『정신문화』, 한국정신문화연구원, 1981 겨울, 8쪽.
17) 송건호, 앞의 논문, 223쪽.

보충하는 정신 근대화 작업을 서둘러야 한다고 보았으며, 단절된 전통문화를 전승시키면서 그 바탕 위에 새로운 문화를 창조하는 작업을 해야 한다는 점에서 문예중흥의 필요성이나 당위성을 제기했다.[18]

특히 박정희 정권은 국민의 정신근대화는 경제개발에 못지않게 중요하고 절실한 과제라고 보았으며, 이는 문예중흥을 성취하는 기초적이며 근본적인 선행조건이 되는 것이라고 주장했다.[19] 국민정신의 개발은 경제개발에 선행되어야 한다는 것이 원칙이라는 것이다.[20] 그리하여 박정희 정권이 문예중흥을 부르짖었던 보다 근본적인 이유는 국민의 정신문화를 높여서 순화된 정신풍토를 이룩하자는 데 있었다.[21] 이러한 순화된 정신풍토란 유신체제에 잘 순응할 수 있는 국민의 정신근대화 내지는 정신개조를 의미하기도 했다.

박정희 정권은 10월 유신을 민족사 발전의 역사적 계기로 삼기 위해서는 사회 전 분야에 걸친 냉엄한 반성과 근본적인 개선이 요구되고 있지만, 그중에서도 가장 기본적인 과제는 유신의 주체인 국민의 정신개선이라고 보았다. 즉 한국적 민주주의를 정립·발전시키고, 능률을 극대화하며, 국력을 조직화함으로써 조국근대화와 조국통일을 성취하여 민족중흥의 새 역사를 창조하기 위해서는 민족정신의 계발이 그 기반이 되어야 하기 때문에 무엇보다도 국민정신의 혁신이 선행되어야 한다는 것이다. 이러한 국민정신은 유신과업의 완수를 위한 역사발전의 활력소로서 민족문화와 예술을 창조하는 근원이고, 민족중흥의 원동력이며, 지주라는 것이었다. 그리고 이러한 국민정신은 민족문화예술의 진흥을 통해서 진

---

18) 「문예중흥의 기본방향」, 『동서문화』 2권 10호, 1971.12, 20쪽.
19) 「문예중흥의 기본방향」, 『동서문화』 2권 10호, 21쪽 ; 문화공보부, 『민족문화예술의 슬기를 빛내자』, 문화공보부, 1973.
20) 김동호(문화공보부 문화과장), 「문예중흥의 기본방향과 그 과제」, 『시사』 11권 1호, 1972.1, 18쪽.
21) 「문예중흥의 기본방향」, 『동서문화』 2권 10호, 24쪽.

작되고 고쳐지는 것이며, 문화예술과 경제개발 및 국력배양은 상호 작용을 한다고 보았다. 요컨대 박정희 정권은 유신과업으로 조국의 안정과 번영, 그리고 통일을 달성하기 위해서 민족문화예술의 중흥은 더없이 요구된다고 주장했다.[22]

또한 박정희 정권은 민족문화예술 중흥의 필요성은 민족주체성 확립에 있다고 보았다. 민족의 주체성은 표면적으로는 자결할 수 있는 주권, 자립할 수 있는 경제력, 자위할 수 있는 국방력 등에 의해 확립된다고 하겠지만, 무엇보다도 자주적 정신과 주체적 문화 없이는 참다운 민족주체성은 확립될 수 없다는 것이다. 10월 유신은 우리 스스로의 힘으로 민족의 생존과 활로를 개척해 나가자는 민족주체성 확립의 기약, 바로 그것이라는 것이다. 우리가 유신과업의 하나로 문예중흥을 추진해야 할 필요성이 바로 여기에 있다고 주장했다.[23] 특히 문화예술은 경제개발과 국력배양을 더욱 가속화시키기 때문에 유신과업을 성공적으로 완수하기 위해서는 민족중흥을 이끄는 새로운 민족문화예술의 창조가 시급하고 절실한 과제라고 보았다.[24]

이밖에도 제1차 문예중흥 5개년 계획이 추진되게 된 역사적 배경은 매스미디어와 대중문화의 발달에 대한 통제의 필요성에 있었다. 1970년대 대중문화가 성장하면서 국가의 정책 목표 달성을 위한 효율적인 수단으로 문화예술현상을 규제할 필요성이 제기되었던 것이다. 즉 매스미디어의 발달로 인한 대중문화의 성장이 반체제 기능을 할 우려가 있었기 때문에 매스미디어를 통해 유신이념을 널리 홍보·전파하고 정부가 의도

---

[22] 「민족문화예술의 실태와 그 진흥의 필요성」, 『문교월보』 48, 1973.11, 32~33쪽 ; 「민족문화의 꽃은 피려나」, 『조선일보』 1973.10.21 ; 문화공보부, 『민족문화예술의 슬기를 빛내자』.

[23] 「민족문화예술의 실태와 그 진흥의 필요성」, 『문교월보』 48, 34쪽.

[24] 문화공보부 문화국 진흥과, 『제1차 문예중흥 5개년 계획확정』, 국가기록원, 1973.

하는 관제적 문화를 확장시켜 나가 국민의 정신을 유신이념으로 개조하려는 정치적 의도 아래 제1차 문예중흥 5개년 계획을 실시하고자 했던 것이다.

한편 매스미디어의 발달이 건전한 문화전파의 본연적 기능보다는 경박한 소비성 대중문화를 전파하는 역기능의 역할을 함으로써 이에 대한 규제가 필요하다고 보기도 했다. 박정희 정권은 1970년대 가속적인 신문·방송·TV 등 매스미디어의 확장은 건전한 문화전파의 본연적인 기능보다 경박한 소비성 대중문화를 전파하는 데에 오히려 치중하는 듯한 역기능을 수반했으며, 급속한 도시화의 사회변동과 함께 도시와 지방간의 현저한 문화적 격차를 초래하는 부작용을 가져왔다고 보았다.[25]

그리하여 도시와 농촌간의 문화적 격차를 줄이기 위해서도 문예중흥이 필요하다고 보았다. 또한 문화예술의 진흥을 뒷받침하는 제도·기구·정부의 지원체제가 극히 미약할 뿐 아니라 창작품에 대한 발표 무대가 좁고, 일반의 관심이 저조하여 창작품에 대한 절대 수요가 부족한 가운데 문화 예술인들은 매우 어려운 생활수준을 유지하면서 창작 연구 활동을 수행하고 있다는 점에서도 문예중흥의 필요성이 대두되었다. 더 나아가 박정희 정권은 문화창조의 주체인 문화예술인들이 국민정신을 계발하고, 침체된 민족예술의 중흥을 통해 민족의식을 고취하며, 국민의 총화적 단결을 촉성하여 국가발전을 선도해 나가는 역할이 미흡하다고 보아 문예중흥의 필요성을 제기했다.[26]

대중예술과 국민총화의 방향에 관한 예술문화윤리위원회의 세미나에서 정리된 주장에 따르면 난국에 처한 우리의 현실에 있어서 대중예술 관계자들이 국가의식과 민족의식을 망각하여 퇴폐적이며, 국적없는 대

---

25) 「문예중흥의 기본방향」, 『동서문화』 2권 10호, 20쪽.
26) 「제1차 문예중흥 5개년 계획」, 『신여원』 26, 1974.1, 364쪽.

중예술을 범람시켜 국민총화를 위한 대중의 정신적 자세를 병들게 한다면, 그것은 북괴가 심리전으로 노리는 목표이며, 간접침략에 이용당하는 결과가 된다고 지적하기도 했다.[27] 그리하여 박정희 정권은 문화예술인들을 유신체제에 동원하여 유신이념을 국민들에게 홍보하고 전파하는 도구로 삼고자 했던 것이다.

이상과 같이 박정희 정권은 표면적으로는 우리의 국력이 문화예술 분야에 관심을 돌릴 정도로 강력해졌다는 사실과 함께 해방 이후 무분별하게 수용한 서구문화의 여러 가지 폐단을 극복하고 단절된 전통문화를 전승하면서 정신 근대화를 이룩하여 새로운 문화를 창조해야 한다는 점에서 제1차 문예중흥 5개년 계획의 필요성을 제기했다. 더 나아가 문화예술에 대한 지원체제가 미약하다고 보아 이에 대한 국가적 지원을 추진하여 문화예술의 발전을 기하려 했던 것이다.

그러나 본질적으로 박정희 정권은 한국인의 정신자세를 숙명론적인 패배주의와 회의·냉소·부정적인 것으로 확정하고, 이를 극복하고 10월 유신을 추진할 수 있는 새로운 정신적 기반을 마련하며, 국권수호 및 민족의 활로를 개척하기 위해서는 유신의 주체인 국민의 정신개조에 있다고 주장했다. 왜냐하면 국민정신은 민족문화와 예술을 창조하는 근원이고, 민족중흥의 원동력이며, 지주라고 파악했기 때문이다. 그리고 이러한 국민정신의 개조는 곧 국력 및 경제개발을 추동하는 힘이 될 수 있다고 보았다. 그리하여 이러한 국민정신의 개조는 철저하게 유신이념으로 무장한 정신적 근대화를 이룩하는 것이며, 이를 위해 제1차 문예중흥 5개년 계획의 필요성이 제기되었던 것이다.

더 나아가 제1차 문예중흥 5개년 계획이 추진되게 된 배경은 1970년대

---

27) 「새 방향 찾는 대중예술」, 『동아일보』 1975.7.23.

산업화의 진전에 따른 매스미디어와 대중문화의 발달에 대한 통제의 필
요성에 있었다. 즉 박정희 정권은 매스미디어의 발달과 대중문화의 성장
이 반체제 기능을 할 우려가 있었기 때문에 매스미디어를 통해 유신이념
을 널리 홍보·전파하고 정부가 의도하는 관제적 문화를 확장시켜 나가
국민의 정신을 유신이념으로 개조하려는 정치적 의도 아래 제1차 문예
중흥 5개년 계획을 실시하고자 했던 것이다.

　요컨대 박정희 정권은 국가주의적 민족주의를 내세우면서 제1차 문예
중흥 5개년 계획을 유신과업을 성공적으로 완수하기 위한 수단의 하나
로 추진하려고 했으며, 이로부터 유신체제에 대한 대중적 동의를 이끌어
내고, 대중들을 통제하고자 했던 것이다. 즉 박정희 정권은 동 계획을 정
치적으로 이용하며, 유신이념의 도구로 삼아 대중들을 이러한 국가체제
아래 통합시키고자 했던 것이다.

2. 추진과정

　박정희 정권은 1960년대 후반부터 전통문화 부문과 관련된 다양한 정책을 추진했다. 특히 박정희 정권은 1968년 7월 보다 종합적이고 체계적인 전통문화정책을 추진하기 위해 문공부를 발족했다. 문공부는 기존의 공보부의 업무와 문교부로부터 문화재관리국과 국립박물관을 이관받아 국가의 중추조직으로 자리잡았고, 1970년대부터 전통문화유산에 대해 보다 종합적이고 계획적인 정책을 추진했다. 또한 문화재개발 5개년 계획(1969~1974)이나 제1차 문예중흥 5개년 계획(1974~1978) 등 장기적이고 계획적인 대규모 사업을 벌였다.[28]

　제1차 문예중흥 5개년 계획은 박정희의 강력한 의지표명과 지시를 통해서 수립되었다. 박정희는 1971년 제7대 대통령 취임사에서 "나는 선대의 빛나는 전통과 문화를 계승 발전시키고, 문예와 학술의 적극적인 창발로 문화한국중흥에 각별한 관심과 지원을 다할 것이다"라고 밝힌 바 있고, 1972년 예산교서에서 "정부는 문예진흥 장기계획을 세워 선대로부터 물려받은 문화적 유산과 전통예술을 계승 발전시키고, 민족사상과 주

---

[28] 전재호, 「민족주의와 역사의 이용―박정희 체제의 전통문화정책」, 『사회과학연구』 7, 서강대학교 사회과학연구소, 1998.12, 89~90쪽.

체의식을 바탕으로 새로운 민족문화를 창조해 나가겠다"고 재천명했다.[29]

이에 따라 박정희 정권은 문예중흥 중장기계획의 수립과 아울러 이를 뒷받침하는 법률 제정에 착수하여 1972년 8월 14일 문화예술진흥법 제정·공포, 1972년 9월 29일 문화예술진흥법 시행령 공포, 1972년 9월 29일 문화예술진흥위원회 규정 공포, 1973년 10월 11일 한국문화예술진흥원이 개원되었다. 문화예술진흥법은 예술분야에 국가가 적극적으로 개입하고 주도적 영향력을 행사하는 방향으로 정책 전환을 시도하는 시점에서 제정되었다. 이 법을 근거로 문예진흥의 추진 모체가 되는 문화예술진흥위원회와 한국문화예술진흥원이 설립되었다. 문화예술진흥위원회는 문화예술의 진흥에 관한 중요시책을 심의하기 위해 국무총리 소속하에 설치된 기구이다. 또한 한국문화예술진흥원은 이를 실행하는 제도적 기구로 설치되었다. 본 진흥원은 문화예술진흥사업과 그 활동을 지원하고, 문화예술진흥기금을 조성 운영할 목적으로 설립된 것이다. 특히 본 진흥원의 사명은 우리 겨레의 전통문화를 계승 발전시키고, 주체적인 민족사관을 정립하여 민족문화를 창조하며, 문화중흥을 이룩하여 예술의 생활화 및 대중화로 문화수준을 향상시키고, 문화예술의 국제교류를 적극화하여 문화한국의 국위를 선양하는 데 있었다.[30] 요컨대 본 진흥원은 새로운 민족문화를 창조하고자 하는 박정희가 지닌 집념의 산물이었다.

그리고 1973년 10월 18일 제1차 문예중흥 5개년 계획이 확정되었다. 본

---

[29] 조성길(한국문화예술진흥원 부원장), 「문예진흥원의 운영방향과 사업」, 『문예진흥』 1, 1974.5, 6쪽 ; 이영도, 「기록을 통해서 본 70년대 문예중흥 5개년 계획」, 『기록인』 7, 국가기록원, 2009 여름, 82쪽 ; 문화공보부 문화국 진흥과, 앞의 책.

[30] 문화공보부, 『문화공보 30년』, 226쪽 ; 「문예진흥원의 운영방향과 사업」, 『문예진흥』, 1974.5, 6쪽 ; 조성길(한국문화예술진흥원 부원장), 앞의 논문, 6쪽 ; 이영도, 앞의 논문, 82쪽 ; 조현수, 「70년대 한국문화정책에 대한 연구─제1차 문예중흥 5개년 계획(1974~1978)을 중심으로」, 중앙대학교 사회개발대학원 문화예술학과 예술학 석사학위논문, 1987, 23~25쪽.

계획은 1971년 7월 1일 박정희의 대통령 취임사를 계기로 태동하여 2년 만에 완성 발표된 것이다. 계획 입안에 착수한 문공부는 1971년 8월 학술원·예술원, 한국예술문화단체총연합회(이하 예총) 및 학계인사 등 30명에게 자문을 받고, 678명을 대상으로 우편조사를 실시하는 한편, 문예중흥의 기본방향에 관한 세미나를 통해 광범위한 의견을 모집하여 초안을 성안하고, 다시 15명으로 구성된 초안검토위원회를 두어 보완작업을 거쳤다.[31]

이와 함께 문화의 달(10월)과 문화의 날(10월 20일)을 제정했다. 이를 제정한 의의는 첫째, 전통적인 민족문화예술에 대한 긍지를 되새기고, 선인들이 남겨 준 문화유산을 기리며, 그를 통해 조상들의 빛나는 얼을 되살려 문예중흥을 이룩하고, 민족중흥을 기약하는 의지와 사명의식을 드높이는 데 있었다. 둘째, 오늘날 우리의 현실을 직시하고, 무분별한 외래문화의 직수입과 모방에서 연유된 국적을 잃은 여러 가지 문화적 비자주성을 깊이 반성하고, 전통문화의 바탕 위에 외래문화를 주체성 있게 섭취 동화시켜 새로운 민족문화예술을 창조·발굴해 나가는 민족문화예술의 새로운 전환점을 찾는 계기로 삼는 데 있었다. 셋째, 이러한 주체적 민족문화의식에 입각하여 우리의 민족문화예술을 올바르게 해외에 소개하는 계기로 삼는 데 있었다. 넷째, 문화예술을 모든 사회계층에 대중화하고, 나아가 전 국민이 그를 생활화하는 단계로까지 문화예술활동과 혜택이 보편화되도록 하는 계기를 삼는 데 있었다.[32]

특히 박정희 정권이 강조한 민족문화와 예술의 대중화 및 생활화란 모든 국민이 각자가 능동적으로 문예중흥운동에 참여해서 우리의 민족

---

31) 「제2차 문화예술 진흥위원회 개최」, 『문예진흥』, 1977.1, 12쪽 ; 「제1차 문예중흥 5개년 계획의 청사진」, 『조선일보』 1973.10.20 ; 「문예중흥 5개년 계획 개요」, 『문예진흥』 1, 1974.5, 15쪽.
32) 문화공보부, 『민족문화예술의 슬기를 빛내자』, 7쪽.

문화예술이 바람직한 방향으로 발전되도록 뒷받침하고, 또한 문화예술 활동에 적극 참여하며, 그 혜택을 고루 누리도록 힘쓰는 것이었다. 그리 하여 이를 통해 국민정서의 순화와 사회정화의 활력소가 되도록 하는 것이고, 나아가 유신과업 수행의 정신적 지주로 삼으려는 것이었다.[33]

또 한편 박정희 정권은 1973년 10월 20일 제1차 문예중흥 5개년 계획을 국민교육헌장처럼 압축한 '문예중흥선언'을 발표했다. 이 선언문은 1973년 10월 20일 국립극장에서 열린 전국문화예술인 대회에서 문화예술인 전체의 이름으로 채택된 것이며, 제1차 문예중흥 5개년 계획의 기조가 된다. '문예중흥선언'의 내용은 다음과 같다.[34]

우리는 민족중흥의 역사적 전환기에 처하여 새로운 문화창조의 사명을 절감한다. 한겨레의 운명을 결정짓는 근원적 힘은 그 민족의 예술적·문화적 창의력이다. 예술이 창조력을 잃었을 때는 겨레는 침체되고, 문화가 자주성을 찾았을 때는 나라는 흥한다. 신라 통일의 위대한 업적과 세종시대의 문화창조는 이를 증명한다.

우리는 길이 남을 유산을 개발하고 민족사적 정통성을 이어받아 오늘의 새 문화를 창조한다. 맹목적인 복고지향을 경계하고 분별없는 모방행위를 배척하며, 천박한 퇴폐풍조를 일소하고, 우리 예술을 확고한 전통 속에 꽃피우고 우리 문화를 튼튼한 주체성에 뿌리박게 한다.

우리는 조국의 현실을 직시하고 영광된 겨레의 내일을 위하여 가치의식과 사관을 바로 잡고, 표현의 자유와 문화의 자주성을 누리며, 곳곳마다 문화의 전당을 세워 겨레가 함께 예술을 즐기도록 한다. 우리는 자기의 자세를 새롭게 가다듬어 우리의 업적이 세계에 부각되도록 힘쓰며, 문화의 활발한 국제교류를 통하여 인류 문화에 이바지할 것을 다

---

33) 같은 책, 31쪽.
34) 「제1차 문예중흥 5개년 계획의 청사진」, 『조선일보』 1973.10.20 ; 「문예중흥선언」, 『문교월보』 48, 1973.11, 69쪽 ; 문화공보부 문화국 진흥과, 앞의 책 ; 이영도, 앞의 논문, 82~83쪽; 「문예중흥선언문」, 『동아일보』 1973.10.23.

짐한다. 이에 모든 예술가, 모든 문화인들은 온 국민과 동참하는 대열
에 서서 예술과 문화를 아끼고, 사랑하는 풍토를 조성하고 정성을 다해
문예중흥을 이룩할 것을 선언한다.

이 같은 문예중흥선언은 문화유산의 계승발전과 문예학술의 적극적인
창발로 새로운 민족문화를 수립할 것을 다짐한 것이고, 더 나아가 유신
이념에 따라 국민의 정신근대화 내지는 정신개조를 선언한 것으로 볼 수
있다.

특히 박정희 정권은 1974년부터 제1차 문예중흥 5개년 계획을 실시하
여 새로운 차원에서 '문화한국'을 이룩하고자 했다. 이는 두 차례의 경제
개발 5개년 계획 일변도에서 벗어나 문화적 기풍을 진작한다는 데 주안
점을 둔 것이었다. 당시 문화적 풍토가 저속하고 퇴폐적인 소비성 문화
라고 생각하여 정부가 앞장서서 문화풍토를 개선해 보자는 것이었다.[35]
이는 박정희 정권이 문화예술에 대해 더 많은 관심과 지원을 나타내고,
제도적으로 뒷받침한다는 뜻으로 받아들여지기도 했다.[36]

한편 제1차 문예중흥 5개년 계획 기간은 1974년부터 1978년까지로, 그
실질적 주체는 문공부를 중심으로 한 정부였다. 문공부 산하 부서 중에
서 문화예술과 직접적인 연관을 지니고 있었던 부서는 문화국, 예술국,
문화예술진흥관실 등 세 곳이다. 그리고 부설기관으로 문화재관리국, 국
립박물관, 국립현대미술관, 국립국악원, 국립극장, 국립영화제작소 등이
있었다. 이들 단체가 각종 예술활동에 깊숙이 관여하면서 일사불란한 문
화정책 수행을 주도했다.[37]

---

35) 「문화한국 80년대 투시」, 『동아일보』 1973.10.21.
36) 「제1차 문예중흥 5개년 계획의 청사진」, 『조선일보』 1973.10.20.
37) 박명진, 「1970년대 연극제도와 국가이데올로기」, 『민족문학사연구』 26, 민족문학

문화국의 문화과는 ① 민족문화의 발전·연구·보급, ② 국제문화교류, ③ 문화단체의 지휘감독, ④ 국립박물관의 감독 업무를 관장하고, 출판과는 ① 저작권, ② 출판인쇄업자의 등록, ③ 외국서적의 수입에 관한 업무를 담당했다.[38]

예술국의 예술과는 ① 예술진흥책 연구, ② 국제예술교환사업, ③ 예술단체의 지도, ④ 국립현대미술관의 지도 감독 등의 책임을 졌다. 그리고 영화과는 ① 영화의 검열·제작·수출입, ② 영화제작자의 인가, ③ 영화예술단체의 지도 육성, ④ 영진공과 영화배급사연합회의 지휘 감독을 책임지고, 공연과는 ① 여러 가지 형태의 대중오락 육성, ② 음반제작, ③ 공연자의 등록, ④ 국립국악원과 국립극장의 운영 감독에 책임을 지고 있었다.[39]

문화예술진흥관실은 제1차 문예진흥계획의 여러 가지 사업의 조정기관 역할을 수행했다. 문교부에서 이관된 문화재관리국은 유형·무형의 동산·부동산 문화재의 보존, 유지 및 수리의 책임을 졌다.[40]

한편 문교부는 전체 문화정책의 교육적 면에서 중심적인 역할을 담당했다. 주요 업무는 ① 미술, 음악대학과 초중등학교의 예술교육의 내용 결정, ② 국립도서관의 관리 및 공공도서관의 지도·감독 등이었다. 문교부장관은 유네스코 한국위원회가 집행하는 문화사업에 지대한 영향력을 갖고 있었다. 그리고 부설기관인 예술원과 학술원은 예술과 학술의 발전 진흥에 관해서 정부에 자문하고, 여러 가지 서훈과 상을 천거했다. 또한 군 단위 이상의 자치단체는 문화공보실을 두고 있어서 공보 행정 이외에도 문화재 보호, 출판, 공연예술, 영화, 기타 문화와 예술에 관한

사학회·민족문학사연구소, 2004, 11쪽.
38) 같은 논문, 11쪽.
39) 같은 논문, 11쪽.
40) 같은 논문, 11~12쪽.

사항을 관장했다.[41)]

또한 민간 및 공공기관으로서는 예총과 각종 윤리위원회가 있다. 예총은 1963년 1월 30일에 설립된 모든 예술인들의 연합단체로서 예술문화인 상호 친목도모 및 권익보호와 민족예술의 국제교류, 예술문화 발전 및 창달을 목적으로 내세웠다. 그러나 이 단체는 순수한 민간단체이기보다는 문화예술인에 대한 조직적인 정책적 영향력 아래에서 형성되었던 기구였다. 그것은 창립준비위원회의 구성모임이 공보부와 문교부의 후원으로 이루어졌고, 예총회관의 신축이 박정희 대통령의 하사금으로 이루어졌다는 사실로 알 수 있다. 윤리위원회에는 한국방송윤리위원회, 한국신문윤리위원회, 한국도서잡지주간신문윤리위원회, 한국공연윤리위원회(이하 공윤) 등이 있는데, 그 주요역할은 자율심의라는 이름 아래 행해지는 각종 문예현상에 대한 검열기능이었다. 이들은 비록 민간단체의 외형을 띠고 있었지만, 그 설립목적과 주요사업에서 드러나듯이 정책지향적 성격을 지니고 있었다. 특히 각 윤리위원회는 민간기구로서 자율심의라는 명목이 검열기능을 행사하지만, 실제 각종 행사에는 문공부의 허가와 취소권이 규정되어 있었기 때문에 사실상 이중의 감시체제가 구비되어 있었다.[42)]

제1차 문예중흥 5개년 계획은 문화예술진흥위원회의 통제 조정 아래 중앙 및 지방의 모든 문화예술 조직을 총동원하여 추진되었다. 이를 위해 중앙에서는 한국문화예술진흥원과 예술원, 예총, 각급 학교, 학·예술 연구단체들이 상호 긴밀하게 횡적 관계를 유지하면서 창작 연구활동을 전개하도록 하고, 지방은 시·군의 문화원과 마을의 새마을회관을 종적으로 직결시켜 지방문화예술진흥의 중추적 역할을 수행하도록 함으로써

---

41) 같은 논문, 12쪽.
42) 박명진, 앞의 논문, 12·20쪽 ; 조현수, 앞의 논문, 26~27쪽.

문화예술의 저변을 확대해 나간다는 것이었다. 이 계획을 효과적으로 뒷
받침하기 위해 한국문화예술진흥원은 문예진흥기금을 적립 운영하고 문
화예술계의 광범위한 참여 아래 지원심사위원회, 고전국역위원회, 번역
위원회, 문화예술자료실 등을 설치 운영하는 것으로 되어 있었다.[43]

즉 제1차 문예중흥 5개년 계획은 지금까지 분야별로 산발적인 사업을
벌여온 것을 문화예술진흥위원회의 통제와 조정 아래 균형있게 진행한
다는 것이 특색이었다. 정부의 지원사업은 한국문화예술진흥원이 중심
이 되지만, 이밖에 예총과 각급 학교, 각 학술단체와 횡적 연락을 가지
며, 관계부처는 물론 지방의 문화원과 새마을회관을 종적으로 직결시켜
지방문화를 균형있게 발전시키고 저변을 확대하겠다는 것이었다.[44] 요
컨대 제1차 문예중흥 5개년 계획은 경제개발계획과 유사한 형태의 민족
문화예술진흥정책으로, 국가 주도의 민족주의 담론을 세련화하고 고도
화하기 위한 것이었다.[45]

한편 제1차 문예중흥 5개년 계획의 투자규모와 자금 조달계획을 보면
기간 중 투자되는 자금은 총 250억 원에 달한다. 부문별 투자규모를 보
면 문화재의 보수, 개발과 민족사관 정립작업, 전통예능전승작업 등 전
통문화계발사업에 60%인 150억, 문학, 미술, 음악, 연극, 무용 등 예술진
흥부문에 24%인 60억, 영화·출판 등 대중문화창달에 40억, 문예중흥기
운 조성에 7억 원으로 되어 있었다. 총액의 29%에 해당하는 72억은 민간
자본으로 충당되는 데 영화진흥사업 소요자금 32억과 출판진흥자금 39억

[43] 「문예중흥 5개년 계획 개요」, 『문예진흥』 1, 1974.5, 10쪽 ; 문화공보부 문화국 진흥
과, 앞의 책.
[44] 「문화한국 80년대 투시」, 『동아일보』 1973.10.21.
[45] 박지연, 「영화법 제정에서 제4차 개정기까지의 영화정책(1961~1984)」, 김동호 외,
『한국영화정책사』, 나남출판, 2005, 219쪽.

은 영화금고와 출판금고에서 각각 부담하며 문예진흥기금 39억은 극장 모금으로 거두게 되므로 정부가 부담하는 액수는 전체의 71%인 177억 원이었다. 이를 연도별로 보면 다음과 같다.[46]

연도별 투자규모와 자금조달 계획　(단위: 100만원)

부문	총계	전통문화계발	예술진흥	대중문화창달	문예중흥기운조성
합계	24,735	14,343	6,496	3,163	732
1974년	4,864	2,507	1,346	874	130
1975년	4,733	2,557	1,300	724	150
1976년	4,547	2,510	1,277	609	150
1977년	4,117	2,189	1,302	475	150
1978년	6,473	4,579	1,269	474	150

　정부예산은 1974년도의 예산수준을 상회하지 않는 범위 내에서 일반 회계에서 42억, 문화재관리 특별회계에서 67억, 그리고 관광종합개발계 획에 의한 경제개발 특별회계에서 69억 원을 투입함으로써 정부예산을 증액함이 없이 이미 책정된 문화예술분야의 사업을 5개년 계획의 목표 에 따라 중점적으로 재조정한 것이었다.[47]

　문공부의 문예중흥 5개년 계획 중 전통문화계발부문에 투자되는 액수 는 약 150억 원으로 총규모의 60%를 차지하고 있어 어느 부문보다 큰 비 중을 두었다. 전통문화에 대한 인식부족과 단절현상을 타파하고, 소비문 화의 와중에서 궁극적인 '우리 것'을 찾자는 것이 문예중흥의 기본취지이 기 때문에 이 부문은 전체 계획의 핵심분야였다.[48]

46)「문화한국 80년대 투시」,『동아일보』1973.10.21 ;「전통문화개발에 150억 투입」, 『중앙일보』1973.10.19 ;「문예중흥 5개년 계획 개요」,『문예진흥』1, 10쪽.

47)「전통문화개발에 150억 투입」,『중앙일보』1973.10.19 ;「문예중흥 5개년 계획 개요」, 『문예진흥』1, 11쪽.

특히 문화재 개발에 가장 많이 투입돼 127억 1천8백만 원, 영화에 32억 3천5백만 원, 음악에 28억 1천8백만 원, 민족사관 정립에 13억 6천9백 만 원이고, 나머지 분야는 6억 내지 9억 원 선이었다. 이 금액은 5개년간의 누계이므로 연간 투자는 사실상 큰 액수가 못 되었다.[49]

총규모의 51%로 가장 많은 비용을 차지하고 있는 문화재 개발 역시 국내외의 각종 문화재에 관한 기초조사와 광주, 부여, 공주 등 고도문화재 정화, 관광지 문화재 개발, 민족박물관 설치, 문화재보존과학연구소 설치 등 광범한 분야에 걸치고 있어 단위별로는 그리 큰 액수가 못 되었다. 1973년도 문화재 관리국 예산은 19억인데 5개년 계획은 연평균 25억으로 6억 원의 증가를 보이고 있을 뿐이었다. 영화분야의 32억여 원도 사실상 영화금고에서 충당되는 것이어서 색다른 작업이 못 되었다. 따라서 방대한 문화예술 분야를 망라하여 종합적인 문예중흥을 꾀한다는 점에서 일단 문화예술계에 일찍이 없던 일로 받아들여지고 있으나 시행과정에서는 상당한 문제점을 안고 있다는 평이 있었다.[50]

또한 문학, 미술 등 창조적인 고급문화, 한 사회의 정신자원의 중추를 이루는 출판이 근래의 외형적인 활기에도 불구하고 한국의 문화사회적 구조에서는 가장 위축된 부분으로 퇴락하고 있다는 사실이 널리 지적되어왔다. 저속한 소비대중문화가 지배적인 문화심리로 압도해오고, 국가정책은 창작 예술과 정신문화에 대해 적어도 무의식적으로나마 냉담해왔기 때문이었다. 이런 현상은 이번의 문예중흥 5개년 계획에도 그대로 반영되어 총규모 250억 중 문학, 미술, 출판의 3개 부문이 최저 단위인 6~7억 원대에 불과하여 총액의 8%를 겨우 넘었다. 특히 출판금고기금으로부터

48) 「문예중흥계획의 허실」, 『동아일보』 1973.10.24.
49) 「문예중흥 5개년 계획의 문제점」, 『신동아』, 1973.12, 222쪽 ; 윤주영, 「문예중흥의 과제와 전망」, 『유신정우』 5권 1호, 1977.4, 29쪽.
50) 「문화한국 80년대 투시」, 『동아일보』 1973.10.21.

도서개발위원회의 설치에 이르기까지 만성적인 불황, 비정상적인 유통
구조를 개선하기 위해 관계 요로에 끊임없이 시정책을 건의해 온 출판계
로서는 이번 계획에 출판부문이 취급되었다는 것은 적잖이 고무적인 현
상이었다. 그러나 총 250억 원 중 출판부문이 7억 5천만 원인 3%에 불과
하다는 사실은 지나치다는 평가가 있었다. 출판계는 연례의 소원인 출판
금고의 목표액을 20억으로 산정했던 만큼 이 기금의 4할도 안 되는 금
액으로 어떤 효과를 가질 것인가라는 의문이 제기되었다. 이런 실정인
만큼 그리고 창작예술이란 기본적인 개인의 창의성에 의존하는 만큼
문학 미술인들은 그 투자규모보다 오히려 최저 원고료 제정, 창작 출판
비의 융자, 미술용구의 관세 인하, 화랑육성, 전문지 발행, 공공도서관의
양서구입 의무화 등 사소하면서도 구체적인 계획에 기대를 걸고 있었
다.[51]

한편 영화 30억, 음악 28억, 연극무용 각 9억 등 도합 78억 원이 문화
예술진흥계획에 따라 5년 안에 공연예술에 투입된다는 데에 기대를 모
았다. 그러나 더러는 지금까지 투입되어 오던 정부지원이 다소 증액되어
종전의 수혜자들에게 그대로 돌아갈 뿐, 이렇다 할 새로운 정책이 되지
못한다고 외면해버리는 이들이 있는가 하면, 어찌되었든 정부가 지원해
주겠다니 지원의 실효를 거둘 수 있는 수용태세를 정비하라는 적극적인
견해도 있었다. 어느 쪽이든 공통적인 견해는 예술이라는 것이 돈을 쏟
아붓는다 해서 하루아침에 이루어지지 않는 것이라는 점, 예술의 본질로
보아 관주도형으로는 바람직한 발전을 기대하기가 어렵다는 점 등으로
집약되고 있었다.[52]

또 한편 문화예술진흥기금은 1972년에 제정된 문화예술진흥법에 의거

---

51) 「문예중흥계획의 허실」 중, 『동아일보』 1973.10.25.
52) 「문예중흥계획의 허실」 하, 『동아일보』 1973.10.26.

하여 공연장의 모금을 통해 그 기금을 조성하도록 하였다. 이 공연장 모금은 1973년 7월 11일부터 실시했다. 문예진흥기금의 연도별 달성 목표와 투자계획은 연간 모금 목표액을 9억 6천만 원으로 하고 모금액에서 매년 평균 2억 원씩 적립하고 6억 내지 7억 원씩 투자하도록 했다.[53]

그런데 정부에서 추진 중인 문화예술진흥기금 확충을 위한 조세감면규제법 개정안이 1977년 12월 1일 국회본회의에서 의결됨으로써 1978년 1월 1일부터 시행되었다. 따라서 기업이나 문화재단 또는 개인이 문화예술진흥기금에 지급하는 기부금에 대해서는 전액을 손비(損費) 처리하게 되어 민간이 문화예술진흥사업에 실질적으로 기여하여 참여할 수 있는 길이 제도적으로 마련되었다. 제1차 문예중흥 5개년 계획에서는 정부예산 180억 5천만 원, 민간자본 95억 5천만 원, 도합 276억 원을 투입하기로 하고 민간부문의 재원은 오로지 극장, 고분 등의 입장료에 첨부 조달하는 데 국한되어 왔다. 이에 따라 1973년에 2억 6천만 원, 1974년에 7억 9천만 원, 1975년에 11억 1천만 원, 1976년에 12억 2천만 원, 1977년에 15억 총 48억 8천만 원을 모금했다. 이러한 모금액으로 국학개발, 전통예능, 문학, 미술 등 다양한 문화예술 분야의 사업을 지원하고 일부는 적립하여 350억 원 규모의 문예진흥기금을 조성토록 계획했다. 그러나 모금액이 사업의 규모와 지원분야에 비해 극소한 액수여서 당면한 사업을 수행하기에는 부족한 실정이었다. 그런데 이번 개정으로 대기업이나 고소득자가 문화예술진흥사업에 참여하는 길이 제도적으로 마련됨으로써 문화예술진흥 사업추진에 새로운 전기를 마련했다. 또한 앞으로 기업이나 개인이 문화예술진흥기금으로 지급하는 기부금에 대해서는 법인 또는 개인의 과세소득계산에 있어 손금 또는 필요경비로 처리되므로 기부금액에 대해서는 법인세 또는 소득세를 물지 않아도 되었다.[54] 그러나 이는

---

53) 「문예중흥 5개년 계획 개요」, 『문예진흥』 1, 1974.5, 11쪽.

시기적으로 너무 늦게 시행되어 그 실효성을 기대하기 어려웠다.

　요컨대 제1차 문예중흥 5개년 계획은 박정희 정권이 전통문화예술을 계승 발전시키고, 민족문화를 창조하며, 예술의 생활화, 대중화 및 문화예술의 국제교류를 통해 '문화복지사회'와 '문화한국'을 이룩하고, 유신과업 수행의 정신적 지주로 삼는다는 목표 아래 추진되었다. 그리하여 동 계획은 경제개발계획과 유사한 형태의 민족문화예술진흥정책으로 방대한 문화예술분야를 망라하여 종합적인 문예중흥을 꾀하고, 또한 문화예술진흥위원회의 일원적인 통제와 조정 및 국가 정책적 지원 아래 균형 있게 실시된다는 점에서 긍정적으로 평가되었다. 그러나 세목별로 보았을 때 사실상 투자수준은 지금까지의 수준을 크게 벗어나지 못하는 것이었다.

---

54) 「문화예술진흥기금으로 지급하는 기부금에 대한 면세」, 『문예진흥』, 1977.12, 10~11쪽.

3. 계획의 방향과 원칙

제1차 문예중흥 5개년 계획의 3대 근간은 전통문화개발계획, 예술진흥계획, 대중문화창달계획이다. 그리고 세부적으로는 민족사관의 정립, 전통예능, 문화재 개발, 문학, 미술, 음악, 연극, 무용, 영화, 출판 등 당시에 당면한 문화예술계 전반에 걸친 숙제를 풀어줄 31개 사업의 구체적 시책을 총망라한 것으로, 3개 부문에 걸쳐 장기적인 문예발전의 기반을 구축하는 데 중점을 두고 전통문화 전반에 걸친 기초조사와 체계 정립, 예술 창작 활동의 중점 지원, 대중문화의 정화와 문화예술의 저변 확대 등의 사업을 벌이는 것이었다.[55] 이러한 기조 아래 이루어진 제1차 문예중흥 5개년 계획의 방향과 원칙을 살펴보면 다음과 같다.

1) 전통문화계발부문

전통문화계발은 크게 민족사관 정립, 전통예능 분야, 문화재 계발 등으로 구성되었다. 먼저 민족사관 정립분야는 다음과 같은 방향으로 추진

---

[55] 「민족문화의 꽃은 피려나」, 『조선일보』 1973.10.21 ; 「문예중흥에 250억 투입」, 『동아일보』 1973.10.20.

된다.

첫째, 한국사상을 계발하여 국사에 대한 국민의 인식을 높이고 민족의 긍지와 자부심을 함양하며 주체의식을 갖도록 한다. 이를 위해 전 10권으로 된 한국사상사를 집대성하고 식민지사관을 탈피하여 새 민족사관을 정립시키며, 교양국사를 편찬하고 기존 각급 연구기관이 사업을 조정하여 국학연구자료집을 체계 있게 완성하는 등 민족사의 재정리 작업을 시작한다는 것이다.[56] 특히 민족사관의 정립부문은 제1차 문예중흥 5개년 계획에서 가장 역점을 둔 사업으로 유신이념의 하나인 주체적 민족사관의 정립이라는 민족주의적 발상과 상응되는 것이었다.

둘째, 고전종합조사와 국역사업이다. 민족사관 정립의 바탕이 되는 50여만 권의 고전은 대부분이 미정리 상태로 사장되고 있었다. 또 대부분이 한문으로 되어 있어 1974년 당시 국역된 고전은 40여 종에 이르고 있지만 해마다 정부지원 예산이 크게 감소되어 국역사업은 당시 매우 부진한 상태를 보였다. 고전을 국역할 수 있는 학자는 50여 명에 불과하고, 평균연령은 65세의 고령이기 때문에 이분들의 생존기간 중에 중요한 고전을 국역 완료해 놓아야만 한자를 모르는 젊은 세대에게 우리의 역사를 올바로 깨우치고 민족적 긍지를 갖게 할 수 있다는 것이다.[57]

이에 고전종합조사를 실시하고 국역사업을 일단락 짓도록 하기 위해 우선 전국의 도서관, 박물관, 서원, 사찰, 개인 집에 산재해 있는 전적을 종합 조사하여 그 목록과 해제본을 완간하고, 이를 전부 마이크로필름에 수록함으로써 영구보존하는 동시에 대내외에서의 연구활동에 활용토록

---

56) 「문예중흥 5개년 계획 개요」, 『문예진흥』 1, 11쪽 ; 「문예중흥 5개년 계획의 문제점」, 『신동아』, 1973.12, 221쪽 ; 「우리 문화예술의 르네상스」, 『주부생활』 106, 1974.1, 181쪽.
57) 「문예중흥 5개년 계획 개요」, 『문예진흥』 1, 11쪽 ; 문화공보부 문화국 진흥과, 앞의 책.

한다. 그리고 미정리된 고전을 종합적으로 조사하여 약 15만 권의 고전에 대한 종합목록과 해제본을 완간하고, 이를 마이크로필름에 담아 연구자료로 사용할 수 있도록 하며, 점차 부족해가고 있는 국역 능력이 있는 학자들로 하여금 중요 고전 150종을 완역하고 국역자를 양성하는 기관을 세운다는 것이다.[58]

셋째, 한국학 연구에 대한 지원이다. 한국학에 대한 해외의 관심과 연구열이 비교적 높아지고 있으나 이에 대한 지원이 충분치 못한 실정이었다. 그리하여 1960년대 이후 활발해진 한국학을 본격적으로 계발하기 위해 부문별로 한국학 연구자료 정리 작업을 지원하고, 해외의 한국학 연구기관을 지원해 주며, 해외에서의 한국학 연구가 어느 정도 체계화되는 1977년도에는 서울에서 한국학 국제심포지움을 개최함으로써 한국학 연구를 한층 더 가열시키겠다는 것이다.[59]

다음 전통예능 분야는 다음과 같이 추진된다. 우선 당시 이 분야의 현실적 상황은 이러했다. 국악, 민속악, 민속예능 등 전통예능도 소수 고령의 인간문화재에 의해 계승되고 있으며, 대부분 기록으로 보존되지 못한 채 국민의 관심권 외에서 소멸되어 가고 있었다. 그나마 남아 있던 인간문화재도 한 사람 한 사람 자취를 감춰가고 있는 실정이었다. 지난 1970년 이래 세상을 떠난 인간문화재를 보면 24명이나 되었다. 이들이 세상을 떠나게 된 원인을 보면 노령의 탓도 있지만 질병과 이를 극복할 수 없는 가난 때문이었다. 당시 현존하고 있었던 인간문화재는 전통연극과 고유음악 및 무용 그리고 공예와 민속놀이 등 5개 부문 총 52종목에 걸쳐 모두 120여 명이었다. 이들은 대부분 고령인데다 판잣집이나 단칸셋집 생

---

58) 「문예중흥 5개년 계획 개요」, 『문예진흥』 1, 11쪽 ; 「문예중흥 5개년 계획의 문제점」, 『신동아』, 1973.12, 221쪽.

59) 「문예중흥 5개년 계획 개요」, 『문예진흥』 1, 11쪽.

활을 하는 등 가난하게 살아가고 있었다. 이들이 바라고 있는 점은 보육 기능의 전수에 전념할 수 있는 최저한의 생계비 지원과 후계자의 양성 및 전수교육을 위한 모든 여건 구비, 그리고 시장성이 없는 전승공예품 의 심화책을 세워주는 등 세 가지로 집약되었다.[60]

또한 전통예능에 대한 학교교육도 매우 소홀한 편이며, 국악의 경우 학교의 음악시간 중 30%를 국악으로 배정하고 있으나 제대로 이행되고 있지 못할 뿐 아니라, 국악을 가르칠 전문교사조차 부족한 실정이다. 악 기 개량 사업과 전통예능의 현대화 개발사업이 부분적으로 추진되고 있 으나 그 실적은 부진했다. 박정희 정권은 이와 같은 문제점을 감안하여 전통예능을 계승 · 보존하는 동시에 현대생활감각에 알맞도록 계발 · 보 급하는 데 목표를 두고 다음과 같은 사업을 추진한다고 했다.[61]

첫째, 전통예능의 발굴보존사업을 강력하게 추진한다. 이를 위해 인간 문화재의 지정을 확대해서 적극적으로 보호해 나가며, 미발굴 또는 소멸 되고 있는 국악 민속악을 기간 중 완전히 녹음 · 채보해 놓는 한편, 민속 예능도 영화, 음악, 기록 책자 등을 제작하여 영구보존토록 하고, 향토민 속예능을 발굴해서 보존 개발시켜 나간다.

둘째, 국악교육 지도서를 편찬하여 국악교육의 기본서로 삼도록 하고, 학교 음악시간의 30%로 되어 있는 국악배정시간을 지키도록 하며, 라디 오와 텔레비전 음악프로에 국악시간을 증배하는 동시에 시 · 도별로 전 통예능의 보존 학교를 지정 육성하고 전통예능의 전수회관을 확충시켜 나간다.

셋째, 국악의 현대화, 민속놀이의 개발, 악기개량 사업과 개량악기에

---

[60] 「인간문화재들의 소망」, 『동아일보』 1974.3.14 ; 「괄시받는 인간문화재」, 『동아일 보』 1974.3.20.

[61] 「문예중흥 5개년 계획 개요」, 『문예진흥』 1, 1974.5, 11~12쪽 ; 문화공보부 문화국 진흥과, 『제1차 문예중흥 5개년 계획확정』, 국가기록원, 1973.

의한 창작 지원, 복식 등 공연방법의 개선 등으로 전통예능의 개발 및 현대화 사업을 강력하게 추진한다.

　한편 문화재 계발의 경우 학계에서는 그 보존대책의 시급성을 지적했다. 예를 들어 우리나라의 선사시대를 연구하는 데 없어서는 안 될 귀중한 유물인 고인돌이 현지 주민들의 인식부족과 당국의 무성의로 점차 자취를 감추고 있었다. 전남대 사학과 최몽룡 교수의 조사에 따르면 전남 일대에 흩어져 있는 고인돌은 해방 전까지만 해도 4천여 기에 달했는데 농경지와 도로확장공사 등으로 점차 자취를 감추기 시작하여 1973년 12월 현재 그 절반인 2천여 기가 남아 있을 뿐이다. 심지어 돌의 질과 모양이 좋아 정원석으로 뽑혀 나가고, 더러는 정으로 잘게 쪼개어 신축교사 등 건축돌의 초석으로 쓰이는 등 무분별한 사례가 잇따라, 학계에서는 이의 보존책이 시급하다고 주장하였다.[62]

　더 나아가 부여정림사터의 오층석탑 등 국보급의 문화재 역시 당국의 소홀과 주민들의 인식부족으로 면석이 틈이 벌어지고, 탑신에는 어린이들이 돌로 쪼아 보기 흉한 낙서마저 늘어나고 있었다.[63]

　이처럼 문화재가 국민들의 무관심과 이기심으로부터, 더 나아가 정부의 무성의로부터 훼손되고 파괴되었을 뿐만 아니라, 도굴과 해외반출에 의해 유실되는 경우도 심각한 상태에 있었다. 즉 문화재가 도굴되어 이를 배후에서 조종하고 있는 직업적인 브로커의 손에 넘겨지고, 이것이 다시 외국으로 밀반출되는 사례가 적지 않았던 것이다.[64]

　이러한 상황에서 국가 및 시·도가 지정한 문화재는 1,575건이며, 이들

---

62) 「사라져가는 선사 고인돌」, 『동아일보』 1973.12.11 ; 「문예중흥에 250억 투입」, 『동아일보』 1973.10.20.

63) 「훼손돼가는 국보」, 『동아일보』 1974.2.21.

64) 문화공보부, 『문화재보호와 우리의 자세』, 문화공보부, 1972.

문화재들의 실태와 관리상황은 수시로 점검되고 또 보수되었다. 그러나 6천여 점의 비지정 문화재와 수백만 점의 개인 소장 문화재에 대하여는 정확한 실시가 파악되지 못하고 있는 실정이었다. 또 고고학, 고건축학, 보존과학 등 문화재 분야의 전문요원이 부족하고, 원형보존과 영구보호를 위한 과학적인 처리기술이 개발되지 못하고 있었다. 특히 국민생활이 근대화됨에 따라 민속생활 자료는 퇴장 또는 소멸되어 갔다. 이에 박정희 정권은 계획 기간 중 문화유적 전반에 걸친 완벽한 기초조사와 종합정비를 실시하여 전통문화를 창조적으로 개발하는 데에 목표를 두고 다음과 같은 사업들을 추진한다고 했다.[65]

첫째, 전국적인 문화재 기초조사를 실시하여 전통문화를 체계화시키도록 한다. 이를 위해 전국지표유적조사·민속조사·선사유적발굴조사 등 기초조사를 완료하고, 해외에 유출된 문화재 현황을 일제히 조사해서 종합목록을 작성한 다음, 필요한 자료에 대해서는 영인과 마이크로필름으로 수록하여 보존토록 한다.

둘째, 문화재 정비개발에 있어서는 경제개발 특별회계의 재원으로 경주·부여·공주 등 고분문화재 73건에 대한 보수 정화사업을 추진하고, 제주·영남 등 관광지역 문화재 57건, 위인선열 및 전사 유적 정화 157건을 완료함으로써 민족의 예지와 정기를 선양해 나간다.

셋째, 퇴장 또는 인멸되고 있는 생활민속유산을 정비함에 있어서 민족박물관을 설치해서 민속자료를 보존 전시하며, 민간자본을 유치하여 민속촌을 건립하고, 관광자원으로 개발하며 시·도별로 민속경관지를 지정 보호하도록 한다.

넷째, 문화재 전공학생에 대한 장학과 해외파견훈련을 강화하는 동시

---

65) 「문예중흥 5개년 계획 개요」, 『문예진흥』 1, 1974.5, 12쪽 ; 문화공보부 문화국 진흥과, 앞의 책.

에, 현 문화재 관리국의 문화재 연구실을 모체로 문화재보존과학연구소의 설립을 추진함으로써 문화재를 과학적인 방법으로 안전하고 영구적으로 보존·보호하는 장기대책을 마련한다.

다섯째, 문화재 보호운동을 더욱 강력하게 전개해 나감으로써 국민 모두가 우리의 귀중한 문화재를 찾고, 알고 가꾸는 범국민적인 기풍을 진작해 나감으로써 문화국민으로서의 의연한 자세를 확립시킨다.

이러한 방침과 원칙 아래 전체 계획 예산의 52%에 해당하는 127억 원이 투입되는 문화재 계발분야는 문화재에 대한 인식 제고와 함께 이를 계발하고 더욱이 국가경제에 보탬이 되는 관광개발진흥계획과 병행 추진된다. 경주, 부여, 공주 등 고도문화재는 정비되어 관광객 유치라는 부수적 효과를 얻게 되고, 제주·영동지역 등 관광지의 문화재도 집중적으로 계발된다. 인멸되어가는 선조들의 생활상을 보존하기 위해 본격적인 민족박물관이 설치되고, 민속촌과 민속경관지 보존작업 및 문화재보존과학연구소 설립과 강력한 문화재 보호운동이 계획되었다.[66]

2) 예술진흥부문

문학, 미술, 음악, 연극, 무용 등 창작예술분야는 창작여건 조성과 지원에 중점을 둔다고 했다.[67] 문학의 경우 박정희 정권은 신문학 60년의 전통을 갖고 있으면서도 위대한 역사를 창조해 온 민족의 저력이나 경제개발, 새마을운동 등 현대사를 창조해 나가는 국민의 개발의지가 담겨있는 민족문학이 제대로 창달되지 못하고 있다고 보았다. 또한 작가의

수입원인 원고료는 시 1편당 2,000~5,000원, 산문 1매당 200~500원이었다. 정부고료는 150원으로 지나치게 적어 1,400여 명의 문인 중 10여 명만이 창작활동만으로 생계를 유지하고 있는 실정이었다. 더구나 연간 출판되는 시집은 25~30권, 소설 10권, 평론집 3권 내외밖에 안 되며, 그 대부분이 200~250부의 초판조차 팔리지 않고 있고, 순수문학지는 월간 4, 계간 3, 동인지 17종으로 창작물을 발표할 수 있는 매체도 매우 제한되어 있었다. 박정희 정권은 이와 같은 문제점을 지적하면서 우리가 처해 있는 현실을 슬기롭게 극복해 나가는 민족의 저력과 오늘의 인간상을 담은 새로운 차원의 한국문학을 육성하고 집대성한다는 데 문예진흥시책의 목표를 두고 다음과 같은 사업을 추진한다고 했다.[68]

첫째, 시·소설·희곡·아동문학 등 각 분야에 걸쳐 1970년대를 사는 새 한국인의 사상과 슬기를 작품화, 신한국문학전집을 발간 완료시킨다.

둘째, 현역 문인들로 하여금 새마을·경제건설상 등을 직접 보고 작품에 승화시킬 수 있도록 소재발굴을 지원함으로써 작품활동을 돕는다.

셋째, 진흥원에 작가기금을 설립하여 창작비와 출판비를 장기 저금리로 융자해 주거나 우수작품은 보상해 줌으로써 좋은 작품을 썼을 경우 그 출판과 판로가 보장되는 풍토를 조성한다.

이와 함께 정부고료부터 현실화시켜 나가면서 최저 원고료가 실현되도록 힘쓴다고 했다.

이렇게 해서 적어도 5년 후에는 경제건설, 국가안보, 국민총화의 시대적 사명을 알고 1970년대를 슬기롭게 살아가는 한국인상이 담겨진 신차원의 한국문학이 개발되어 하나씩 집대성한다는 것이었다. 박정희 정권

---

[68] 「문예중흥 5개년 계획 개요」, 『문예진흥』 1, 12~13쪽 ; 문화공보부 문화국 진흥과, 앞의 책 ; 「문예중흥 5개년 계획의 내용」, 『중앙일보』 1973.10.20 ; 「제1차 문예중흥 5개년 계획의 청사진」, 『조선일보』 1973.10.20.

은 이와 같은 새로운 차원의 한국문학은 국민정신의 계발과 단합을 이루어 조국근대화와 민족중흥에 박차를 가하도록 이끌어 나갈 것으로 보았다.

다음 미술분야에 있어서는 미술작품에 대한 일반의 수요가 적고, 따라서 미술작품 시장이 제대로 형성되지 못했다. 1,300여 명의 미협회원 중 창작활동만으로 생계를 유지하는 작가는 10명 내외로 대부분이 교사 등의 타 직업을 겸직하고 있는 실정이었다. 따라서 자기의 아뜨리에서 창작활동에만 전념하는 풍토가 조성되기는 아직도 요원했다. 이밖에 미술작품에 대한 발표무대가 좁고 또 그마저 중앙에만 편중되어 있으며, 미술용품에 대한 관세율이 평균 70%로 매우 높은 편이며, 국산대체에도 어렵다는 문제점이 있었다. 이에 박정희 정권은 미술창작의 여건을 쇄신해 나가면서, 특히 '민족사화'를 집대성하여 국민의 민족의식을 고취시키는 데 목표를 두고 다음과 같은 사업을 추진한다고 했다.[69]

첫째, 국난극복의 사실을 중심으로 하는 '민족사화'를 철저한 고증에 입각하여 제작 완성하며, 새마을운동, 경제개발 성과 기록화의 제작을 완료하는 동시에 해마다 기록화전을 개최함으로서 민족의식을 제고시켜 나간다.

둘째, 우수미술작품의 구입 및 창작지원사업을 한층 더 확충시켜 나가기 위해 50편 내외의 대표적인 작품을 구입하여 상설전시체제를 갖출 것이며, 정부 및 공공기관에서의 구입 및 사업을 확대하고, 건설상, 새마을 등의 시찰 안내로 작품 소재발굴을 지원하며, 관계부처와 협조하여 미술용구의 관세율을 적정하게 조정하는 한편, 새마을 및 서민주택에 대한

---

[69] 「문예중흥 5개년 계획 개요」,『문예진흥』1, 13쪽 ; 문화공보부 문화국 진흥과, 앞의 책 ;「문예중흥 5개년 계획의 내용」,『중앙일보』1973.10.20 ;「제1차 문예중흥 5개년 계획의 청사진」,『조선일보』1973.10.20.

표준설계를 마련하고, 회화 · 사진 · 건축분야의 평론지 · 화집 등의 출판을 지원함으로써 이론적인 발전과 체계화도 아울러 촉진시킨다.

셋째, 미술인구를 확장시키기 위해 공원, 고속도로, 관광지역 등에 야외조각제작을 확충한다.

넷째, 기존 건물을 개수하여 지방상설화랑을 적어도 도청소재지에 일개 이상 마련되도록 지원해주는 한편 화상을 육성해서 국내 및 해외시장을 개척해 나가도록 한다.

특히 미술분야는 국난극복의 사실(史實)을 철저한 고증으로 그리며 새마을운동, 경제개발 성과 기록화 제작을 완료하고, 해마다 기록화전을 갖는다. 우수 미술작품을 구입하며, 창작 지원사업을 더 한층 확충시킨다. 이를 위해 연 50편 내외의 대표적인 작품을 구입하여 상설 전시 체제를 갖추고, 정부 및 공공기관에서의 구입 및 전시토록 권장한다.[70]

이와 같은 사업을 중점적으로 추진하는 경우 우리 민족사의 위대한 발자취가 미술 · 사진 등 작품에 수록되어 보존 · 전시되고, 미술창작활동이 활발하게 전개됨으로써 미술작품의 수요가 급증될 것이며, 기초교육과 활발한 그룹활동으로 미술인구의 저변이 확대될 것으로 전망했다.

다음 음악분야에 있어서는 연주나 성악 등 음악공연활동은 비교적 활기를 띠고 있으나, 창작부문은 극히 침체한 실정이었다. 1972년의 경우 73회의 공연 중 대부분이 외국작품을 소재로 공연되었고, 유일한 창작제전으로 서울음악제만이 비교적 활발한 활동을 전개하고 있을 뿐이었다. 학교의 음악교육도 악기와 성악에 치중하고, 작곡과 지휘에 대한 교육은 소홀한 편이었다. 국민 누구나 부를 수 있는 쉽고 밝고 힘찬 건전가요나

---

70) 「우리 문화예술의 르네상스」, 『주부생활』 106, 181쪽.

합창곡이 부족하다고 보았으며, 국립극장과 일부 대학강당을 제외하고
는 음악발표시설이 없고, 그것도 서울에만 집중되어 있는 실정이라고 판
단했다. 이에 박정희 정권은 음악진흥을 위해서 무엇보다도 한국적 소재
를 중심으로 하는 창작음악을 집중 지원함과 동시에 국민개창의 풍토를
조성하는 것이 그 첩경이라 믿고, 이를 달성하기 위해 다음과 같은 사업
을 중점적으로 전개해 나간다고 했다.[71]

첫째, 창작음악을 집중 육성하되 특히 민족의 슬기와 저력을 담은 민
족음악, 한국적 소재와 리듬을 개발시킨 민속음악의 창작 및 공연활동을
집중적으로 육성할 것이며, 이러한 시책의 일환으로 창작음악제인 서울
음악제를 대폭 확충시키며 창작활동을 한층 더 촉진시킨다.

둘째, 국립오페라단, 국립가무단, 국립합창단, 국립교향악단 등 국립극
장 전속단체의 인원, 처우, 공연활동 등을 강화 및 확충해서 대표적인 민
족예술단으로 육성해 나간다.

셋째, 퇴폐풍조의 온상이 돼가고 있는 대중가요의 정화, 건전가요의
제정보급, 국민이 동일체 의식을 갖고 부를 수 있는 직장가·부락가 등
의 제정 권장, 각종 경축일의 노래 정비, 마을·학교·직장별로 합창써클
의 조직·가창지도자의 양성, 지역별 합창경연행사 등을 통해 국민합창
운동을 대대적으로 전개하여 다 함께 노래 부르는 명랑한 생활풍토를 조
성해 나간다.

그리하여 5년 후에는 민족의 단합과 조국애를 고취시키는 노래가 많
이 보급되며, 향토색 짙은 우리 음악이 창작 보급되어 널리 연주 또는
애창되며, 국립극장 전속단체가 국가대표급 민족예술단으로 육성되고,

---

[71] 「문예중흥 5개년 계획 개요」, 『문예진흥』 1, 13~14쪽 ; 「우리 문화예술의 르네상스」,
『주부생활』 106, 181쪽 ; 「문예중흥 5개년 계획의 문제점」, 『신동아』, 1973.12, 222
쪽 ; 문화공보부 문화국 진흥과, 앞의 책 ; 「문예중흥 5개년 계획의 내용」, 『중앙일
보』 1973.10.20 ; 「제1차 문예중흥 5개년 계획의 청사진」, 『조선일보』 1973.10.20.

공연을 통해 국민의 정서를 순화시키며, 국민 모두가 노래를 즐겨 부르는 이른바 음악인구의 저변이 크게 확장될 것으로 전망했다.

한편 연극은 모든 예술의 바탕을 형성하는 기초적인 예술이라고 할수 있으며, 또 대중을 감동시켜 민족적 단결과 조국애를 고취시키는 데 있어 가장 효과적인 매체임에도 불구하고 실제로는 사양예술로써 침체 일로를 걷고 있었다. 당시 우리나라에는 국립극장 전속단체인 국립극단과 26개의 민간극단이 설립되어 있었다. 그러나 대부분 당시 공연할 수 있는 체제를 갖추지 못했다. 그리고 1973년도 겨우 연간 48개 작품의 공연에 동원된 관객은 25만 명으로 영화 한 편에 동원된 관객보다도 적어 대부분이 적자 공연을 하고 있는 실정이었다. 더 나아가 1973년도 48개의 공연 중 창작 공연은 불과 7개뿐이고, 그 대부분이 외국 번역물이었다. 연극 시설 면을 보면 중앙에는 2개의 대극장, 6개의 소극장이 있으나 지방에는 연극전용시설이 없고 연극 자체도 없는 실정이었다. 그 원인은 희곡작가의 부족, 극단의 재정난에서 찾아볼 수 있었다. 이에 박정희 정권은 1973년 10월 17일 준공된 국립극장의 개관을 계기로 연극의 대중화운동을 통한 무대예술의 획기적인 중흥을 이룩하자는 데 목표를 두고 다음과 같은 사업을 추진한다고 했다.[72)

첫째, 연극에 있어서는 국민총화, 민족번영을 이끄는 '민족연극운동'을 전개하고, 이 분야에서의 창작극 공연을 집중 지원하는 동시에, 읍·면·학교, 상시 직원 1,000명 이상의 직장에 극단조직을 확대시키고 극본을 보급하는 등 소인극(素人劇) 운동을 대대적으로 전개한다.

72) 「문예중흥 5개년 계획 개요」, 『문예진흥』 1, 14쪽 ; 문화공보부 문화국 진흥과, 앞 의 책 ; 「문예중흥 5개년 계획의 내용」, 『중앙일보』 1973.10.20 ; 「제1차 문예중흥 5개년 계획의 청사진」, 『조선일보』 1973.10.20 ; 「문예중흥에 250억 투입」, 『동아일보』 1973.10.20 ; 「우리 문화예술의 르네상스」, 『주부생활』 106, 181쪽 ; 「문예중흥 5개년 계획의 문제점」, 『신동아』, 1973.12, 222쪽.

둘째, 연극의 레파토리 개발은 우선 국립극장에 전속 작가실을 두어 우수한 내용의 창작 공연이 가능하도록 하는 체제를 갖추고 일반으로부터 창작을 공모하는 동시에 기성작가의 창작을 지원한다.

셋째, 연극무대를 연차적으로 확장한다. 명동 국립극장을 예술극장으로 활용하고 시·도단위로 연극, 음악, 무용을 공연할 수 있는 무대시설을 확보하도록 지원한다.

넷째, 국립극장의 기능을 확충하고 공연활동을 강화해 나감으로써 민족예술단으로 육성되도록 하며 연기인 양성소의 운영을 강화토록 한다.

또 한편 민속무용은 해외공연으로 다소 활기를 띠고 있으나 발레는 침체된 상태에서 벗어나지 못하고 있었다. 5개 대학에서 연 40명의 무용수가 배출되고 있으나, 무용계에 취업하는 수는 2~3명에 불과했다. 그 나머지는 전문무용수로서의 진출이 막혀 있었다. 안무가는 약 35명이 있는데, 대부분 다른 직업을 겸직하고 있어 무용전문가가 거의 없는 실정이었다. 박정희 정권은 이러한 무용부재의 현실을 지적하면서 다음과 같은 계획을 추진한다고 했다.[73]

첫째, 민속무용개발위원회를 구성하여 민족무용의 현대화를 추진해 나간다.

둘째, 국립극장 연기인양성소를 통해 전문 무용인을 양성한다.

셋째, 국민무용단을 확충한다.

넷째, 민속무용단의 해외공연을 더욱 확충시켜 나간다.

---

73) 「문예중흥 5개년 계획 개요」, 『문예진흥』 1, 14쪽 ; 문화공보부 문화국 진흥과, 앞의 책 ; 「문예중흥 5개년 계획의 문제점」, 『신동아』, 1973.12, 222쪽 ; 「문예중흥 5개년 계획의 내용」, 『중앙일보』 1973.10.20 ; 「제1차 문예중흥 5개년 계획의 청사진」, 『조선일보』 1973.10.20.

박정희 정권은 이러한 시책을 통해 유능한 전문무용인이 배출 확보되고 우리의 민속무용이 현대감각에 맞도록 개발되어 활발한 해외공연으로 '문화한국'의 국위가 더욱 선양될 것으로 전망했다.

3) 대중문화창달부문

우선 영화의 경우 연간 120여 편의 국산영화가 제작되고 있으나, 아직까지 이렇다 할 명화가 나오지 못하고 있었다. 그리하여 영화관객은 1969년의 1억 7천3백만 명에서 1972년에는 1억 1천8백만 명으로 급격하게 감소했다. 영화매장 면에서도 1972년도 수출은 68편에 48만 불, 편당 5,600불이었는 데 비해 수입은 74편 240만 불, 편당 32,700불로서 심한 수입역조 현상을 보였다. 특히 제작시설, 기재, 기술의 낙후는 국산영화의 질을 저하시키는 근본요인이었다. 이러한 점을 감안하여 박정희 정권은 올바른 민족사관에 입각해서 민족의 예지와 창조성, 국난극복의 용기를 알려주고, 1980년대의 번영을 향해 땀 흘려 일하는 국민에게 계발의 의지와 희망을 안겨주는 우수영화의 양산체제를 구현하는 데 목표를 두고 다음과 같은 계획을 추진한다고 했다.[74]

첫째, '민족영화'를 제작한다. 국난극복, 민족의 위대성, 오늘의 새 한국인상을 소재로 한 민족영화를 영진공으로 하여금 직접 제작토록 하고 국민교육영화를 개발하며, 민간의 우수영화제작을 중점 지원한다.

둘째, 영진공 안의 시나리오 금고를 설치해서 우수 시나리오를 제작지원 또는 공모하여 제작자에게 지원해 주는 체제를 갖춤으로써 우수영

---

74) 「문예중흥에 250억 투입」, 『동아일보』 1973.10.20 ; 「문예중흥 5개년 계획 개요」, 『문예진흥』 1, 1974.5, 15쪽 ; 문화공보부 문화국 진흥과, 앞의 책 ; 「문예중흥 5개년 계획의 내용」, 『중앙일보』 1973.10.20 ; 「제1차 문예중흥 5개년 계획의 청사진」, 『조선일보』 1973.10.20.

화의 생산을 뒷받침한다.

셋째, 필름 라이브러리를 설치 운영한다.

넷째, 현대식 장비와 시설을 구비한 종합 스튜디오(8억 원 투입)를 건립하여 제작자가 공동으로 이용토록 함으로써 제작비를 3분의 1 이상 절감시키는 동시에 영화의 질적 수준을 높인다.

이처럼 영화분야는 국난극복, 민족의 위대성, 오늘의 새 한국인상을 소재로 한 '민족영화'를 제작하며 국민 교육영화를 개발하여 민간의 우수영화 제작을 중점 지원하고, 영진공 안에 시나리오 금고와 필름 라이브러리를 설치 운영하는 것으로 방향을 잡았다. 그러나 급격한 관객 감소와 심한 수입 역조 현상에 빠져 있는 영화부문은 일반국산영화의 진흥보다는 개발의 의지와 희망을 심어주는 데 중점을 두고 있는 느낌이라는 평이 있었다.[75]

그러나 박정희 정권은 이러한 사업들이 5년 이내에 완료되고 또 정상적으로 운영되는 경우 제작비 절감, 우수시나리오 확보, 기술향상 등으로 국산영화의 수준이 급격하게 향상되고, 민족의 위대성을 선양하는 영화가 제작 상영됨으로써 국민의 민족의식이 높아지고, 국산영화는 사양산업에서 수출산업으로 전환되는 동시에 질역역조(質易逆調)현상도 개선되리라고 확신하며 또 그렇게 되도록 최선을 다할 것이라고 했다.

다음 출판계의 문제점은 전국의 출판사가 지나치게 영세하고 이를 지원하는 체제도 구비되어 있지 못하다는 점이다. 전국의 출판사 수는 1,260여 개에 이르고 있다. 그러나 그중 3분의 2가 타인자본, 88%가 4명

---

[75] 「우리 문화예술의 르네상스」, 『주부생활』 106, 181쪽 ; 「문예중흥 5개년 계획의 문제점」, 『신동아』, 1973.12, 222쪽.

이하의 종업원, 80%가 연간 10종 미만의 도서를 출판하고 있는 형편이며, 부실출판사에 의한 덤핑과 저속한 도서의 출판, 외판행위의 성행 등으로 도서공급체계는 문란한 실정이었다. 이에 박정희 정권은 출판진흥이 문화발전의 초석을 마련하는 것과 다름없다는 판단 아래 양서출판의 적극적인 지원과 국민독서운동의 전개에 목표를 두고 다음과 같은 계획을 추진한다고 했다.76)

첫째, 출판금고의 기금을 연간 1억 원씩 3년간에 적립을 완료시켜 도서출판의 실질적인 지원태세를 갖추는 한편, 출판금고를 통해 도서공급 일원화 체제를 확립하여 출판질서를 바로잡고, 국내 및 해외 도서전시관을 확장함으로써 양서에 대한 국내외 보급사업을 강화한다.

둘째, 국민독서운동을 대대적으로 전개한다. 이를 위해서 우선 연간 2회씩 마을문고 등에 무상으로 구입 보급토록 하는 한편, 공공도서관에서의 양서구입을 의무화시켜 양서출판을 촉진시키며, 직장 도서실 운영, 독서클럽 결성 및 활동지원, 양서 안내 방송시간 설정 등을 통해 국민독서운동을 적극 뒷받침한다.

박정희 정권은 이렇게 해서 5년 후에는 출판기업의 내실이 확충되고 도서출판의 공급 일원화로 양서가 보급되며, 국민 누구나 책을 읽는 기풍이 조성될 것으로 전망했다.

이상과 같이 제1차 문예중흥 5개년 계획의 방향과 원칙은 민족사의 재정리 작업과 그 바탕이 되는 고전종합조사 외 국역사업, 전통예능분야의

---

76) 「문예중흥 5개년 계획 개요」, 『문예진흥』 1, 15쪽 ; 문화공보부 문화국 진흥과, 앞의 책 ; 「문예중흥 5개년 계획의 내용」, 『중앙일보』 1973.10.20 ; 「제1차 문예중흥 5개년 계획의 청사진」, 『조선일보』 1973.10.20 ; 「우리 문화예술의 르네상스」, 『주부생활』 106, 181쪽 ; 「문예중흥 5개년 계획의 문제점」, 『신동아』, 1973.12, 222쪽.

계발과 보급, 문화재 계발, 창작예술 분야와 대중문화 분야의 창달과 지원 등 순수한 문화예술의 발전 및 '문화복지사회'와 '문화한국' 건설이라는 목적 이외에 유신이념을 반영한 정치적 성격을 내포하고 있는 것으로 볼 수 있다.

구체적으로 전통문화의 계발부문에 있어서 가장 핵심사업인 민족사관의 정립은 한국사상사를 집대성하여 우리의 전통사상을 올바르게 알려 국가발전을 이끄는 정신자원으로 삼고, 국사에 대한 국민의 의식을 높이고, 식민지사관을 탈피하여 주체적인 민족사관을 정립시키며, 민족사의 재정리 작업을 시작한다는 것을 의미했다.

전통예능부문에 있어서도 인간문화재의 지정을 확대하고 지원하며, 국악과 민속악을 종합적으로 조사 채보하고 묻혀 있는 향토민속예능을 발굴할 뿐만 아니라, 국악의 현대화, 민속놀이의 개발과 보급 등을 지원한다는 것이다. 아울러 문화재에 대한 인식재고와 이를 개발하고 관광개발진흥계획과 병행 추진되도록 했다. 그리하여 퇴장 또는 인멸될 우려가 있는 생활민족유산을 정비하고, 문화재 보호운동을 전개함으로써 범국민적 기풍을 진작시킨다는 야심찬 계획이기도 했다. 그리고 민족문학의 경우에서도 작가의 수입원인 원고료의 비현실성을 타파하는 등의 긍정적 효과도 기대할 수 있었다.

그러나 전통문화의 계발부문에 있어 가장 핵심적인 사업인 주체적인 민족사관의 정립과 민족문화의 창달은 유신이념에 기초한 것이었다. 또한 민족문학의 경우 경제건설, 국가안보, 국민총화의 시대적 사명을 알고 1970년대를 슬기롭게 살아가는 한국인상이 담겨져야 한다는 전제가 붙어 있다. 이는 유신이념에 기초한 한국인상을 그리는 것이며, 한국문학은 그러한 국민정신의 계발과 단합을 이루어 조국근대화와 민족중흥에 이바지하도록 되어 있었다.

미술에 있어서도 국난극복의 사실을 중심으로 '민족사화'를 제작하고,

더 나아가 새마을운동 및 경제개발 성과에 관한 기록화 제작을 전제로
하고 있었다. 또한 박정희 정권의 경제건설상 및 새마을운동 등을 작품
소재로 할 경우 이에 대한 지원을 보장하고 있었다.

음악에 있어서도 한국적 소재를 중심으로 유신이념을 구현하는 민족
음악을 집중 육성시키고, 더 나아가 퇴폐풍조의 온상이 되어 가고 있는
대중가요를 정화한다는 명분 아래 유신이념을 구현하고 조국애와 민족
의 단합을 고취시키는 건전가요나 합창곡이 권장되었다. 연극 역시 국력
의 조직화, 국민총화 및 민족번영을 이끄는 '민족연극운동' 및 창작극 공
연이 권장되었다.

대중문화창달부문인 영화에서도 국난극복, 민족의 위대성, 유신이념을
반영한 새로운 한국인상을 소재로 하는 '민족영화'나 '국책영화' 및 '우수영
화' 제작이 권장되었다. 1970년대에 있어 한국영화는 일반적으로 국책-
비국책영화로 분류되었다. 국책영화는 목적영화, 정책영화, 우수영화, 추
천영화 등 유사개념으로 특징지어졌다. 국책영화란 정부시책을 선전하
기 위한 목적으로 제작된 영화를 일컫는다. 어떤 영화가 국책영화인가
하는 기준은 그 영화적 내용이 국가정책에 부합하는 것인가에 근거한
다.[77]

요컨대 제1차 문예중흥 5개년 계획의 방향과 원칙은 전통문화의 계발
과 순수문화예술의 발전 및 '문화복지사회'와 '문화한국' 건설이라는 목적
이외에 유신체제를 정당화시키고, 대중들을 유신체제에 동원하며 통제
하는 성격을 띠게 되었던 것이다.

---

77) 김세진, 「1970년대 한국 국책영화 규정에 대한 소고」, 『현대영화연구』 3, 한양대학
교 현대영화연구소, 2007, 5 · 8 · 12쪽.

4. 계획의 전개과정과 내용

1) 1974년도 사업내용과 실적

　위와 같은 방향과 원칙 아래 진행된 제1차 문예중흥 5개년 계획의 연
도별 전개과정과 실적을 살펴보면 다음과 같다. 우선 1974년도 문예중흥
사업은 문예중흥의 기운조성에 역점을 두었다.[78] 1974년 한 해 동안 한
국문화예술진흥원은 제1차 문예중흥 5개년 계획에 의거하여 민족문화예
술의 계승발전과 연구·창작·보급활동을 적극화하기 위하여 한국학, 전
통예능, 문학, 미술, 음악, 연극, 무용, 출판, 문예중흥기운조성 및 문예진
흥기반구축 등 10개 분야에 걸쳐 총 209개의 세부사업을 책정 추진했다.
이 가운데 205개의 사업이 완료되었고, 4개의 사업이 계속사업으로서
1975년도에도 계속 추진되고 있어 98%의 완결실적을 보였다.[79]

　1974년 1월 31일 박정희 대통령의 문공부 연두 순시에서 보고된 내용
을 보면 문공부는 문예중흥 5개년 계획의 1차년도인 1974년에 정부예산

---

[78] 「문예중흥 제1차 년도 사업추진 중간실적」, 『문예진흥』 1권 6호, 1974.10, 16쪽.
[79] 「74년도 문예진흥사업실적」, 『문예진흥』 9, 1975.1, 6쪽.

32억 1천만 원(일반 회계 7억 3천만 원, 문화재관리특별회계 12억 5천 만 원, 경제개발특별회계 12억 3천만 원)과 극장모금을 통한 문예진흥기금 7억 2천만 원 등 도합 50억 8천만 원을 투입하여 전통문화, 예술진흥, 대 중문화 등 세 부문에 새바람을 넣을 계획이었다.[80]

구체적으로 1974년도 문예진흥사업실적을 보면 다음과 같다.[81]

1. 한국학개발지원사업실적을 보면 다음과 같다. 이는 민족사의 재정리, 고전종합조사 및 국역, 한국학개발 등 3개 부문에 1억 2천1백44만 2천 원 이 투입된 것으로 총 29개의 단위사업을 완결시켰다. 이는 문예중흥 5개 년 계획의 핵심사업으로 추진되었으며, 우리 문화의 정수를 계발하고 민 족문화의 주체성을 확립하며, 우리 국민들에게 역사의식을 고취함으로 써 민족사관의 정립에 지대한 역할을 하게 될 것으로 전망했다. 그 세부 사업의 내용을 보면 다음과 같다.[82]

첫째, 민족사의 재정리로서 사료발굴연구지원, 교양국사총서발간, 세 종대왕 기념관 시설완비 등 위인선열위훈선양 등이 있었다.

둘째, 고전종합조사 및 국역사업으로 전적조사 및 목록발간, 사서언해 외 4종 영인, 여우당전서영인, 백호전서간행, 한국역대문집기사종람조사 채록, 고전국역총서발간, 국역자양성 등이 있었다. 이 사업을 위해 고려 대학 및 개인 소장 고서 60여 책에 대한 조사에 착수했다.

셋째, 한국학개발사업으로는 민요집 발간, 한국현대문화사대계발간, 한국학자료총서발간, 한중일교섭사료총서발간, 황성신문영인발간, 한국 고인쇄기술사발간, 한국사상연구 12집 발간, 고려대장경목록고유번호분

---

80) 「문예중흥 5개년 계획의 일차년도」, 『동아일보』 1974.2.2.
81) 「74년도 문예진흥사업실적」, 앞의 잡지, 6쪽.
82) 「74년도 문예진흥사업실적」, 앞의 잡지, 6~9쪽 ; 「문예중흥 제1차년도 사업추진 중 간실적」, 앞의 잡지, 16쪽 ; 문화공보부, 『문예중흥 5개년 계획 제1차년도 사업실적 제출』, 국가기록원, 1974.

류, 문원편찬간행, 한국의 사찰발간, 역사학회 학회지 발간지원, 한국사
연구회 연구회지발간지원, 고고학회 학회지 발간지원, 국어국문학회 학
회지 발간지원, 어문학회 학회지 발간지원, 국악학회학회지 발간지원, 한
국회회소사영역발간, 국학개발위원회 운영, 한국학연구실태조사 등이 있
었다.

　국학개발부문에 있어서 고전국역사업은 국학개발위원회 위원이 추천
선정한 서목을 순차적으로 5개년 기간 중에 국역 완료할 계획이었다. 소
요예산은 국고 2천6백55만 원과 진흥기금 3천만 원, 합계 5천6백55만 원
이 투입될 것이었다. 대상 서목은 고전 중 법제 · 과학 · 어문 · 풍토기 ·
외국기행문 등에 중점을 두었다.[83]

　1968년부터 시작된 고전국역사업은 1970년까지 활발하게 진행되었으
나 정부예산이 해마다 줄어드는데다 담당기관이나 국역담당자들이 매너
리즘에 빠지고 보급이 거의 되지 않아 침체성을 벗어나지 못하고 있던
것이 사실이었다. 이러한 현상을 타파하고 민족사료인 50여만 권의 고전
을 정리하기 위해 문공부는 이를 출판 담당할 국학개발센터를 1974년 안
에 설립하게 되었다. 개발센터는 각 사업을 조정하고 국학연구지를 발간
하며, 각 연구기관이 맡고 있는 영인 10종과 연산군일기 등 30종의 국역
사업을 지원한다는 것이었다. 또한 각급 기관과 개인이 소장한 고전, 전
적, 회화, 금석문 등에 관한 종합조사를 실시하고, 고전종합목록과 해제
본을 내고, 발굴된 사료에 입각한 국민교양사총서를 발간했다.[84]

　2. 전통예능지원사업은 사라져가는 우리 민족의 전통예능을 계발 보
존하고 그 전수 보급을 강화하기 위하여 전국민속예술경연대회 확충, 고

---

83) 「국학개발부문 제1차년도 사업계획」, 『문예진흥』, 1974.5, 16~17쪽.
84) 「문예중흥 5개년 계획의 일차년도」, 『동아일보』 1974.2.2.

유민속개발지원, 무형문화재보존전수강화 등 8개의 사업이 확정 추진되었다. 그 실적은 다음과 같다. 고유민속개발보급으로 전국민속예술경연대회지원, 제13회 3·1문화제행사지원, 제11회 행주대첩제행사지원, 제11회 지리산악수제행사지원, 제14회 춘향제행사지원, 제7회 갑오동학혁명제행사지원, 제17회 밀향아랑제행사지원, 제13회 신라문화제행사지원, 제528돌 한글기념제행사지원, 제13회 한산대첩제행사지원, 제13회 세종문화큰잔치지원, 제13회 한라문화제행사지원, 제25회 개천예술제행사지원, 제13회 대현 이율곡선생제행사지원, 제20회 백제문화제행사지원, 제6회 남도문화제행사지원, 제13회 전라예술제행사지원, 제9회 논개제전행사지원, 제54주기 유관순추도제행사지원, 자유교양추진회육성지원, 수영고적민속보존회육성지원, 아산줄다리기보급회육성지원, 고싸움놀이보급회육성지원 등이 있었다.[85]

한편 문화재관리국은 예산상의 이유로 1974년 1월부터 인간문화재들에 대한 전수강사료 등을 삭감했다. 그러나 전수활동과 교육제도 등 전반적인 문제점들이 클로즈업 돼 그동안의 조정을 거쳐 4월부터 보조비를 인상하고 전수교육제를 크게 강화하기로 했다. 즉 문화재 관리국은 대부분 가난에 허덕이는 인간문화재들이 생계에 위협없이 전통기예능을 전수하는 데 전념할 수 있도록 하기 위해 4월부터 생계보조비를 대폭 인상하는 한편, 전통예능을 보존 전승하기 위한 적극적인 시책을 펴나가기로 했다.[86]

특히 문화재개발사업은 문화재보수정비, 해인사대장경판전신축, 민족박물관설치, 문화재애호범국민운동 등 4개 분야에 23개의 사업이 추진되었다. 그 실적은 경주지구사적정비, 월성지구정화, 남산지구정화, 김유신

85) 「문예중흥 제1차년도 사업추진 중간실적」, 『문예진흥』 1권 6호, 17쪽 ; 「74년도 문예진흥사업 실적」, 『문예진흥』, 1975.1, 9~10쪽.
86) 「인간문화재 생계 보조비 대폭 인상」, 『동아일보』 1974.4.18.

장군묘정화, 경주박물관준공개관, 낙성대정화, 김덕령장군유적조성, 율
곡선생유적정화, 충무공유적정화, 관광자원의 확충개발, 해인사대장경찬
전신축, 문화재애호범국민운동의 전개 등이 있었다.[87]

　이밖에도 국악교육강화사업으로는 국악교육지도서발간, 국악교사재교
육 등이 있었다. 또한 국악기개량 및 창작지원사업으로는 국악기개량보
급, 국악창작지원 등이 있다. 그리고 국악공연 보급으로는 국립국악원연
주자보수지원 등이 있었다. 더 나아가 전통예능전수보급으로 중요무형
문화재전수교육비 및 전수장학금 지원 등이 있었다.[88]

　3. 문학진흥지원사업은 우리 민족이 처해 있는 현실을 슬기롭게 극복
해나가는 민족의 저력과 오늘의 인간상을 담은 새로운 차원의 민족문학
창작을 육성하기 위하여 문예지원고료인상지원, 작가기금건설치운영, 새
마을문학육성 등 7개 사업이 추진되었다. 그 실적은 다음과 같다. 작가
기금설치운영, 문예지원고료지원, 새마을문예지발간지원, 국난극복민족
문학대계발간, 한국신작농촌문학전집발간지원, 한국문학번역보급, 민족
문학심포지움지원, 조국과 문학심포지움지원, 현대시세미나지원, 아동문
학세미나지원, 여류문인회지방순회강연지원, 현대시협지방순회강연지원,
한국문학상시상지원, 여류문인회연간지발간지원, 서정주 연구논문집발
간지원 등이 있었다.[89]

　4. 미술진흥지원사업은 미술작품에 대한 수요를 확대하여 창작을 촉
성하기 위한 미술회관설치·국전제도개선·민족기록화제작전시 등 6개

---

87) 「문예중흥 제1차년도 사업추진 중간실적」, 『문예진흥』 1권 6호, 20~21쪽.
88) 「74년도 문예진흥사업 실적」, 『문예진흥』, 1975.1, 10쪽.
89) 「문예중흥 제1차년도 사업추진 중간실적」, 앞의 잡지, 18쪽 ; 「74년도 문예진흥사
　업 실적」, 앞의 잡지, 11~12쪽.

의 사업을 추진했다. 그 실적은 다음과 같다. 미술회관설치 운영, 국전제
도개선, 민족기록화제작전시, 우수작품구입 및 창작지원, 화집발간, 산업
건설상 사진전시, 민족박물관 건축연구지원, 남산가두미술전시장 운영,
민족기록화제작 전시, 야외조각제작 등이 있었다.[90]

　5. 음악진흥지원사업은 한국적인 소재를 중심으로 하는 창작음악을
진흥시키고 국민개창의 풍토를 조성하기 위한 창작음악의 집중적인 육
성과 국민합창운동 등 9개 사업이 추진되었다. 그 실적은 다음과 같다.
창작지원 및 보급, 민속악의 체계정립, 서울음악제, 합창경연지원, 건전
가요 부르기, 가창지도자 강습 등이 있었다.[91] 특히 서울음악제를 1974년
부터 확충시켜 껍데기 행사 위주의 음악제를 지양하고, 확충된 국립극장
전속단체를 활용하여 건전하고 밝은 공연을 추진하고자 했다.[92]

　6. 연극진흥지원사업은 창작극 중심의 대중극 공연을 확충하여 무대
예술을 획기적으로 진흥시키기 위한 6개 사업이 추진되었다. 그 실적은
다음과 같다. 연극용어정비, 연극인회관설치, 워크샵지원, 연극레파토리
위원회운영, 희곡창작보급, 창작극공연지원, 새마을연극지원, 새마을연
극경연대회지원 등이 있다. 이 중에서 새마을연극운동은 새마을 극본보
급과 학교 및 직장에 대한 연극조직권장과 제3회 전국새마을연극경연대
회 등으로 개최되었다.[93]

---

90) 「74년도 문예진흥사업 실적」, 앞의 잡지, 12~13쪽 ; 「문예중흥 제1차년도 사업추진
　　중간실적」, 앞의 잡지, 18쪽.
91) 「문예중흥 제1차년도 사업추진 중간실적」, 앞의 잡지, 18쪽 ; 「74년도 문예진흥사
　　업 실적」, 앞의 잡지, 13~14쪽.
92) 「문예중흥 5개년 계획의 일차년도」, 『동아일보』 1974.2.2.
93) 「문예중흥 제1차년도 사업추진 중간실적」, 앞의 잡지, 19쪽 ; 「74년도 문예진흥사
　　업 실적」, 앞의 잡지, 14~15쪽.

또한 한국문화예술진흥원은 연극중흥을 위한 노력으로 1974년부터 9개 극단을 선정하여 창작극 공연에 1백만 원씩을 지원하기 시작했다.[94]

그러나 문학 및 음악 그리고 연극부문은 새마을운동과 지방순회공연, 희곡공모 등이 상당한 비중을 차지하고 있어 주목되었다. 그리하여 순수예술과의 상충과정에서 생기는 대중들의 무관심을 어떻게 해소하느냐가 중대 과제가 되었다.[95]

7. 무용진흥지원사업은 전통무용의 기법을 개발보급하고 유능한 전문무용인을 육성하여 무용예술을 진흥시키기 위한 5개 사업이 추진되었다. 그 실적은 다음과 같다. 무용계 전문가로 무용개발위원회를 구성·운영하여 무용기법의 개발과 이론을 정립하고 교육제도의 개선연구 등을 추진하기 위해 무용진흥의 기반구축, 무용개발위원회 구성·운영했으며, 전통기법의 개발연구, VTR라이브러리 설치, 무용전문지발간, 무용용어제정, 무용지도자강습회, 무용공연지원, 선명회·리틀엔젤스 귀국 표창지원 등이 있었다.[96]

8. 출판진흥지원사업은 양서출판을 적극 지원하고, 국민독서운동을 전개시키기 위해 출판금고기금확충추천, 도서구입보급 등 7개 사업이 추진되었다. 그 실적은 다음과 같다. 출판금고기금확충, 추천도서 구입보급, 미국 국제도서박람회 참가지원, 터키 세계아동서적 전시회 참가지원, 말레이시아 국제학술출판전시회 참가지원 등이 있었다.[97]

---

94) 「순수연극 디딤돌 돼야」, 『동아일보』 1974.4.4.

95) 「문예중흥 5개년 계획의 일차년도」, 『동아일보』 1974.2.2.

96) 「문예중흥 제1차년도 사업추진 중간실적」, 앞의 잡지, 19쪽 ; 「74년도 문예진흥사업 실적」, 앞의 잡지, 15쪽.

97) 「74년도 문예진흥사업 실적」, 앞의 잡지, 16쪽.

9. 영화진흥사업은 민족영화제작·제작시설의 현대화 등 6개 사업이 추진되었다. 그 실적은 다음과 같다. 민족의 자조·근면·협동을 그린 차원 높은 영화와 국난극복의 예지를 그린 명화를 제작한다는 의도 아래 제작비 1억 원 규모의 대작 영화로 6·25전쟁 관련 영화 3편과 새마을 영화 1편을 제작했다. 현대적인 영화제작시설의 미비와 낙후한 제작시설, 특수촬영시설을 갖춘 종합촬영소 건립을 추진하는 한편, 주요기재 및 장비를 확보하여 실비로 대여하고, 작품소재개척사업, 우수영화제작지원, 기능자육성, 해외시장개척 등이 있었다.[98]

1973년에 「증언」을 낸 바 있는 영진공은 1974년에 「들국화는 피었는데」, 「마지막 통화」, 「육탄 십용사」 등 반공영화와 「세종대왕」, 「난중일기」, 「광개토대왕」 등 대작을 제작할 계획이었다. 그리고 국산영화의 해외진출을 위해 홍콩에 수출센터가 설치될 계획이었다.[99]

10. 이상과 같은 분야별 지원사업 이외에 제1차 문예중흥 5개년 계획의 효율적인 수행과 성과를 거두기 위해 3개의 문예진흥기운조성사업이 추진되었다. 그 하나는 문예중흥기운조성사업이며, 그 실적은 다음과 같다. 예총운영지원, 한국예술문화윤리위원회(이하 예륜)운영지원, 문화원운영지원, 문화의 달·문화의 날 행사지원, 국제문화교류단체지원 등이 있었다.[100]

이밖에도 문예진흥기반구축사업실적은 다음과 같다. 문예진흥월보발간, 문예총람발간, 문화예술인카드작성, 한국문화예술인 해외활동파악, 주요 외국문화예순단체 조사, 국내 주요 문화예술단체 실태조사, 전국

---

[98] 「문예중흥 제1차년도 사업추진 중간실적」, 앞의 잡지, 19~20쪽.
[99] 「문예중흥 5개년 계획의 일차년도」, 『동아일보』 1974.2.2 ; 1970년대 정부 제작영화 제목에 대해서는 문화공보부, 『문화공보 30년』, 486~509쪽 참고.
[100] 「74년도 문예진흥사업실적」, 『문예진흥』 9, 1975.1, 16쪽.

지방대학교 부설연구소 현황자료 수집보관, 중요지정무형문화재 자료수집, 재경대학교 부설 문예술기관실태자료수집, 도서 및 기재확보 등이 있었다.[101]

　이상과 같이 제1차 문예중흥 5개년 계획의 첫해인 1974년도는 문예중흥의 기운조성 및 문예중흥의 기반구축과 기초조사 면에 중점을 두고 사업을 추진시켰을 뿐만 아니라, 사업의 전체적인 윤곽과 방향을 제시했다. 특히 민족문화예술의 계승발전과 연구·창작·보급활동을 적극화하기 위해 한국학·전통예능·문학·미술·음악·연극을 비롯하여 문예중흥기운조성 및 문예진흥기반구축 등 10개 분야에 걸쳐 총 209개의 세부사업을 책정 추진했다.

2) 1975년도 사업내용과 실적

　문공부는 1975년도에 일반회계 54억 5천만 원과 특별회계 26억 원을 들여 문화예술진흥, 문화재관리, 전통문화계발 등 사업을 펴나갈 계획이었다. 2월 21일 박정희 대통령의 문공부 연도 순시에서 밝혀진 내용을 보면 문공부는 1975년에 국내외 홍보활동을 강화하고, 언론과 종교분야에 대한 대화와 협조를 더욱 추진하며, 문예중흥 5개년 계획의 제2차년도를 맞아 전통문화 개발, 민족예술진흥, 건전한 대중예술의 보급과 국방 유적 및 사적 정비 등 사업을 실시하기로 했다.[102]

　한국문화예술진흥원은 문예중흥 제2차년도인 1975년도에 총 160개 사업(1975년도 사업 153개, 1974년도에서의 이월사업 7개)을 책정하고 이를

101) 같은 논문, 17쪽.
102) 「문예가 뒷전된 문공정책」, 『동아일보』 1975.2.24.

추진, 집행한 결과 그중 139개의 사업이 계획대로 완료되었으며, 21개의 사업이 진행 중에 있어 95%의 사업완료 실적을 보였다. 예산집행 면에서 보면 총 세입실적 1,112,117,649원에 대하여 세출실적 1,103,819,455원으로 96%의 집행 실적을 보였다. 특히 21개의 미달사업 중 15개 사업은 1976년도에 완료 예정인 바, 이들 사업은 거의가 모두 각 단체에 지원된 발간사업들이며, 그밖에 「한국음악의 연구논문 영역」, 「한국의 민속예술」 발간, 민족문학대계 1차년도분 발간, 한국문학번역보급(2차년도분), 민족기록화(구국위업편) 제작, 문예총감발간 등 6개의 사업들은 불가피하게 1976년도로 이관되었다.[103]

한국문화예술진흥원은 1975년도에 총 9억 6천98만 8천 원의 예산을 투입하여 사업을 집행할 계획이었다. 이 중 지원사업 부문에는 총 예산의 82.7%인 8억 45만 7천 원이 투입될 것이고, 문예진흥기금 조성을 위해 8.9%인 8천5백58만 원이 충당될 것이며, 본원을 운영하기 위한 경상관리비는 8.3%인 8천95만 1천 원으로 책정되었다. 세입예산에 있어서는 전국 극장 및 공연장에 의해 모금되는 문예진흥기금 9억 3천만 원을 목표액으로 계상하였고, 전년도 이월사업자금 3천6백88만 6천 원이 세입의 대종을 이루었다.[104]

한국문화예술진흥원은 1975년도의 사업방향과 운영목표를 문예진흥기금의 효율적인 관리운영과 문화예술의 진흥과 창달에 두고, 문예진흥기금의 관리 면에서는 작년도까지 실시해 오던 모금료율을 개정하는 등 관리운영을 개선 발전시켜 1975년도 조성목표액 9억 3천만 원을 달성하고, 기금적립 목표액도 대폭 확대하여 달성해 나갈 방침이었다. 한편 지원사업 면에서는 공정하고 자율적인 지원체제를 강화하고, 지원대상의 선정

---

103) 「문예진흥원 75년도 사업실적과 성과분석」, 『문예진흥』 21, 1976.1, 17쪽.
104) 「75년도 문예진흥사업계획 및 예산」, 『문예진흥』 10, 1975.2, 4쪽.

에 있어서도 창작 연구 위주의 장기적인 진흥사업에 중점 지원하며, 행사 위주의 지원을 지양해 나갈 방침이었다.[105]

이와 같은 방침에 따라서 한국문화예술진흥원은 작년도와 마찬가지로 매 사업 단위로 해당 분야의 전문가와 당연직 2인이 참여하는 각종 위원회를 구성하여 사업의 성격 규정, 지원대상 선정, 지원방법 결정, 지원금액 결정, 사업결과 확인 등 제반 사항을 문화예술계 인사들이 직접 참여하는 자율적 관리제도를 활용했다. 위원의 선정도 중복을 피하는 방향으로 폭넓고 많은 전문가가 참여할 수 있는 기회를 마련하기 위해 위원의 임기도 1년을 원칙으로 했다.[106]

20개 위원회 중 17개의 위원회, 총 149명의 위원이 위촉 구성됨으로써 1975년도의 사업이 본격적으로 추진되었다. 위촉 구성된 위원회를 분야별로 살펴보면 한국학 분야 1개 위원회 15위원, 문학분야 4개 위원회 30위원, 미술분야 4개 위원회 38위원, 음악분야 5개 위원회 45위원, 연극분야 2개 위원회 14위원, 무용분야 1개 위원회 7위원 등이었다. 이밖에도 문학분야의 농촌문학전집발간위원회와 출판분야의 우수도서선정위원회, 그리고 문예총감발간위원회 등 3개 위원회의 위원은 사업착수 시에 위촉 구성되었다. 이상과 같은 20개 위원회의 위촉 소관을 보면 한국문화예술진흥원 소관 15개 위원회, 문공부 소관 5개 위원회로 되어 있었다.[107]

그 위원회와 위원수를 보면 다음과 같다. 국학개발지원심사위원회 15명, 작가기금심사위원회 7명, 한국문학번역추진위원회 7명, 원고료지원심사위원회 7명, 민족문학대계발간위원회 10명, 농촌문학전집발간위원회 7명, 미술회관운영위원회 9명, 미술창작지원심사위원회 7명, 민족기록화전승편제작추진위원회 12명, 야외조각제작추진위원회 7명, 우수도서선정

---

105) 같은 논문, 4쪽.
106) 같은 논문, 4쪽.
107) 「75년도 문예진흥사업추진을 위한 각종 위원회 구성」, 『문예진흥』, 1975.3, 13쪽.

위원회 10명, 국악교육지원심사위원회 7명, 국악지원심사위원회 7명, 민속악체계정립지원심사위원회 7명, 음악지원심사위원회 7명, 새노래부르기운영위원회 17명, 연극지원심사위원회 7명, 무용개발지원심사위원회 7명, 문예총감발간위원회 75명 등이었다.[108]

1975년도 계획의 구체적인 사업실적을 각 분야별로 살펴보면 다음과 같다.[109]

첫째, 한국학분야 지원사업 실적을 보면 총 39개로서 이 중 한국사상 발간사업 외 24개 사업이 정상적으로 추진 완료되었다. 그밖에 14개 사업이 1976년 2월 중에 완료될 것으로 전망했다. 한국학 분야의 사업은 우리나라의 역사·언어·문학·사상·철학·종교·문헌 및 민속 등에 관한 조사연구와 그에 관한 발간사업에 관한 지원으로서 모두 괄목할 만한 성과를 거두었으며, 국역자 양성 및 국역지원사업은 부족한 국역전문가를 확보하는 기초를 마련하고, 우리의 고전을 국역보급하는 데 크게 기여했다.

각 사업별 내용과 실적을 보면 민족사의 재정리를 위하여 한국비교사상의 연구지원, 교양국사총서 편찬간행, 국학개발위원회운영, 국학연구지원, 학술연구단체지원사업을 전개했다. 이밖에도 대한민국독립운동공훈사 발간, 한국민요집 발간지원, 조선조 후기 문화에 대한 연구지원, 구한국관보 총색인 편찬간행지원, 상례와 제사에 관한 연구지원, 단재 신채호 전집보유 간행지원, 한국의 사찰 간행지원, 한국사상 13집 발간지원, 한중일교섭사료총서 편찬간행지원, 한국현대문화사대계 2권 발간지원, 한국신흥종교의 연구 및 출판지원, 15세기 국어형태론 발간지원, 제

---

108) 「75년도 문예진흥사업계획 및 예산」, 『문예진흥』 10, 1975.2, 5쪽.
109) 「문예진흥원 75년도 사업실적과 성과분석」, 『문예진흥』 21, 1976.1, 20~24쪽.

주도 방언조사 및 방언사전 출판지원, 한국고건축단장 상권 발간지원, 한국철학사상사 총론 발간지원, 한국학 자료에 관한 연구 및 출판지원, 사학연구지 발간지원, 국어국문학지 발간지원, 고고미술지 발간지원, 역사학보 발간지원, 진단학보 발간지원, 한국사연구 발간지원, 고려시대의 언어와 문학 발간지원, 동양사학연구 발간지원, 전적조사 및 목록 발간지원, 왜사일기 및 동경일기 영인 발간지원, 여우당 전서 보유 제4·5집 영인간행, 춘관통고 영인 발간지원, 사조선록 영인 발간지원, 명세총교 영인 발간지원, 구급방언해 영인 발간지원, 한국역대문집 기사종람색인 편찬 간행지원, 고전국역총서 발간지원, 국역자 양성사업, 난중일기 영역본 발간지원, 한국음악의 연구논문 영역 발간지원 등이 있었다.

둘째, 전통예능분야 지원사업 실적을 보면 전국민속예술경연대회확충, 향토민속연구단체 지원, 중요무형문화재 전수교육비지원, 한국의 민속예술 발간 등이 있었다.

셋째, 문화재보호지원사업 실적이 있었다. 서울 시내에 남아 있는 18㎞의 성곽 중 10㎞를 복원하고 광희문 숙정문을 복원하며, 수원성을 1979년까지 5개년 계획으로 복원보수하고 문경궐문, 해미읍성, 고창읍성, 경복궁 영추문 등을 보수하는 등 국방유적을 중점적으로 보수했다. 1973년에 발굴한 경주천마총을 복원 공개하며, 98호 고분의 외형을 복원하고 경주박물관을 6월에 개관했다. 동산문화재관리 강화를 위해 보호시설기준을 제정하고, 위탁관리를 추진하고 문화재사범근절을 위해 보상제도를 강화했다. 고건물과 미륵사지석탑 등 43건의 문화재를 보수하고 안동댐 경주덕동댐 수몰지구 문화재를 복원했다. 그리고 광복 30주년 특별기념유물 전시회를 국립박물관에서 열었다.[110]

또한 문화재관리국은 문화재연구담당관실을 문화재연구소로 기구를

---

110) 「문예가 뒷전된 문공정책」, 『동아일보』 1975.2.24.

확대개편했다. 그리고 동연구소 내에 미술공예연구실, 예능민속연구실, 보존과학연구실 등 3개 연구실을 두어 각 전문분야별로 연구활동을 벌이도록 했다. 새로 발족한 문화재연구소는 우리나라 전통문화 발전을 위한 정확한 자료수집과 문화재의 보존관리에 필요한 전문가 시설을 보완, 기술을 개발하며 외국과의 자료교환도 실시했다. 문화재연구소 내 3개 연구실의 연구활동의 범위는 다음과 같다. 우선 미술공예연구실은 사찰, 궁궐, 서원, 향교 등 목조건축물과 성곽 및 각종 석조물에 대한 연구조사를 진행하며, 미술부문에서도 도자기 공예품을 비롯해서 불상, 불구(佛具) 등을 조사 발굴했다. 예능민속연구실은 민속자료와 예능자료를 전국적으로 수집 발표하고, 민속악민구(民具), 단오, 세시풍속, 신화, 전설, 토속신앙, 무용, 연극, 가곡 등의 전통문화를 보존 관리했다. 보존과학연구실은 석굴암 및 무령왕릉 등 중요문화재의 보존 연구를 지금까지는 다른 기관에 의뢰해왔으나 앞으로는 시험기기와 전문적 인력의 보완으로 직접 연구 처리했다.[111]

넷째, 문학분야 지원사업 실적으로 작가기금 적립, 작품소재발굴지원, 신인문학창작 공모, 문예지 원고료 지원, 민족문학대계 발간, 한국문학번역 보급, 펜클럽 지원, 농촌문학전집 구입 보급 등이 있었다.

다섯째, 미술분야 지원사업 실적으로는 그룹전 지원, 제2회 전국공예가초대전, 제1회 전국조각가 초대전, 우수미술 작품 구입, 미술전문지 육성지원, 남산가두미술전시장 운영지원, 민족기록화 제작, 새마을 산업 건설상 사진전 지원, 민족기록화 전시, 야외 조각 제작 설치, 지방작가 초대전, 미술 계간지 「한국미술」 발간지원, 미술회관 운영 등이 있었다.

여섯째, 음악분야 지원사업 실적으로는 음악창작 지원, 국악창작 지원, 음악공연 지원, 국악공연 지원, 민속악 체계정립 지원, 국악교육 지도서

---

111) 「문화재연구소 발족」, 『동아일보』 1975.6.12.

편찬 간행, 국악교육 연수회 지원, 국악기 규격화 보급지원, 합창활동지원, 건전가요보급지원, 대중연예의 정화지원, 가창 지도자 강습회 개최, 서울음악제지원 등이 있었다. 이밖에도 광복 30주년 기념음악회가 개최되었다.

일곱째, 연극분야 지원사업 실적으로는 연극운동의 기반조성, 희곡창작 지원, 광복30주년 기념 중앙 12개 극단공연지원, 창작극 지방순회공연지원, 연극지도자 양성, 새마을 연극운동지원, 연극인회관 운영 등이 있었다.

여덟째, 무용분야 지원사업 실적으로는 무용개발위원회 운영, 무용지도자 강습회 지원, 전통무용기번의 개발연구 지원, 무용전문지 발간, VTR라이브러리 운영, 무용창작 지원, 무용공연 지원 등이 있었다.

아홉째, 출판분야 지원사업 실적으로는 출판금고 기금지원, 출판문화회관 건립지원, 추천도서 구입보급, 국제도서박람회 참가지원 등이 있었다. 국제도서박람회는 부르셀, 몬트리얼, 미국, 프랑스, 터키 등에서 열린 도서박람회였다.

열 번째, 문예중흥기반조성 지원사업 실적으로는 예총운영 지원, 예륜운영 지원, 문화원 지원, 문화의 날 행사지원, 제2회 우루과이 비엔날 참가지원, 한국시인과 중동시인의 밤 개최 지원, 제13차 UIA(국제건축가연맹) 총회 및 대회 파견대표 경비 및 회비지원, IAA(국제조형예술협회) 회비지원, 한국문예지 발간지원, 제7회 카뉴회화제 참가 및 대표자 파견 경비지원, 한국의 문화정책 자료제작비지원, 제3회 앙데팡당전 개최지원, 루이제·린자 초청경비 지원, 제13회 쌍·파올로 비엔날 출품작품 현지제작비지원, 제40차 국제 펜클럽 총회 파견 대표 경비지원, 국제여성미술전 참가지원, ITI(국제극예술협회) 국제회의 참가지원, 리틀엔젤스 남미 순회 공연지원, 국제청소년 음악연맹 총회 참가지원, 국악인 해외파견지원, 국제음악협의회 참가지원, 아세안민속예능제 참가지원, 아스팍

음악회의 개최지원, 아세아작곡가연맹 참가지원, 한중 현대음악 교환음
악회지원, 일본문화재 관계 인사 초청지원, 신라 155호 고분영사회 및 강
연회지원, 동양학 학술회의지원 등이 있었다.[112]

또한 문공부는 광복 30주년 기념행사의 하나로 아시아 태평양 지역 국
가들 사이의 우의를 다지고 전통예술의 교류를 통한 국제문화 증진을 위
해 아시아태평양지역국가들이 참가하는 '아시아태평양지역민속예술제'를
1975년 9월 8일부터 13일까지 중앙국립극장에서 개최했다.[113]

한편 지난 1차, 2차년도의 사업기간에는 문예진흥의 기반조성에 역점
을 두기 위하여 각 분야별로 광범위하게 투자효과를 기도하였으나, 앞으
로는 각 분야별로 중점 지원함으로써 그 분야의 진흥에 자극이 될 수 있
는 효과적인 사업을 하고, 자체 부담능력과 사업계획이 확실한 사업에
대해서 지원을 하며, 가급적이면 당년도 내에 성과확인이 가능한 사업 등
에 지원방향을 두겠다는 계획이었다.[114]

그러나 문공부의 1975년도 계획은 문화예술분야보다는 홍보분야에 지
나치게 중점을 두었다는 평가다. 이는 문예중흥의 기치를 내건 문공부의
1975년도 계획 중 5개년 동안 2백억 원을 들이는 민족박물관 설계나 해
방 30주년을 기념하는 예술제 등을 제외하면 새로운 내용이나 두드러진
사업이 없다는 데서 단적으로 보여지고 있었다.[115]

홍보활동에 있어서 6 · 25전쟁 25주년을 맞아 장편기록영화 제작, 반공
연맹 활동 강화 등 반공홍보를 강화하고, 새마을교육, 새마을문예진흥 등
새마을운동과 광복 30주년기념장편기록영화 등 특수홍보활동을 폈다.[116]

---

112) 「문예진흥원 75년도 사업실적과 성과분석」, 앞의 잡지, 25~37쪽 ; 「75년도 문예진흥
    사업계획 및 예산」, 『문예진흥』 10, 6~7쪽 ; 문화공보부 예술국 진흥과, 『1975년도
    문예진흥사업추진』, 국가기록원, 1975.
113) 「아시아태평양지역 민속예술대전」, 『동아일보』 1975.8.27.
114) 「문예진흥원 75년도 사업실적과 성과분석」, 『문예진흥』 21, 17쪽.
115) 「문예가 뒷전된 문공정책」, 『동아일보』 1975.2.24.

특히 TV와 스포츠 등에 관객을 빼앗기고 있는 영화계의 경우 자본의 영세성 때문에 대담하고 수준이 높은 예술작품의 제작은 엄두도 내지 못하고 침체와 저질의 악순환만 거듭하고 있는 실정이었다.117)

3) 1976년도 사업내용과 실적

박정희 대통령은 1976년 1월 15일 중앙청에서 연두기자회견을 갖고 새해를 이끌어 나갈 정부시책의 기본목표는 국가안보·경제안정·국민총화 등 세 가지라고 밝히면서 국민 모두가 총화단결해서 힘차게 밀고나가자고 당부했다. 구체적인 목표는 총화단결하고 힘차게 밀고 나가자, 경제난국을 타개해 나가자, 새마을운동을 더욱 알차게 추진하자, 나라를 지키겠다는 결의와 각오를 갖자, 건설적인 비판과 편달을, 밝은 사회가 되도록 노력하자, 유신이념을 생활화하자, 차분히 기다리며 열심히 일하자 등이었다.118) 특히 박정희 대통령은 1976년 2월 5일 주체성을 바탕으로 한 건전한 민족문화예술의 창달 및 외래문물의 선별적 수용을 강조했다.119)

이에 따라 1976년도 문예중흥 3차년도 사업방향에서 각종 지원사업의 지원방향은 시대적인 요청과 국가시책방향에 부응한다는 원칙하에 다음과 같이 정해졌다.120)

첫째, 전통문화를 발전시켜 국가발전의 정신적 지주로 승화시키는 사업.

둘째, 서구문화를 우리 실정에 맞게 소화하여 민족문화 발전에 기여하

---

116) 같은 신문.
117) 「허덕이는 영화가」, 『동아일보』 1975.9.13
118) 「안보·안정·총화의 길」, 『문예진흥』, 1976.1, 6~7쪽.
119) 「주체성 바탕 민족문화 창달」, 『동아일보』 1976.2.5.
120) 곽종원, 「문예중흥 제3차년도의 사업방향」, 『문예진흥』, 1976.1, 5쪽.

는 사업.

셋째, 국가발전의 변화 속에서 소재를 계발하여 민족의 긍지와 영광을 찬미하는 창작활동.

넷째, 세계 수준에 도달한 문화예술분야에 대한 중점지원.

다섯째, 퇴폐와 저속 풍조를 추방하고 전 국민이 참여하고 향유할 수 있는 문예활동을 신장시켜 건전한 사회기풍 진작.

그리하여 1976년도에는 주체적 민족문화의 창달에 문예진흥지원시책의 목표를 두고 총 14개 분야 104개 사업을 추진했다. 이 중 94개 사업은 정상적으로 추진·완료되었으며, 6개 사업은 1977년도로 이월되어 계속 진행될 예정이며, 4개 사업은 폐지되어 동 예산액은 타 사업비에 전용 집행되었다.[121]

특히 1976년도에는 지난날의 경험을 거울삼아 보다 알차고 성과 있는 결실을 추구하기 위해 운영과 지원 면에서 새로운 방향을 설정하고 실천해 나가기로 다짐했다. 그러한 일련의 조치로서 한국문화예술진흥원은 직제개편과 임원개선을 단행하여 사무총장제를 신설하고, 이사를 2명 증원하는 한편 과거 6개부, 2개 부설기구의 편제를 3개부, 2개 부설기구로 개편했으며, 단위사업별로 구성되었던 20여 개의 각종 지원심사위원회를 분야별로 통합하여 7개 위원회로 축소하는 등 그 면모를 일신하고 능률적인 운영의 묘를 살리기로 했다.[122]

그러나 문공부는 확정된 예산서에 의해 실행예산을 편성하고 있어 구체적인 사업별 예산규모는 다소 변동될 여지를 남겨주고 있으나 주요 사업 내용을 1975년도와 비교하여 대충 간추려보면 1976년도 문화예술사업

---

121) 「1976년도 문예진흥원 사업실적 및 성과」, 『문예진흥』 4권 1호, 1977, 26쪽.
122) 곽종원, 앞의 논문, 4~5쪽.

은 신규가 거의 없고, 긴축재정으로 예년보다 사업규모가 축소된 계속사업이 많다는 것이 일반적인 평이었다. 문공부의 1976년도 세출예산규모는 일반회계 63억, 경제개발특별회계 20억, 문화재 관리특별회계는 21억 등으로 1백5억 252만 1천 원이었다. 이 가운데 순수한 문화예술예산액은 21억 1천1백만 원으로 전체의 20.1%에 지나지 않았다. 1975년도에 비해서는 약 1억 8천만 원이 늘었으나, 이것은 국립극장 작화실 연습실 증축과 국립경주박물관 운영비가 새로 계상된 데서 증액된 것이다. 따라서 전반적인 문화예술사업은 대부분 1975년에 비해 예산이 줄었거나, 같은 수준을 유지하는 정도여서 물가고 등을 감안하면 문화예술진흥정책이 뒷걸음질 칠 것이 예상되기도 했다.[123]

구체적으로 민족사관 정립의 경우 한국사상비교연구지 발간에 1천5백만 원 등 한국사상의 연구에 3천5백50만 원, 교양국사발간에 1천2백만 원을 들이며, 한국민속문화예술대사전편찬, 구전문학집, 한국고건축단장, 한국현대문학사대계 등을 간행했다. 국내외 전적목록조사발간 및 마이크로필름 수록에 6백만 원, 고전국역사업에 5천5백만 원을 들여 조선왕조실록 등을 국역했다.[124]

또한 전통예능의 경우 전국민속예술경연기록영화제작을 지원하고, 유네스코에 종묘제례악을 영화로 만들기 위해 850만 원을 지원하고, 민속연구단체에 2천만 원을 지원할 예정이었다. 그리고 문학의 경우 애국시 보급운동의 일환으로 시집을 발간 보급하고, 한국문학선정 작품 영역 보급을 위해 5백만 원, 민족문학대계 발간에 1천9백만 원이 책정되었다. 또 6천5백만 원을 창작활동에 지원할 예정이었다. 미술의 경우 기록영화(4천만 원)를 제작하고 전문지 발간을 지원하며, 문화예술산업건설, 고유문

---

123) 「진흥정책 뒷걸음」, 『동아일보』 1975.12.8.
124) 「문예기금조성에 1억 3천만원」, 『동아일보』 1976.2.23.

화 등을 소재로 한 사진 작품전에 2천만 원을 지원할 예정이었다. 음악의
경우 음악 창작과 가곡 등 공연을 지원하고 국악의 전승개발에 1천9백만
원을 책정, 특히 작년 200만 원밖에 안 되던 국악기 개량지원에 750만 원
을 지원할 예정이었다. 이전될 문예진흥원 안에 1천만 원으로 음악도서
실을 신설 운영하고 해외 저명음악가를 초청하고 음악대제전을 갖고자
했다.[125]

연극의 경우 희곡창작에 6백만 원, 창작극 중앙공연 1천2백만 원, 우수
극단 지방공연 1천2백만 원, 지방공연극활동 400만 원, 연극연구 460만
원을 각각 지원하고자 했다. 무용의 경우 무용계발, 창작 공연을 지원하
고, 해외저명 무용가 2명의 초청기도를 받도록 600만 원을 지원할 예정
이었다. 출판의 경우 출판금고기금 확충에 5천만 원, 선정우량도서 30종
구입배부에 1천만 원을 지원할 예정이었다. 대중문화창달의 경우 국민합
창곡집을 발간하고 좋은 노래를 제정·보급하는 데 1천1백만 원을 책정
했으며, 지역직장 합창경연대회를 지원할 예정이었다. 국제교류의 경우
해외의 한국학연구소 등에 한국관계자료를 송부하는 데 1천만 원을 지
원하고, 국제팬클럽대회 참가 대표단 파견, 국제조형예술협회 대표 파견,
칸영화제 출품, 국제음악협회 대표단 파견, 제3세계 연극제 대표단 파견
경비를 보조할 예정이었다. 문화예술단체 지원의 경우 지방문화원 활동
비 등으로 2천8백만 원, 예총 및 10개 협회 운영비 4천5백만 원, 공윤 운
영비로 700만 원이 책정되었다.[126]

1976년도에 계획되었던 진흥사업 중 특히 성과가 컸던 실적을 요약하
면 다음과 같다.[127]

---

125) 같은 신문.
126) 같은 신문.
127) 「1976년도 문예진흥원 사업실적 및 성과」, 『문예진흥』 4권 1호, 26~27쪽 ; 문화공보

첫째, 한국학분야의 교양국사총서 발간과 고전국역총서, 조선왕조실록 국역 간행 등은 국역자 양성지원과 함께 방대한 국학자료의 연구 및 번역보급을 통해 학계는 물론 일반 국민들에게도 국학에 대한 인식을 고취시키려 했다.

둘째, 전통예능분야의 전국민속예술경연대회지원, 민족연구단체지원 등 우리 민속의 연구 및 경연활동과 문화제 등을 통해 전 국민의 관심 속에 거국적인 행사로 발전되어 갔다.

셋째, 문학분야에서는 반공문학상 제정 시상으로 작가와 국민에게 반공의식을 고취시켰고, 문예창작공모 보급은 신인들의 창작의욕을 고취시키려 했으며, 국내외 유명 중견 시인 101인의 애국에 관한 시를 한 권에 모은 애국시집을 발간 배포함으로써 전 국민에게 민족애를 재인식시키는 데 공헌하고자 했다. 그리고 우수문학조판비지원과 문예지원고료지원은 문인들에게 직접적인 혜택을 줌으로써 우리 문학의 발전과 세계진출을 위하 여건 조성을 마련하는 계기가 될 것으로 전망했다. 더 나아가 제2차 세계시인대회 참가 및 극동예술가회의 개최 등 국제회의를 개최하고 이에 참가했다.

넷째, 미술분야에 있어서는 1976년도 계속 사업으로 민족기록화 제작을 추진하여 미술인들의 창작 의욕 고취와 국민들에게는 위업을 남긴 선조들의 얼을 되새겨 주려고 했다. 또한 소재개발 지원, 우수작품 구입 등을 통해 미술인들이 창작활동을 지원하고자 했다.

다섯째, 음악분야에 있어서는 1976년도에 제1회 대한민국음악제를 처음 실시했다. 이에는 국내외 저명음악인들이 대거 참여하여 음악인은 물론 일반 음악 애호가들의 대호평을 받은 사업으로 평가되었다.

여섯째, 연극분야에서는 8개 극단 지방순회공연은 전 국민의 관심 속

부, 『제1차 문예중흥 5개년 계획평가』, 국가기록원, 1978.

에서 연극에 대한 새로운 인식과 안보의식을 고취시키려 했다.

일곱째, 무용분야는 무용기법 개발 연구, 창작 지원 등을 비롯한 무용의 기본적인 활동을 지원함으로써 아직도 낙후된 감이 있는 무용계에 활력을 불어넣고자 했다.

여덟째, 출판지원분야에 있어서는 출판금고 기금으로 5천만 원을 지원했고, 문공부 선정 우량도서를 구입함으로써 간접적인 도서출판 지원 및 이의 배포로 인한 국민들의 독서생활증진에도 크게 기여하려 했다.

아홉째, 국제문화교류부문도 해외한국학 자료지원, 제8회 국제도서박람회 참가 등 총 27개의 대소 국제행사 참가 경비를 지원하여 문화예술계 인사들의 국제문화 현실 파악과 국제친선을 통한 국위선양에 이바지하고자 했다. 특히 「한국미술5천년전」이 개최되었고, 아시아민속예능제에 참가하기도 했다.

열 번째, 자체 사업인 발간사업으로 문예진흥지와 1976년도 소개 책자 및 문예총감을 발간 배포하여 문화예술인들에게 귀중한 자료로 활용하고자 했다.

이상과 같이 지난 2년 동안의 사업이 주로 문예진흥의 백년대계를 위한 기초작업에 중점을 두었다면, 1976년도부터는 구체적으로 사업의 방향과 원칙을 준수하여 국가안보, 경제안정, 국민총화라는 정부시책 및 유신이념을 반영하여 사업이 집행되었다.

특히 1976년도 사업은 주체적 민족문화의 창달에 문예진흥 지원시책의 목표를 두고 총 14개 분야 104개 사업을 추진했으며, 이 중 94개 사업이 정상적으로 추진 완료되었다. 이 중에서 특기할 만한 사업으로는 한국학분야에서 교양국사총서발간과 고전국역총서, 조선왕조실록 국역간행 등과 방대한 국학자료의 연구 및 번역보급을 통해 학계는 물론 일반국민들에게도 국학에 대한 인식을 고취시켰다. 그리고 민족예술경연대회 지원 및 민속연구단체 지원 등을 통해 민속문화에 대한 전 국민의 관심을 촉구시켰다.

한편 문화재관리국 문화재연구소는 1976년도 경주의 황룡사지와 신라 궁궐터인 월성지구를 중점 발굴하고, 대청댐 건설에 따라 금강수몰지구 4개소에 대한 선사시대 유적지 등을 발굴할 예정이었다. 또 진주지방의 지석묘 조사와 더불어 학술적 필요에 의하여 한강유역 특정지역 1개소에 대해서도 발굴을 시도할 예정이었다. 이와는 별도로 국립박물관은 한강유역 양주군 지역의 질문토기유적지와 부여군 초천면 청동기 시대 유적, 경남김해읍 희현리 초기 철기시대 유적 등 4개 유적에 대한 발굴조사를 실시할 계획으로 있으나 발굴예산이 2백만 원밖에 안 되어 계획대로 발굴을 진행하기 어려운 실정이었다. 문화재관리국의 발굴예산은 4천여 만 원밖에 안 되어 이는 작년 안압지와 98호 고분남분발굴예산 1억 원의 40%에 지나지 않았다.[128]

특히 4년동안 중단되었던 지방문화원의 정부보조예산이 1976년부터 다시 되살아나 각 지방문화원의 활동이 활기를 되찾게 되었다. 지역단위로 향토문화의 개발을 위해 지방문화원이 처음으로 생긴 것은 1948년까지 거슬러 올라가지만 정식 법인으로 발족을 본 것은 14년 전의 일이다. 당초 76개소에 지나지 않던 지방문화원은 현재 시군 단위로 135개소에 이르렀다. 각 지방문화원은 지난 1972년부터 정부보조금을 한 푼도 받지 못해 사기가 꺾이고 활동이 위축되어 오다가, 1975년 연말 국회예산심의 과정에서 4년 만에 보조를 주기로 결정되어 2천만 원의 예산을 계상하게 되었다. 한국문화원연합회 관계자는 "이 보조금은 1개 문화원에 연간 14만 4천 원밖에 돌아갈 수 없는 적은 예산이기는 하지만 문화원의 다채로운 사업을 침체된 상태에서 다시 일으키는 활력소 역할을 하게 될 것"이

---

128) 「사적지만 손댈 문화재 발굴」, 『동아일보』 1976.1.22.

라고 말했다.[129]

이밖에도 1976년도 대통령령으로 민족박물관 설립추진위원회와 설립 사무국이 발족되었고, 10여 년이란 장기계획 아래 해외의 세계적 박물관 규모로 관리 운영실태 등을 전문가로 하여금 사전검토하게 하는 계획을 세우는 등 준비가 진행되었다.[130]

한편 문학분야에서는 반공문학상 제정 시상으로 작가와 국민에게 반 공의식을 고취시켰다. 또한 미술분야에서의 민족기록화 제작을 추진함 으로써 미술인들의 창작의욕을 고취시키고 국민들에게 위업을 남긴 선 조들의 얼을 되새겨주는 역할을 하기도 했다. 음악분야에서도 당년도에 처음으로 제1회 대한민국음악제를 실시하여 대호평을 받기도 했다.

4) 1977년도 사업내용과 실적

문공부는 1977년도 시책의 중점을 국민적 자주성의 확립과 선양에 두 고 이를 구현하기 위한 문화예술시책으로 다음과 같은 지표를 지향해 나 가기로 했다. 호국, 자주정신의 선양, 민족문화의 재발견 운동의 본격화, 예술창작활동의 지원 및 창작여건의 개선, 외래문화의 자주적 수용과 퇴 폐대중예술의 정화 등을 목표로 다음과 같은 시책을 펼쳐 나갔다.[131]

첫째, 한국사상 및 교양국사총서 등의 발간지원으로 한국사상 연구를 지원하고 조선왕조실록 등 고전국역을 지원하며, 두시언해 등 고전영인 을 지원함으로써 한국학 계발에 힘을 쓴다.

둘째, 국립박물관 비장회화(秘藏繪畵)의 특별전시회 개최, 신안 앞바 다 인양, 문화재 전시 및 국제세미나 개최, 전국민속예술경연대회 개최,

129) 「활기 되찾은 지방문화원」, 『동아일보』 1976.3.11.
130) 「긍지 일깨울 민족박물관」, 『동아일보』 1978.1.17.
131) 「1977년도 문화예술 시정지표」, 『문예진흥』, 1977.1, 5~6쪽.

지방문화행사 지원 등으로 전통문화를 발굴 · 보존 · 전승하는 데 역점을
둔다.

셋째, 대한민국작곡상 및 대한민국연극제를 신설하고, 국전운영의 개
선, 민족기록영화 제작 및 제2회 반공문학상 시상 등을 통해 예술창작운
동을 적극 지원한다.

넷째, 저작권법을 개정해서 저작자의 권익을 옹호하고 진흥기금의 원
고료 지원수준을 3배로 인상하여 문화예술인의 권익신장과 창작여건 개
선에 힘쓴다.

다섯째, 공윤의 기능을 강화하고, 만화의 사전 심의 강화 및 유통구조
의 개선, 해적출판물 · 불법 · 외설번역물의 근절을 통해 대중문화의 정화
와 건실화를 도모한다.

여섯째, 국제청소년음악연맹 총회를 개최하고 국제미전 · 국제영화제 ·
국제도서전시회 및 기타 각종 국제회의 참가를 지원하는 등 문화예술의
국제교류를 확충한다.

이러한 목표 아래 진행된 1977년도 주요 지원사업을 살펴보면 다음과
같다.[132]

첫째, 한국학 개발에 있어서 한국사상의 연구지원(한국사상연구지발간,
한국비교사상연구논총발간), 민족사의 재정리(교양국사총서발간), 국학
연구지원(한국건축사대계발간, 한국현대문화사대계발간, 단재신채로전집
보유속편발간, 한국무속자료총서발간), 영인출판지원(대한매일신보발간
등), 고전국역(조선왕조실록 국역발간 등), 고전종합조사, 한국학 연구자
료 영역 등이 있었다.

---

[132] 「1977년도 문예진흥원 사업계획」, 『문예진흥』, 1977.1, 35~37쪽 ; 문화공보부, 『제1
차 문예중흥 5개년 계획평가』; 「문예진흥사업 77년도 상반기 결산」, 『문예진흥』,
1977.9, 29쪽.

둘째, 전통예능에 있어서 전국민속예술경연대회 지원, 민속연구단체 지원, 한국의 민속예술발간 등이 있었다.

셋째, 문화재보호에 있어서는 문화재보호사업 지원, 고미술연구지원, 한국미술역사학회 지원 등이 있었다.

넷째, 문학지원에 있어서 우수문학작품 발간지원, 반공문학상 시상, 창작활동지원, 우수문학작품집 구입, 한국문학 번역지원 등이 있었다. 반공문학상 시상은 국민들에게 반공의식을 고취시킬 목적으로 제정되었다.

다섯째, 미술지원에 있어서는 민족기록화 제작, 우수미술작품 구입, 소재발굴지원, 공간지 발간지원 등이 있었다.

여섯째, 음악지원에 있어서는 대한민국작곡상 제정, 전통국악의 전승개발, 대한민국음악제지원, 광복절경축음악제지원 등이 있었다. 또한 세계청소년음악제 유치 등 매우 성공적인 행사가 있었고, 한국음악의 세계진출이 1977년에 많이 눈에 띄었다.

일곱째, 연극지원에 있어서는 희곡창작지원, 대한민국연극제, 지방연극활동지원, 연극연구활동지원 등이 있었다.

여덟째, 무용지원에 있어서는 무용 개발지원, 무용 창작지원, 무용 공연지원, 해외 연수지원 등이 있었다.

아홉째, 출판지원에 있어서는 출판금고 기금 확충, 우수도서지원 등이 있었다.

열 번째, 대중문화의 창달에 있어서는 좋은 노래 제정 보급, 전국합창경연지원 등이 있었다. 또한 영화의 경우 문공부는 1977년 영화시책에서 연간 제작편수의 상한선을 철폐했으며, 국책영화와 우수영화의 구분을 없애 우수영화로 단일화하는 한편 종전 우수영화제작자에 대한 외화수입쿼터를 14개 업자에게 안배하던 형식을 지양하고, 우수영화를 만든 실적에 따라 편수의 제한없이 외화배정을 해주기로 했다.

영진공이 1973~1975년도에 제작한 6편의 영화들(증언, 들국화는 피었

는데, 울지 않으리, 아내들의 행진, 잔류첩자, 태백산맥)은 국가가 직접
제작에 나선 국책영화였지만, 이후 1976년도부터는 민간업자에 국책영화
제작을 이관하는 정책을 폈다. 이로 인해 1970년대 전반기부터 꾸준히
강제되어 왔던 우수영화 보상제의 성격이 더욱 강화되면서 민간제작사
에 의해 간접적인 방식으로 국책영화가 제작되었다. 유신체제하의 국책
영화의 범주화에 있어 간접적 방식으로 제작된 국책영화를 판별하는 데
에 가장 중요한 준거는 1973년도부터 매해 초에 발표된 정부의 영화시책
과 우수영화 보상제도라고 할 수 있다. 이 두 가지 정책적 통제는 1960년
대와는 확연히 다른 유신체제의 국책영화를 가름하는 기준이 되었다.
1970년대 영화정책은 내외적 통제로 인하여 매우 치밀한 방식을 취하고
있었다. 일단 외적 통제기제로서 허가를 받은 소수 제작사만을 남겨놓는
정책으로 인하여 전체 관리할 수 있는 민간업자의 수자를 줄여 놓는 동
시에, 이들을 국가의 의도에 따라 손쉽게 통제할 수 있는 체계를 구축해
놓았다. 내적 통제는 보다 강력한 것으로써 영화시책을 통해 우수영화
기준에 대한 세부적인 지침을 제시해 놓고, 시나리오와 완성영화 양쪽의
이중검열이라는 철저한 채찍과 우수영화 보상에 따른 외화 수입권 보장
이라는 당근책을 함께 사용함으로써 결과적으로 국책영화를 제작하게끔
만드는 정책을 폈던 것이다.133)

즉, 1970년대에 우수영화로 선정된 영화들은 우수영화의 기준에 맞게
제작되어 이중검열의 과정을 거친 후 다시금 우수영화 심사를 경쟁적으
로 통과한 작품들로 비록 민간제작사에 의해 제작되었다 해도 국책영화
의 성격 규정에 있어 거의 결함이 없는 것들이라고 볼 수 있었다.134)

열한 번째, 국제문화교류에 있어서는 한국학부문의 경우 해외한국학

---

133) 김세진, 「1970년대 한국 국책영화 규정에 대한 소고」, 『현대영화연구』 3, 한양대학
    교 현대영화연구소, 2007, 13~14쪽.
134) 같은 논문, 14~15쪽.

연구기관 자료지원과 한국가면극 해외공연지원 등이 있었으며, 문화부문에 있어서는 국제도서박람회 참가지원 등이 있었다.

이상과 같이 제1차 문예중흥 5개년 계획의 4차년도인 1977년도에는 민족문화의 재발견이라는 목표 아래 1976년도에 이어서 시책의 중점을 국민적 자주성의 확립과 선양에 두고, 이를 구현하기 위한 문화예술시책으로 호국, 자주정신의 선양, 민족문화의 재발견 운동의 본격화, 작가의 예술창작활동의 지원 및 창작여건의 개선 및 그 발표기회의 확충, 외래문화의 자주적 수용과 퇴폐대중예술의 정화 등을 목표로 사업을 진행시켜나갔다. 이러한 목표 아래 원고료의 대폭 인상, 대한민국작곡상의 제정 시상, 대한민국연극제의 실시, 반공문학상의 확대 실시 등이 있었다.

5) 1978년도 사업내용과 실적

한국문화예술진흥원은 1978년도 문예중흥사업의 기본지표를 자주정신의 확립과 실천을 위한 사업을 전개한다는 데 두고, 문화적 자주정신을 함양함으로써 문화민족의 긍지를 높이고 문예중흥을 이룩해 나가기 위해 다음과 같은 사업을 추진해 나갈 계획이었다. 우선 중점목표는 다음과 같다.[135]

첫째, 민족문화의 재발견과 창조적 계발. 민족 고유의 전통문화예술을 재발견하고 평가하여, 이를 창조적으로 계발함으로써 독창적인 민족문화를 창달하는 데 역점을 둔다.

둘째, 어린이 정서계발을 위한 문예창작 활동 지원. 날로 팽창하는 대

---

135) 「1978년도 문예진흥원 사업계획」, 『문예진흥』 43, 1978.2, 11쪽 ; 한국문화예술진흥원, 『1978년도판 문예년감』, 한국문화예술진흥원, 1979, 421쪽.

중문화의 공해로부터 어린이를 보호하고 건전하고 자주적인 가치관을 함양시켜 건강하고 씩씩한 내일의 주인공을 기르는 데 역점을 둔다.

셋째, 문화시설의 확충과 국민의 문화수준 향상. 연차 계획에 의한 각종 문화시설을 중앙과 지방에 확충해 나감으로써 문화격차를 해소하고 국민의 문화수준 향상을 도모하는 데 중점을 둔다.

넷째, 국력신장을 바탕으로 전통문화의 우수성과 독창성의 해외 선양. 국력신장을 바탕으로 한 문화한국의 실상을 해외에 선양함으로써 세계 속에 한국문화를 부각시키는 데 힘쓴다.

이러한 목표 아래 진행되었던 1978년도 주요사업 실적을 보면 다음과 같다.[136]

첫째, 고전자료개발의 경우 한국현대문화사대계발간사업은 1979년도로 이관추진될 예정이었고, 한국건축사대계발간지원, 성현위인어록집발간지원, 두시언해영인본발간지원, 전적조사 및 목록발간지원, 한국사상연구지발간, 한국무속자료총서발간, 한국현대문화사대계발간 등이 있었다.

둘째, 전통예능의 경우 전국민속예술경연대회 확충지원, 민속연구단체지원 등이 있었다. 전국민속예술경연대회는 매년 개최되었고, 지방문화제 지원의 경우 신라문화제 등 30여 개 지방문화제 행사를 매년 지원했다. 그리고 충북, 경북 등 전국의 민속조사가 이루어졌고, 전남 해안지방의 무형민속자료가 조사되었으며, 경남 해안지방의 수산도구가 조사되었고, 민요 및 구비전설이 조사되었다. 또한 종교의식 및 한국전래의 다도풍속이 조사되었다.

셋째, 문화재보호의 경우 문화재보호운동과 고미술연구지원 등이 있

---

136) 「1978년도 문예진흥원 사업실적」, 『문예진흥』, 1979.1, 10~13쪽 ; 문화공보부, 『제1차 문예중흥 5개년 계획평가』, 국가기록원, 1978.

었다. 특히 문화재 관리로서 제1차 문화재 보수 3개년 계획수립이 1977
년부터 1979년까지 시행되었고, 안압지 발굴 및 정화, 천마총 발굴 및 복
원, 제2 석굴암 조성 등 경주지구 사적을 정비했다. 또한 제주관광개발
및 전사유적 보수정화가 있었고, 현충사, 여주 세종대왕능, 서산 칠백의
총 등 위인선열 유물과 유적 보호 정화사업이 있었다. 이밖에도 문화재
관리를 위한 기초자료 및 전통문화의 체계화를 위해 문화재 기초조사를
실시했으며, 민속보호지구를 지정하고, 문화재연구소 설립 운영, 문화재
보존에 대한 연구, 광주박물관 건립 추진 및 경주·공주박물관 신축이라
는 보존시설 확충 등 문화재의 과학적 보존사업이 이루어졌다.

그리하여 1978년도에는 국보 8점과 보물 34점, 그리고 사적 4건, 중요
무형문화재 4건, 중요민속자료 1건 그리고 천연기념물 2건 등이 문화재
보호법에 의해 문화재로 지정되었다.[137]

넷째, 문학지원의 경우 문학상 시상으로 제3회 반공문학상 시상과 제2
회 흙의 문학상 시상이 있었다. 그리고 창작활동 지원 및 민족문학대계
발간, 아동문학지원 문인심포지움개최 등이 있었다.

다섯째, 미술지원의 경우 민족기록화제작, 창작활동지원, 미술회관기
획전 등이 있었다.

여섯째, 음악지원의 경우 대한민국작곡상, 대한민국음악제, 음악활동
지원으로 음악공연지원과 국악공연지원, 민속악체계정립 등이 있었다.
국악진흥에 있어서 국악교사 교육실시 및 국악교육 지도서 발간, 국악교
육지원, 국악고등학교 설립운영 등 국악교육을 강화했다. 그리고 국립국
악원 전속연주단을 운영했으며, 국악공연을 지원하거나 민속악 체계를
정립했다.

일곱째, 연극지원의 경우 본 사업 중 가장 큰 비중을 차지한 대한민국

---

137) 한국문화예술진흥원, 『1978년도판 문예년감』, 87쪽.

연극제는 1978년도에 대통령상, 문공부장관상 외에 문예진흥원장상을 신설하여 연극발전에 큰 활력을 불어넣었다. 이에는 대한민국연극제, 연극연구활동지원, 지방연극활동지원 등이 있었다.

여덟째, 무용지원의 경우 무용개발지원, 무용공연지원 등이 있었다. 특히 전통무용기법 개발이 연구되었다.

아홉째, 출판지원의 경우 출판금고기금 확충과 월간지 「동서문화」, 「뿌리깊은 나무」, 「자유」 등에 대한 출판보급지원 등이 있었다.

열 번째, 대중문화의 창달로는 건전가요제작보급, 전국합창경연대회지원 등이 있었다.

열한 번째, 국제문화교류의 경우 국학부문으로 해외한국학연구기관자료지원이 있었고, 문화부문으로는 국제도서박람회참가지원이 있었으며, 문학부문에서는 국제펜대회참가지원이 있었고, 미술부문에서는 파리국제현대미술전, 국제건축가연맹아시아지역이사회 총회 참가지원 등이 있었다. 그리고 음악부문에서는 아시아 작곡가 연맹총회참가지원, 국제현대음악협회총회 참가지원, 국제청소년음악연맹총회 참가지원 등이 있었다. 연극부문에서는 국제극예술협회 총회 참가지원이 있었다. 기타 무대예술인 해외연수, 국제행사 참가 등에 대한 지원이 있었다.

또한 문공부는 1978년 6월 26일 박물관법안을 마련하여 국립중앙박물관에서 공청회를 갖고 이 법안에 관한 전문가들의 의견을 모았다. 전문 27조 부칙으로 된 이 법안은 박물관의 육성·발전과 난립과 무질서의 규제를 위한 기본법으로서의 골격을 처음으로 제시하는 것이어서 관계자들의 비상한 관심을 모았다.[138]

제1차 문예중흥 5개년 계획의 마지막 해인 1978년에는 총 99개 단위사업이 추진되어 89개 사업이 예정대로 완료되었으며, 7개 사업이 1979년

---

138) 「박물관법안 마련」, 『동아일보』 1978.6.27.

으로 이월 추진될 예정인바 90%의 높은 진척을 보였다. 민족문화의 재발견과 창조적 계발로 국민의 자주성 함양, 어린이를 위한 창작활동 및 도서출판적극 지원, 문화시설의 확충으로 국민의 문화수준을 향상하고 국력신장을 바탕으로 전통문화의 우수성과 독창성의 해외선양을 문화예술 중점시책으로 내걸고 추진되었던 사업목적을 충분히 달성하는 한편 2차 5개년 계획 도약의 밑바탕이 다져졌다고 자평했다.[139]

요컨대 1978년도는 제1차 문예중흥 5개년 계획을 완료하고, 제2차 5개년 계획을 성안 및 준비하는 기간으로 삼고 사업이 추진되었다. 그리고 그동안 소홀했던 지방문화활동의 적극적 지원과 시설 확충에도 신경을 썼다. 그리하여 자체적으로는 1978년도의 활동들은 그 사업목적을 충분히 달성하는 한편 2차 5개년 계획의 도약의 밑바탕이 다져졌다고 평가했다.

6) 종합실적

① 기반조성

제1차 문예중흥 5개년 계획의 전체적인 중점목표를 살펴보면 다음과 같다.[140]

첫째, 경제적 선진국의 지위를 굳혀 가고 있는 이 마당에서 문화적으로도 선진국의 자리를 차지하기 위해 우선 우리가 물려받은 문화유산과 세계문화예술을 조화있게 흡수 재창조함으로써 새로운 자주적인 민족문화를 일으키는 일에 역점을 둔다.

둘째, 경제성장과 더불어 사회개발을 추진하는 이때 문화적인 혜택을 계층, 지역, 세대, 남녀별의 구분을 망라하여 골고루 향유할 수 있도록

---

139) 「1978년도 문예진흥원 사업실적」, 『문예진흥』, 1979.1, 9쪽.
140) 김경동, 「제2차 문예중흥 5개년 계획입안을 위한 공개토론회」, 『건축사』, 1978.5, 19~20쪽.

함으로써 전 국민이 명실공히 골고루 문화민족으로서의 균형 있는 생활을 누릴 수 있도록 '문화복지사회'를 이룩하는 바탕을 마련한다.

셋째, 우리 문화의 발전은 세계의 여러 문화들을 선별 수용하되 이를 적극적인 자세로 받아들이고, 그것과 우리의 전통적인 문화유산을 한데 어울려 새로이 창조함으로써 더욱 꽃피게 한다. 그러므로 이번 계획기간 중에는 문화의 국제교류를 강화하는 데에 중점적인 노력을 기울여야 한다.

넷째, 민족의 염원인 통일을 추구함에 있어서 남북의 문화적인 괴리를 올바로 인식하고, 북한문화의 허구성과 정치적 획일성에 대한 연구를 통해 민족적 문화정통성을 재확인하는 일에도 주력한다. 이로써 통일과업에 있어서의 주도력을 기르게 될 것이기 때문이다.

이러한 목표 아래 제1차 문예중흥 5개년 계획은 앞서 검토한 동 계획의 방향과 원칙에 따라 기반조성과 민족사관 정립 및 전통예능과 문화재 계발을 내용으로 하는 전통문화계발, 문학·미술·음악·연극·무용 등을 내용으로 하는 예술진흥부문, 영화·출판을 내용으로 하는 대중문화 창달, 국제교류의 적극화 등 5개 부문으로 나누어 추진되었다. 이외에도 남북통일사업이 추진되었다.

우선 기반조성으로 전반적인 정치·사회적인 풍토의 변화에 맞추어 문화행정의 이원적 체계로 인한 불합리를 개선하기 위해 1968년 문공부를 신설하여 공보업무와 문화예술업무를 일원화해 관장함으로써 질과 양 측면에서 크게 확충되었다. 또한 문화정책의 근간이라고 할 수 있는 문화예술진흥법을 제정·공포(1972년 8월)하고, 전통문화와 관련된 문화재 중심의 정책과 행정도 크게 발전했다. 즉 문화재관리국의 기구 확장 및 예산의 증액 등이 이루어졌다. 1975년에는 문화재연구소와 국립민족박물관을 설치하고, 1977년에는 각 도에 문화재과를 두어 지방문화재를 관리할 정도로 문화재 보호정책도 적어도 외형적으로는 발전하고 있었다. 1977년에는 문예진흥기금에 대한 기부금의 소득세와 법인세를 감면하는 법조항이 제정되었다. 또한 각종 문화관련 단체들이 설립되었다. 그 대표적인 것은 국무총리를 위원장으로 한 문화예술진흥위원회와 한국문화예술진흥원을 들 수 있다.[141]

민족박물관은 우리나라에서 사상 최대 규모의 박물관으로 1975년에 1억 7천만 원을 들여 설계를 완료했으며, 국민교육의 도장으로서의 역할을 할 예정이었다. 민족박물관은 전통문화의 진수와 독창성의 부각으로 문화민족의 긍지를 함양시키기 위해 각 시대의 대표적 문화유산과 선각자의 독창적 의지를 부각하여 금속활자, 대장경, 한글창제, 유물유적의 사실모형, 사료를 집중적으로 전시했다. 또 각 시대별 생활 민속의례에 관한 유물 자료모형을 전시할 민족생활관은 민족의 고유한 생활 선양, 생활형태를 계승한 국민생활의 모범을 제시했다. 역사상 국난을 극복한 사례 위업을 선양하기 위해 계획된 호국관은 삼국시대에서 조선조 말에 이르기까지 외세 항쟁, 전승 대첩의 사료 및 명장 등의 기록, 전쟁사화, 무기, 기타 유물을 수집 전시하게 된다. 자주독립 정신을 선양하기 위한 독립관은 항일독립운동 기록, 3·1운동, 상해임정건국, 독립유공자의 유물·유품들의 전시로 선열의 위업을 부각할 예정이었다.[142] 그러나 학자들은 민족박물관 건립에 찬성하면서도 '민족'이란 어휘가 전체주의 내지 국수주의와 직결되는 것이기 때문에 조심스런 반응을 보였다.[143]

또한 1973년 영진공이 설립되었고, 1975년에는 한국예술문화윤리위원회가 공윤으로 대체되었다. 그리고 국역연구원, 문화재연구소 등이 설립

---

141) 박광우, 『한국문화정책론』, 김영사, 2010; 박혜자, 『문화정책과 행정』, 대영문화사, 2011, 243~244쪽 ; 정철현, 『문화연구와 문화정책』, 서울경제경영, 2005, 167~168쪽.
142) 「문예가 뒷전된 문공정책」, 『동아일보』 1975.2.24 ; 「긍지 일깨울 민족박물관」, 『동아일보』 1978.1.17.
143) 「민족박물관 건립은 바른 문화사관으로」, 『동아일보』 1975.1.31.

되고, 세종문화회관이 1978년 준공되어 세계적으로 손색이 없는 문화의 대전당을 마련했으며, 부산시와 대구시에도 무대예술을 공연할 수 있는 훌륭한 대극장을 건립했다. 또한 문예진흥원 부설, 미술회관 및 연극회 관을 설립·운영했다. 전북예술회관, 남원 및 목포국악원 건립지원 등으로 문화시설을 확충하기도 했다. 단체의 운영지원으로는 출판금고에 2억 5천만 원의 문예중흥기금을 내놓은 것을 비롯해서 예총, 전국문화원, 국 제펜한국본부 등의 경상비 및 일부 사업비를 보조했다. 이밖에도 천재예 술인의 병역면제를 위한 병역의무 특례규칙에 관한 법률을 보완 조치했다.[144]

1972년의 7·4남북공동성명과 유신체제의 성립과정에서 적극 추진된 남북한간의 체제 우위 경쟁은 다양한 분야에 영향을 미쳤다. 특히 공연 예술분야의 대결양상은 공연을 위한 시설과 공연 자체로 대별될 수 있었 다. 당시로서는 초매머드급인 평양대극장의 위용은 북한을 방문한 이후 락(1970년 12월 중앙정부 부장으로 임명)에게 깊은 인상을 남겼고, 주체 성을 강조하며 전통건축을 현대화시킨 북한의 도시건축은 남한사회에서 곧바로 공공시설과 문화시설의 건축에서의 대규모와 민족적 전통이라는 두 가지 목표로 수용되었다. 박정희 정권은 북한을 다녀온 이후락 등의 제언에 따라 한편으로는 북한의 만수대예술극장, 인민문화궁전, 2·8 문 화회관 등에 맞서는 국립극장, 세종문화회관 등을 건립하였고, 한편으로 는「피바다」등 북한의 혁명가극에 맞서는「바다여 말하라」등의 대규모 역사뮤지컬을 창안해냈다.[145]

144) 문화공보부,『문화공보 30년』, 230쪽 ;「1차 문예중흥 5개년 계획의 결산」,『중앙일 보』1978.12.14 ; 전재호,「민족주의와 역사의 이용—박정희 체제의 전통문화정책」, 앞의 잡지, 91쪽 ; 정갑영,「우리나라 전통문화정책의 전개과정과 그 의미」,『정신문 화연구』81, 2000.12, 21~22쪽 ; 김미경,『한국현대미술자료약사(1960~1979)』, ICAS, 2003, 82쪽.
145) 윤진현,「1970년대 국립극단 역사 소재극 연구」,『민족문학사연구』31, 민족문학사

1973년에 개관하여 정부가 뻗어가는 국력을 과시하는 상징으로 세운 호화로운 국립극장은 앞으로 한국인의 무대예술을 총체적으로 전시할 장소라는 찬사를 받았다. 그리고 한국연극사상 가장 많은 연기자를 동원한 대작 연극, 화려한 의상, 소도구, 넓은 무대에 알맞게 고안된 스팩타클한 무대 디자인 등의 찬사를 받은 이재현 작품의 「성웅 이순신」을 개관 기념작으로 상연했다.[146]

특히 세종문화회관은 전자조명장치 및 세계 5대 오르간 중 하나인 파이프 수 8천 개의 파이프 오르간을 설치하는 등 최근 시설과 무대메카니즘을 고루 겸비했으며, 5천6백11평의 대지 위에 지하 3층과 지상 6층 연건평 1만 6천111평의 회관 건물에 중앙광장을 중심으로 오른쪽에 4천2백 좌석과 5백 평의 무대를 가진 대강당과 왼쪽에 5백여 좌석, 1백 평의 무대 및 1백여 명이 동시에 출연할 수 있는 소강당, 그리고 대회의장, 소회의장까지 있어 외형적으로나 내면이 다 손색없는, 문자 그대로 '문화예술의 전당'으로 새로 등장한 것이었다. 이는 우리의 자랑이며 국력의 과시이자 문화국으로서의 긍지라고 평가되기도 했다.[147]

또한 세종문화회관의 개관기념예술제는 장장 79일 동안 세계 16개국의 연극단체와 연주가를 초청하고, 국내 41개 예술단체와 예술인 3천4백여 명을 동원하여 대강당에서 62회, 소강당에서 61회 등 사상 최대의 공연기록을 세우는 등 개관의 의의를 충분히 하여 한국의 인상을 새롭게 국내외에 표시했다고 할 수 있다. 이로써 국가의 지원을 받는 문화예술

학회·민족문학사연구소, 2006, 347쪽 ; 윤진현, 「1970년대 역사 소재극에 나타난 담론투쟁 양상」, 『민족문학사연구』 26, 민족문학사학회·민족문학사연구소, 2004, 39~40쪽.

146) 윤진현, 「1970년대 국립극단 역사 소재극 연구」, 『민족문학사연구』 31, 347쪽 ; 윤진현, 「1970년대 역사 소재극에 나타난 담론투쟁 양상」, 『민족문학사연구』 26, 40쪽.

147) 이진순, 「서울세종문화회관개관을 축하하며」, 『한국연극』 제3권 제5호, 1978.5, 17쪽 ; 「세종문화회관개관기념예술제」, 『한국연극』 제3권 제5호, 1978.5, 21쪽.

의 전당인 세종문화회관은 국립극장과 더불어 양대산맥을 이루게 되었다. 그리하여 동 회관이 문을 열었다는 사실은 음악계의 크나큰 이슈였다. 연주장이 없다고들 하다가 4천2백 석의 대강당, 5백 석의 소강당이 들어섬으로써 음악계를 흥분시켰다. 그러나 한편으로는 대관료가 비싸서 많은 음악인들이 '그림 속의 떡'처럼 쳐다보고만 있는 실정이기도 했다. 또한 세종문화회관은 문화인구 증가에는 공이 크지만 외국의 수준 높은 음악을 들은 적이 있는 청중들로 하여금 우리 음악을 얕잡아 보게 하는 역현상도 가져왔다.[148]

이처럼 문화관련 법률들과 관계기관들이 설치됨으로써 문화활동의 저변이 확대되고 체계화되었다고 볼 수 있다.

② 전통문화계발

다음 전통문화계발에 있어서 고전국역사업, 민족사관 정립, 무형문화재 전수교육, 경주사적정비, 신안유물인양, 문화재보수사업 등이 역점 사업으로 추진되었다. 민족문화추진회, 세종대왕기념사업회, 동국대 역경원 등의 지원을 통해 국역한 고전은 총 47종 262책이었다.[149]

고전을 국역하는 것 자체는 전통시대에도 있었고, 일제하에서도 있었다. 그러나 오랫동안 단절되었던 우리의 전통문화를 되찾고, 이것과의 연결성을 회복하여 그런 바탕 위에서 이들 고전을 현대화하고, 나아가서 우리의 전통적 문화기반 위에서 주체적이고도 창조적인 민족문화를 이룩하려는 노력을 기울이며, 고전국역에 한층 활기를 불어넣은 것은 1970년대 박정희 정권의 문화정책이 추진되면서부터였다. 그리하여 1970년대에는 고전을 국역하는 능력이나 수준이 향상되었고, 이를 이해하고 소

148) 이진순, 위의 논문, 17~18쪽 ; 「78 문화계」, 『동아일보』 1978.12.14.
149) 「1차 문예중흥 5개년 계획의 결산」, 『중앙일보』 1978.12.14.

화하는 독서층의 이해심도와 독서폭이 그만큼 달라졌을 뿐만 아니라, 고
전을 즐기는 독서인구도 현저하게 증가했다.[150] 1977년부터는 국역료도
대폭 인상되어, 350원에서 1천2백 원으로 지급되었다. 무형문화재 전수
자 양성을 위해서는 남사당놀이 등 총 17회의 국악공연과 23회의 판소리
연구발표회를 지원했다.[151]

또한 민족사관 정립의 경우 고전국역 사업으로 대장경 등 12종 58책을
간행했으며, 국역자를 양성하여 30명이 수료했다. 그밖에 『황성신문』 등
17종 28권을 영인발간했으며, 한국사상의 연구를 지원하여 비교사상연구
등 3건 6회의 실적을 쌓았다. 한국학 도서발간 사업도 추진되어 난중일
기 영역본 등 54종 77권이 간행되었다.[152]

고전자료개발은 한국건축사대계발간지원, 성현위인어록집발간지원, 두
시언해영인본발간지원, 전적조사 및 목록발간지원, 한국사상연구지발간,
한국무속자료총서발간, 한국현대문화사대계발간 등이 있었다.[153] 한국
학분야의 교양국사총서 발간과 고전국역총서, 조선왕조실록 국역 간행
등은 국역자 양성을 지원하는 동시에 방대한 국학자료의 연구 및 번역보
급을 통해 학계는 물론 일반 국민들에게도 국학에 대한 인식을 고취시키
는 데 효과가 컸다.[154]

교양국사총서는 우리 국사를 알기 쉽게 해설, 소개하는 것으로 모든
국민이 올바른 역사관을 갖고, 문화민족으로서의 자긍심을 갖도록 할 목
적으로 발간되었다. 이 교양국사에서 다룬 소재는 우리의 자랑인 문화유

---

[150] 한국문화예술진흥원, 『1978년도판 문예년감』, 21쪽.
[151] 「1차 문예중흥 5개년 계획의 결산」, 『중앙일보』 1978.12.14.
[152] 「제2차 문화예술진흥위원회 개최」, 『문예진흥』, 1977.1, 13쪽.
[153] 「1978년도 문예진흥원 사업실적」, 『문예진흥』, 1979.1, 10~13쪽 ; 문화공보부, 『제1
차 문예중흥 5개년 계획평가』, 국가기록원, 1978.
[154] 「1976년도 문예진흥원 사업실적 및 성과」, 『문예진흥』 4권 1호, 1977.1, 26~27쪽 ;
문화공보부, 『제1차 문예중흥 5개년 계획평가』.

산, 역사의 전환을 이룬 중요한 사건, 대표적인 사상과 제도, 국난을 극복한 민족의 예지와 조상의 슬기, 위인과 사상가 등에 관한 것이었다. 본 서적은 매년 10종씩 발간되어 문예중흥 5개년 계획 기간 중 총 50종의 교양국사총서가 발간될 것이고, 관계연구단체를 지원하여 추진하게 하되 국사편찬위원회의 협조를 받아 추진되었다. 그리고 이를 보다 널리 보급하기 위하여 무료로 배포하는 범위를 확대하며, 도서가격을 염가로 책정하고 학교의 부교재로 채택하도록 건의했다.[155]

또한 1972년 3월 박정희 대통령이 국적 있는 교육과 주체적 민족사관의 정립을 제창한 지 한 달여 뒤인 5월 10일 문교부는 영남대학교 총장 이선근을 위원장으로 하고 다수 역사학자들이 위원으로 참여하는 '국사교육강화위원회'를 구성하여 첫 회의를 개최하여 국사교육을 강화시키기 위한 정책을 제시했다. 그리고 극소수의 사립대학을 제외하고는 전국 대다수의 대학은 국사를 교양 필수과목으로 개설했다. 당시는 민족주의 사관이 한창 풍미했으므로 그 사관의 관점에서 국사교육의 강화에는 원칙적으로 찬성했을지라도 국사와 교육을 정치적 목적으로 활용하려는 정권의 의도에 대해서는 비판적인 학자들도 있었다.[156]

박정희 대통령의 설립지시로 개원을 서둘러오던 한국정신문화연구원은 1978년 6월 하순 개원되었다. 동 연구원은 명실상부한 한국학 연구의 총본산으로서 한국문화의 폭넓은 연구, 주체적 사관의 확립과 건전한 가치관의 확립을 목표로 활동을 개시했으며, 한국의 철학사상, 역사, 어문학, 예술 등 전통문화를 재발굴하여 앞으로의 문화적 흐름을 주체적으로 형성하고, 국내외의 기존 연구기관과 폭넓은 연구협력을 통해 한국학의 연구성과를 집약하는 구심체로서의 역할을 할 예정이었다. 이 연구원은

155) 「국학개발부문 제1차년도 사업계획」, 『문예진흥』, 1974.5, 18~19쪽.
156) 장영민, 「박정희정권의 국사교육 강화 정책에 관한 연구」, 『인문학연구』 34권 2호, 충남대학교 인문과학연구소, 2007, 459·464·477쪽.

일본과 서구문화에 침식된 우리 문화의 식민지적 취약성에 대한 반성으로, 오랜 문화전통 속에서 되살려야 할 '얼'을 찾아 새로운 문화창조의 기반으로 삼아야 한다는 정신적 배경에서 설립된 것이었다. 또한 이 연구원은 국학연구의 총본산이 될 것을 자부하면서 발족한 단체로 국가적 차원에서 한국학을 진흥시킬 목적으로 개원되었다.[157]

한편 전통예능으로는 전국민속예술경연대회 확충지원, 민속연구단체 지원 등이 있었다. 전국민속예술경연대회는 매년 개최되었고, 지방문화제 지원의 경우 신라문화제 등 30여 개 지방문화제 행사를 매년 지원했다. 그리고 충북, 경북 등 전국의 민속조사가 이루어졌고, 전남 해안지방의 무형민속자료가 조사되었으며, 경남 해안지방의 수산도구가 조사되었고, 민요 및 구비전설이 조사되었다. 또한 종교의식이나 한국전래의 다도풍속이 조사되었다.[158]

특히 1977년 10월 24일부터 수원공설운동장에서 열린 제18회 전국민속예술경연대회는 26일까지 사흘 동안의 열띤 경연을 마치고 폐막되었다. 농악, 민속극, 민속놀이, 민속무용, 민요 등 5개 부문에 16개 시도에서 22개 팀 총 820명이 출연한 이번 경연대회는 사흘 동안 연 10만 명 이상의 관중이 관람했다. 이번 민속예술경연대회의 특색은 새로운 민속예술의 발굴의욕이 어느 때보다 높았다는 것이다.[159]

또한 전통예능 전승보존교육장으로서 무형문화재 전수회관을 건립 운영하고, 163명의 인간문화재에 대해 생계비를 보조했다. 이와 아울러 국악의 진흥을 위해 가야금, 거문고 및 악기를 제작 보급하고 민요, 판소리

---

157) 「정신문화연 6월 개원」, 『동아일보』 1978.4.28 ; 「한국정신문화연구원」, 『동아일보』 1978.6.28 ; 「78 문화계」, 『동아일보』 1978.12.11 ; 한국문화예술진흥원, 『1978년도판 문예년감』.

158) 「1978년도 문예진흥원 사업실적」, 『문예진흥』, 1979.1, 10~13쪽 ; 문화공보부, 『제1차 문예중흥 5개년 계획평가』.

159) 「오늘에 되살린 옛 슬기와 얼」, 『동아일보』 1977.10.27.

등 민속악의 체계를 정립했다.[160]

한편 박정희 정권은 1970년대에 전통문화와 관련된 문화시설을 크게 확충했다. 그중에서 특히 박물관의 질적·양적 기능이 대폭 강화되었다. 1971년 부여박물관으로부터 출발하여 국립중앙박물관(1972), 공주박물관(1973), 경주박물관(1975), 부산시립박물관(1978), 광주박물관(1978) 등이 개관되었다. 이를 계기로 각종 특별전시회 개최, 공개강좌의 실시, 「한국미술5천년전」의 일본 및 미국 전시회의 개최 등 민족전통문화에 대한 국내외적 확산을 도모했다.[161]

경주박물관은 그 규모가 중앙박물관에 못지않을 만큼 확대됨으로써 연간 운영비만도 1억 5천만 원이 소요되며 총 13억을 들여 8년 공사로 예정되었고, 인원만도 일반직 22명, 고용직 73명 등 모두 96명이 필요했다.[162] 광주박물관은 1977년 초 박정희 대통령의 "신안해저유물은 그 유물이 발굴된 고장에서 전시되는 것이 바람직하다"면서 그해 6월에 착공하여 1년 반 만에 완공되었다. 이는 신안유물 백제의 문화를 한 자리에 전시하는 호남의 새 명소로 자리잡았다.[163]

또한 문화재는 민족의 문화와 역사를 상징하며, 국민정체성의 원천이 되며, 장래 문화발전의 초속을 이룬다. 따라서 국가나 지방공공단체를 통해 문화재를 보호하는 일이 필요하다.[164] 이에 박정희 정권은 문화재보호운동을 범국민적 차원에서 전개했다. 우선 문공부에서는 1972년에 『문

---

160) 「제2차 문화예술진흥위원회 개최」, 『문예진흥』, 1977.1, 13~14쪽 ; 문화공보부, 『제1차 문예중흥 5개년 계획평가』.
161) 전재호, 「민족주의와 역사의 이용－박정희 체제의 전통문화정책」, 앞의 잡지, 91쪽.
162) 「새 경주박물관 30일 개관」, 『동아일보』 1975.6.26.
163) 「광주박물관」, 『동아일보』 1978.12.5.
164) 가와무라 쓰네아키 외(이흥재 옮김), 『문화재정책개론』, 논형, 2007, 13쪽.

화재보호와 우리의 자세』라는 책을 출판하여 문화재보호 범국민운동 전
개를 위한 홍보자료로 삼았다. 운동의 취지로서 문화재는 조상들의 슬기
로 창조된 값진 유산이며, 겨레의 숨결과 민족의 정기가 담겨있는 민족
정신의 요람이자 국민 모두의 것으로 오늘의 우리와 내일의 후손들이 함
께 지켜야 할 민족공동의 재산임을 밝히면서 우리가 문화재를 알고, 찾
고, 가꾸는 것은 역사와 민족을 알고 향토와 나라를 사랑하는 애국, 애
족, 애향의 기조가 되며, 자조 · 자립 · 협동의 새마을정신으로 직결되는
것임을 강조했다. 그리하여 박정희 정권은 문화재보호범국민운동의 목
표를 "문화재보호운동을 통해 범국민적으로 문화재를 보호하는 기풍을
진작하고, 우리 국민의 민족적 긍지를 드높여 올바른 국가관과 주체적
민족사관을 확립하는 데 기여함으로써 민족중흥의 문화적, 정신적 기반
을 구축한다"로 설정했다.[165]

그리고 문공부에서는 "우리는 오늘 유신이념 아래 전 국민이 총화단결
하여 영광된 민족사를 창조하기 위하여 위대한 전진을 계속하고 있다"고
하면서, 우리 민족의 빛나는 문화유산을 자손만대에 길이 물려주기 위하
여 이들 보배 중의 보배만을 추려서 정리하여 『문화재대관』으로 엮어 연
차계획으로 발간했다. 즉 1976년까지 국보편, 보물편(상중하), 천연기념
물편, 사적편(상하)을 발간했다. 국보나 보물이 슬기롭고 아름다운 문화
사의 정수들이라면, 사적은 국난을 극복하고 온갖 시련을 이겨낸 우리
겨레의 의지와 슬기를 웅변으로 말해주는 역사의 현장이라는 것이다.[166]

문화재보호운동의 기본방침은 다음과 같다. 우선 운동을 주체적 민족
사관 확립운동으로 승화시키고, 본 운동을 알기 운동, 찾기 운동, 가꾸기
운동으로 구분하여 동시에 전개하며, 본 운동의 실효성과 지속성을 보장

---

165) 문화공보부, 『문화재보호와 우리의 자세』, 문화공보부, 1972.
166) 문화공보부 문화재관리국, 『문화재대관 사적편』 하, 문화공보부 문화재관리국,
1976.

하기 위해 학교교육기능과 사회교육기능을 총동원함은 물론, 새마을운
동조직도 활용한다는 것이다.[167] 그리고 박정희 정권은 문화재 보호에
대한 국민들의 자세에 대해 언급하기를 우선 문화재에 대한 인식을 새롭
게 하고, 문화재를 애호하여 민족주체성을 확립하며, 문화재 애호를 생
활화해야 한다고 역설했다.[168]

이처럼 박정희 정권은 문화재보호운동을 새마을운동의 일환으로 삼아
내 고장 문화재는 우리 손으로 가꾸고 보살피는 '향토문화재가꾸기운동'
을 벌여 서로 일깨우고 협조해서 문화재를 아끼고 가꾸며, 문화재의 훼
손, 도굴, 유실 등을 방지하는 데 국민적 각성과 협조를 촉구해야 한다고
강조했다. 박정희 정권은 문화재보호운동이야말로 민족주체성을 기르고
유신이념을 구현하는 길임을 다시 한 번 명심하자고 주장하기도 했다.[169]

또한 문화재 관리는 이를 위한 기초자료 및 전통문화의 체계화를 위
해 문화재 기초조사가 실시되었으며, 민속보호지구를 지정하고, 문화재
연구소 설립 운영, 문화재 보존에 대한 연구 등 문화재의 과학적 보존사
업이 이루어졌다. 그리고 제1차 문화재 보수 3개년 계획수립이 1977년부
터 1979년까지 시행되었다.[170]

구체적인 사업으로 경남 진양 선사유적 등을 발굴했고, 경주지구, 제
주지구 등 고도를 종합적으로 개발했으며, 강화도, 선산 해미읍성 등 전
사유적을 보수했다.[171] 특히 경주고도개발사업은 1970년대 문화재보수

---

167) 문화공보부, 『문화재보호와 우리의 자세』.
168) 「문화재보호와 민족주체성 확립」, 『국토통일』, 국토통일원, 1973.10, 162~163쪽.
169) 같은 논문, 153쪽.
170) 「1차 문예중흥 5개년 계획의 결산」, 『중앙일보』 1978.12.14 ; 「1978년도 문예진흥원
사업실적」, 『문예진흥』, 1979.1, 10~13쪽 ; 문화공보부, 『제1차 문예중흥 5개년 계획
평가』.
171) 「제2차 문화예술진흥위원회 개최」, 『문예진흥』, 1977.1, 13~14쪽 ; 문화공보부, 『제1
차 문예중흥 5개년 계획평가』 ; 「1978년도 문예진흥원 사업실적」, 『문예진흥』, 1979.1,
10~13쪽.

정화사업에서 가장 비중 있게 다루어진 것이다. 박정희의 지시에 따라 착수된 경주종합개발은 모두 약 125억 원이 투입된 우리나라 문화재관리 역사상 가장 규모가 큰 사업이었다. 이는 신라의 문화를 민족문화의 정수로 간주하고 통일신라시기를 한국 역사의 황금시대로 상정한 것이다.[172] 삼국통일은 유신이념의 하나인 조국통일의 과업과 관련하여 우리 역사 속에서 중요시되었던 것이다.

또한 1973년에 착수된 경주 98호 고분발굴을 상반기 중에 마치고 98호의 내부를 관람할 수 있도록 야외박물관으로 꾸몄다.[173] 그러나 고신라 고분 중 최대 규모로 관심을 모았던 경주 98호 고분 발굴작업은 처음 기대했던 것보다 못하다는 평가가 있었다. 박물관으로 만들겠다던 계획조차 어렵게 됐고, 학술적으로는 155호 천마총을 보완하는 데도 부족했을 뿐만 아니라 당초 경주일대 고분의 편년을 체계적으로 세우겠다는 목표에 조금도 접근하지 못했다는 것이다. 발굴단은 1973년 7월 5일 발굴에 착수한 이래 98호 고분에서 1년 5개월 동안 1만 3천5백81입방미터의 흙을 파내고, 2만 5천9백17점의 유물을 꺼냈다. 발굴단은 공백기로 남아 있는 고신라 고분에 관한 막중한 연구자료를 제공해 주었다며 스스로 성과를 높이 평가하고 있으나, 무덤의 주인공이나 고신라의 문화상을 밝혀주는 결정적 자료는 거의 없다는 것이 지금까지의 결론이었다. 98호는 어느 신라고분에서보다 금제, 옥제 유물이 많이 나와 '황금의 무덤'으로 특징지어지지만 실상 황금유물 중 학술적으로 중요성을 갖는 것은 거의 없는 형편이었던 것이다.[174]

또한 전남 신안군 도덕도 앞바다에서의 송원대 유물발굴인양작업은 문화재발굴사상 우리나라에서는 처음 손꼽는 해저발굴작업으로 1976년

172) 문화공보부, 『문화공보 30년』, 286쪽 ; 이영도, 앞의 논문, 86쪽.
173) 「문예중흥 5개년 계획의 일차년도」, 『동아일보』 1974.2.2.
174) 「기대 못미친 98호분 발굴」, 『동아일보』 1974.11.20.

11월 30일까지 1, 2차 발굴작업을 일단 마무리지었다. 지금까지 발굴된 유물은 도자기 1천8백10점, 엽전 6천88점, 모두 8천84점에 달한다. 이는 기대 이상의 수확으로 학술적 의의도 큰 것으로 보았다.[175] 특히 이 해 저유물 발굴을 통해 지금까지 국내에서는 미개척 분야였던 수중 문화재의 발굴인양과 보존처리에 관한 기술을 크게 발전시켰다. 또한 신안해저 유물의 발굴은 호남문화의 중심지인 광주에 박물관을 건립하는 계기가 되어 호남지방의 전통문화계발에 전기를 이루는 성과도 이룩했다.[176]

그리고 박정희는 국난극복의 역사적 문화유적 및 민족사상의 선현유적, 전통문화 유적, 문화보존시설 및 6·25참전국 기념 유적, 호국선현유적 보수정화 계획사업 등을 대대적으로 추진했다. 박정희 정권은 우리가 민족의 역사를 이해하는 데 있어서 가장 빠른 길은 민족의 숨결이 생동하고 슬기가 담겨있는 문화재를 이해하는 것이라고 보았다. 그것은 문화재가 역사의 유산인 동시에 그 실체이며, 따라서 역사의식을 체득하고 민족적인 자아를 발견하는 데 있어서 최선의 교재가 되고 그 방법이 되기 때문이었다. 그래서 박정희 정권은 문화재의 보수 정화를 새로운 민족사를 창조해 나가는 국민의 정신적 지주로서의 국민교육의 기능을 발휘하도록 하는 기조 위에서 추진했다. 이러한 관점에서 문화재 보수는 국난극복의 역사적 유적과 민족사상을 정립시키는 선현유적, 그리고 전통문화의 보존 계승을 위한 유적의 세 가지 대상에 그 중점이 두어졌다. 이를 구체적으로 살펴보면 아래와 같다.[177]

국난극복의 역사적 유적은 민족의 기상과 뜨거운 조국애의 함성이 울

---

175) 「신안앞바다 문화재 발굴의 결산」, 『동아일보』 1976.12.1.

176) 문화공보부, 『문화공보 30년』, 296쪽.

177) 문화공보부, 『호국선현의 유적』, 문화공보부, 1977 ; 전재호, 「민족주의와 역사의 이용－박정희 체제의 전통문화정책」, 앞의 잡지, 90~91쪽 ; 김정렴, 『아, 박정희』, 중앙 M&B, 1997, 57~58쪽 ; 구체적으로 박정희 대통령 재임 당시 보수 또는 정화사업이 추진되었던 유적들에 대해서는 김정렴, 같은 책, 58쪽 도표 참고.

리고 있는 역사의 현장들이다. 국난극복의 유적으로 선정된 곳은 고려의 명장 강감찬 장군의 출생지인 낙성대, 충무정신의 발상지이며 이순신 장군의 얼을 모신 현충사, 이순신 장군이 삼도 수군의 본영으로 제해권을 장악했던 제승당, 임진왜란 때 왜적을 무찌르다 순절한 칠백의사의 유해를 모신 묘역인 칠백의총, 임진왜란 때 의병을 일으켜 국난을 극복한 의병장 김덕령 장군을 모신 충장사, 윤봉길 의사 유적, 행주산성, 임진왜란 3대첩의 하나인 진주성 대첩의 빛나는 역사를 간직한 진주성, 강화전적지, 서울성곽, 수원성곽, 고창읍성, 홍주성, 해미읍성, 남한산성 등이다.

또한 민족사상의 선현유적은 우리 민족사를 빛내온 자주적인 민족사상과 그때그때를 지배해온 지도철학, 그리고 우리 조상들의 창조적인 예지가 서려 있는 정신의 고향이다. 민족사상의 선현유적으로는 통일전, 오능, 경주시의 무열왕릉, 세종대왕과 그 비의 합장능인 영릉, 김유신 장군묘, 도산서원, 율곡 이이 선생과 그 어머니 신사임당이 태어난 강원도 강릉시의 오죽헌, 이이 선생의 덕망을 섬기기 위한 자운서원 등이었다. 이 중에서 통일전은 우리의 조상들이 삼국통일의 힘을 길러냈던 경주 남산 기슭에 우리의 조국통일에 대한 의지와 염원을 담아 건립된 곳이다.

또 한편 전통문화유적은 우리 조상들의 뛰어나고 독창적인 슬기를 선양하고, 이를 후세에 물려주는 일에 해당하는 것이다. 그 대상은 경주의 불국사, 대능원, 포석정지, 팔만대장경판전, 부석사, 직지사, 법주사, 내장사, 추사고택, 광화문 등이다. 이밖에도 6·25전쟁 기념유적 등이 보수·정화되었다.

이러한 문화재보수복원정화사업은 1970년대 중 지정문화재 793건, 비지정문화재 925건 제 1,718건에 달하고 있었다.[178]

이처럼 박정희 정권은 유달리 국난극복 및 호국문화유적의 보수 및

---

[178] 문화공보부, 『문화공보 30년』, 290쪽.

복원과 정화를 강조했다. 이는 박정희 정권의 주체적 민족사관에 입각한 지대한 관심과 치밀한 배려에 따라 주로 1970년대에 집중적으로 보수되고 복원, 정화되었다.

박정희 정권에 의해서 1970년대에 집중적이고 본격적인 숭배와 기념이 단행되었던 역사적 영웅들은 이순신, 세종대왕, 신사임당으로 압축된다. 이때의 숭배와 기념은 일차적으로 이들 영웅들의 유적을 복원·정비하고 기념비를 세우는 차원을 넘어서 이들 영웅들의 삶 자체를 국민들에게 각인시키려는 작업이었다. 그런 차원에서 이들에 대한 체계적인 관리와 제시·재현을 넘어서 국민들로 하여금 이들의 삶과 정신을 내면화시키고, 그를 통하여 국민들을 국가와 연결시키고 동원하는 매개체로 시도했다.[179]

특히 박정희의 이순신 숭배는 광적이라고 할 수 있을 정도였다. 1966년부터 시작된 현충사의 성역화 작업은 1974년에 이르면서 그 경내의 규모가 42만여 평에 이를 정도로 확장되었고, 1968년에는 세종로 한복판에 동상을 건립했으며, 충무 한산도 등지에 기념비를 건립하였고, 난중일기를 국보로 지정했으며, 탄신기념일을 제정하는 등 기념사업은 그칠 줄을 몰랐다. 학생과 시민 등을 대상으로 한 홍보작업 또한 일일이 열거할 수 없을 정도였다.[180]

예를 들어 현충사는 단순히 개인의 사당을 넘어서 민족의 성지가 되었으며, 학생과 국민들은 이 성지를 기꺼이 참배해야 했다. 이 같은 성지를 참배하러 가는 과정은 민족의 성지순례가 되었다. 이를 통해 유신체제는 개인 이전에 국가를 먼저 생각하고, 이를 위해 투신할 수 있는 인간상을 구현하려 했던 것이다. 그런 의미에서 유신체제가 요구하는 개인

---

179) 권오헌, 「역사적 인물의 영웅화와 기념의 문화정치─1960~1970년대를 중심으로」, 고려대학교 대학원 사회학과 박사학위논문, 2010, 9·13쪽.
180) 윤진현, 「1970년대 역사 소재극에 나타난 담론투쟁 양상」, 37쪽.

의 삶이란 이제 더 이상 개인의 것이 아니라 국가와 민족의 것이 되어야
만 했다. 이순신은 유신체제가 창출해내려는 인간형의 전형 그 자체로서
표상되었다.181)

국립극장 개관 기념공연으로 박정희가 참관하기로 되어 있어 시연회
때 장관이 미리 보고 대폭 수정을 가하도록 지시했던 이재현의「성웅 이
순신」에서 박정희가 구상하는 이순신의 형상은 일본의 침략에 맞서 싸
운 영웅이라기보다는 더러운 당쟁에 희생된 비극적인 인물이었다. 박정
희 시대를 임진왜란 때와 흡사한 시대로 규정하면서 시작되는「성웅 이
순신」은 수구와 파쟁, 시기와 모함을 일삼는 원균과 같은 무리가 국민의
지도자임을 자처하면서 국론의 통일을 해하고 사사로운 이익을 추구하
고 있는 것으로 형상화되었다. 그리하여 이순신에게 그러했듯 박정희에
반대하는 무리는 졸지에 간신 모리배가 되었다. 충의애국심, 멸사봉공의
존재, 머릿속에 국가라는 절대적 가치 하나만을 가지고 일로매진하고 있
는 박정희와 이를 모략하는 박정희의 적들, 무수한 원균이 존재하는 것
이었다.182)

이처럼 외세와의 대결이 중심을 이루는 시대적 배경에도 불구하고 이
시기 작품들은 오히려 내적 분열과 충돌을 문제삼고 있어 한국인의 열등
감과 패배주의를 확정적인 것으로 유포하고 있었다. 그리고 신성한 순교
자 이순신을 내외의 적들에 둘러싸여 고군분투하는 박정희의 이미지에
전략적으로 중첩시켰던 것이다.183)

그리하여 당시 문공부에서는 이순신에 대해 "충무공은 우리 민족역사
상 가장 뛰어난 분이며, 민족정신의 권화(權化)라고 할 만한 어른이다.
전생애를 통한 일관된 애국심과 충성심, 멸사봉공하는 구국정신, 불의와

---

181) 권오헌, 앞의 논문, 140 · 148~153쪽.
182) 윤진현,「1970년대 역사 소재극에 나타난 담론투쟁 양상」, 45~46쪽.
183) 윤진현,「1970년대 국립극단 역사 소재극 연구」, 351 · 370쪽.

타협하지 않는 정의의 신념, 민중을 사랑하고 아끼던 폭넓은 민족애, 그리고 지극한 효성심은 바로 우리 민족의 의표로써 영원히 승모되어 왔으며, 오늘의 지도이념으로 승화되고 있다"라고 소개했다.[184]

그리고 박정희 정권은 '충무공 정신의 생활화'를 강조했다. 박정희 정권이 제시한 충무공 정신은 멸사봉공의 애국구국정신, 조국애, 민족애, 자주·자립·자위의 정신, 창의와 개척정신, 유비무환의 정신, 정의에 사는 정신 등이었으며, 이것들의 생활화란 유비무환의 총력안보태세 확립, 자주·자립·자위의 확립, 민족의식과 조국애의 구현에 있었다.[185] 이처럼 박정희 정권은 자신들이 바라는 국민의 형상을 충무공의 형상을 빌어서 표현하였으며, 충무공의 형상을 통하여 국민들을 설득하고 변모시키려 했다.[186]

또한 박정희 정권은 유신이념에 따라 주체적인 민족문화를 창달하고, 국민자주성을 기리는 도장으로 삼고자 민족문화의 창업주인 세종대왕을 숭모하고 기념했다. 이에 대해 어느 학자는 유신체제의 미래의 청사진을 세종이 다스리던 시대에 빗대어 제시하고 유신체제하에서 대내외적 위기를 잘 견디고 국민들이 총화단결한다면 마치 세종이 다스리던 시대와 같은 황금기가 다시 도래할 수 있다고 국민들을 설득하며, 유신체제의 폭압성을 유화시키는 방편으로 삼고자 한 것이었다고 주장하기도 한다.[187]

더 나아가 박정희 정권은 여성들을 조국근대화와 유신체제에 동원할 필요가 있었고, 신사임당의 현모양처 모델은 여기에 적합하였다. 이미 국민들을 유신체제 내에 통합시키기 위해 역사적 영웅들을 전면에 내세워 민족주의에 호소하고 있던 상황에서 신사임당은 제격이었다. 신사임

---

184) 문화공보부, 『호국선현의 유적』, 13쪽.
185) 문화공보부, 『충무공정신의 생활화』, 문화공보부, 1972.
186) 권오헌, 앞의 논문, 148~149쪽.
187) 같은 논문, 174·179쪽.

당은 단순히 한국적 모성을 실현한 인물로서 여성의 부덕과 미덕을 살리는 표상이 되기만 했던 것이 아니라 당시 정부가 내세우는 국가관을 체득하고 정부시책을 실천할 수 있는 여성상을 상징하는 것이었다. 즉 박정희 정권은 신사임당을 기념함으로써 현모양처의 상을 표방하고 전통적인 여성상을 부각시켰지만, 그 이면에는 주로 투철한 국가관과 국가에 대한 헌신이 강조되었고, 새마을운동 등 국가시책에 대한 협조가 주를 이루고 있었던 것이다.[188]

그러나 흥미 있는 사실은 민족과 국가의 위기로 보아서는 일본의 식민지 지배만큼 심각한 시대가 없었지만, 이에 대한 독립운동의 유적은 소홀하게 취급되었다는 점이다. 이는 북한이 주체적 민족사관의 역사현장으로서 항일혁명전적이 크게 강조되었던 것과는 대조가 된다. 박정희 정권도 민족주체사관이라는 유사한 이념을 표방하였지만 그것의 역사적 표본은 삼국통일이나 임진왜란 등 과거에서 찾았다. 이는 박정희가 일본의 만주군관학교 출신이라는 정권의 태생적 한계 때문에 이루어진 불가피한 선택이었다고 보기도 한다.[189]

그 결과 박정희 정권이 만들어낸 역사적 영웅들은 유신체제의 필요성에 의해서 재구성된 상이었다. 그리하여 박정희 정권이 국민들을 이러한 인물들에 대한 기념문화에 적극 동참시켜 역사적 영웅들을 닮아가도록 유도한 배경에는 정권의 안정이라는 목표 외에 민족사적 정통성을 획득하려는 욕구가 강하게 깔려 있었다. 이는 또한 대외적으로 남북한이 체제경쟁을 하고 있는 상황에서 북한에 대한 정통성 우위를 확보하기 위한 전략이기도 했다.

그러나 또 한편으로 박정희 정권이 역사적 · 학술적 · 예술적 가치가

---

188) 같은 논문, 195 · 202~203 · 206쪽.
189) 박명진, 「1970년대 연극제도와 국가이데올로기」, 앞의 잡지, 16~17쪽.

있는 중요문화재를 보수정화하여 원형을 보존하는 데 주력한 것은 전통
문화의 계승이라는 차원에서 매우 중요한 업적이라 할 수 있었다. 그리
고 이러한 사업은 우리 문화의 우수성을 세계적으로 선양하고 또 우리
전통문화에 대한 한국인을 비롯해서 더 나아가 외국인의 관심을 고조시
키는 데 중요한 역할을 하였다.

③ 예술진흥부문

한편 문학·미술·음악·연극·무용 등 예술진흥부문의 경우 각종 문
화관련 상의 제정이 활발했다. 즉 반공문학상(1976), 흙의 문학상(1977),
1976년 한국문화예술진흥원의 대한민국문학상, 문공부의 대한민국음악제,
1977년 한국문화예술진흥원의 대한민국연극제, 대한민국작곡상, 1979년
대한민국무용제가 제정되었다.[190] 반공문학상은 국민들에게 반공사상을
고취시키고, 남북으로 분단된 민족적 시련을 극복하고 통일을 이룰 수
있는 정신전력(戰力)의 강화를 위해서 제정되었다. 흙의 문학상은 우리
나라 농촌에 일대개혁을 일으킨 새마을운동을 정서적으로 선양하기 위
해 시, 소설, 희곡, 시나리오 등 4개 부문에서 기존의 발표작품을 대상으
로 매년 시상하는 것이었다.[191]

구체적으로 문학진흥지원사업은 우리 민족이 처해 있는 현실을 슬기
롭게 극복해나가는 민족의 저력과 오늘의 인간상을 담은 새로운 차원의
민족문학창작을 육성하기 위하여 문예지 원고료 인상지원, 작가기금설
치운영, 새마을문학육성 등의 사업이 추진되었다.[192] 그 외 사업에는 우

---

190) 「1차 문예중흥 5개년 계획의 결산」, 『중앙일보』 1978.12.14 ; 정철현, 『문화연구와
문화정책』, 서울경제경영, 2005, 168쪽.
191) 문화공보부, 『문화공보 30년』, 242쪽.
192) 「문예중흥 제1차년도 사업추진 중간실적」, 『문예진흥』 1권 6호, 18쪽 ; 「74년도 문예
진흥사업 실적」, 『문예진흥』 9, 11~12쪽.

수문학작품발간지원, 반공문학상 시상, 창작활동지원, 우수문학작품집 구입, 한국문학 번역 지원 및 민족문학대계발간, 아동문학지원, 문인심포지움개최 등이 있었다.[193]

특히 문학분야에서 문예창작공모 보급은 신인들의 창작의욕을 고취시켰으며, 국내외 유명 중견 시인 101인의 애국에 관한 시를 한 권에 모은 애국시집을 발간 배포함으로써 전 국민에게 민족애를 재인식시키는 데 공헌하고자 했다. 그리고 우수문학조판비 지원과 문예지원고료 지원은 문인들에게 직접적인 혜택을 줌으로써 한국문학의 발전과 세계진출을 위한 여건을 조성하는 계기가 될 것으로 전망했다.[194] 그러나 한국문학대계 간행이 포함된 문학부문에는 국난극복의 역사가 주축이 되어 편중된 문학관을 초래할 가능성이 없지 않다는 지적도 있었다.[195]

미술진흥지원사업은 미술작품에 대한 수요를 확대하여 창작을 촉성하기 위해 미술회관 설치 운영, 국전제도 개선, 민족기록화 제작 전시, 우수작품 구입 및 창작 지원, 화집발간, 산업건설상 사진전시, 소재발굴지원, 공간지 발간지원, 민족박물관 건축연구지원, 남산가두미술전시장 운영, 야외조각제작 등이 실행되었다. 이 중에서 1973년부터 연차사업으로 실시된 민족기록화 제작은 국난을 극복한 조상의 위업과 조국근대화의 기수로 앞장서고 있는 산업시설 및 새마을 현장을 기록화로 제작하여 보급할 목표 아래 1973년에 경제발전상 50점, 1974년에 역사상의 대첩을 그린 전승편 20점, 1975년에 구국위업편 20점, 1977년 문화편 9편이 제작되었다. 구국위업편은 태종무열왕, 동학교주 전봉준, 충정공 민영환의 자

---

193) 「1978년도 문예진흥원 사업실적」, 『문예진흥』, 1979.1, 10~13쪽 ; 문화공보부, 『제1차 문예중흥 5개년 계획평가』 ; 「1977년도 문예진흥원 사업계획」, 『문예진흥』, 1977.1, 35~37쪽.

194) 「1976년도 문예진흥원 사업실적 및 성과」, 『문예진흥』 4권 1호, 26~27쪽 ; 문화공보부, 『제1차 문예중흥 5개년 계획평가』.

195) 「문예중흥 5개년 계획의 일차년도」, 『동아일보』 1974.2.2.

결순국 등이었다. 당시 정부로부터 민족기록화 제작을 의뢰받은 작가들 중에는 당시 우리나라 미술의 현대화를 이끌고 있던 소위 '아방가르드' 작가들이 많은 부분을 차지하고 있었다. 이러한 사업은 순수미술시책과는 다른 차원의 정책사업이었으나 작품활동이 적었던 1973~1974년도에는 미술계에 활력을 불어넣기도 했다.[196]

음악진흥지원사업은 대한민국작곡상제정, 대한민국음악제, 음악활동지원으로 음악공연지원과 국악공연지원, 민속악 체계정립 등이 있었다. 또한 전통국악의 전승개발, 광복절 경축 음악제 지원 등이 있었다. 창작지원사업은 1974년 이후 개인에게 창작금을 선불하는 방식으로 지원해왔으나, 소기의 성과를 거두지 못했다. 이에 1977년에 문공부에서는 대한민국작곡상을 제정하여 사후 지원하는 방향으로 전환하고 음악창작계에 커다란 활력소를 마련했다. 그리고 국악진흥에 있어서 국악교사 교육 실시 및 국악교육 지도서발간, 국악교육지원, 국악고등학교 설립운영 등 국악교육을 강화했다. 국립국악원 전속연주단을 운영했으며, 국악공연을 지원하거나 민속악 체계를 정립했다.[197]

대한민국음악제는 세계 정상급 수준에 이르고 있는 재외거주 우리나라 음악인들을 매년 초청함으로써 우리 음악의 수준을 높이고, 보다 활발한 국제교류를 기한다는 취지로 열렸다. 이는 1975년의 광복30주년 기념음악제의 성과를 거울삼아 보다 새롭고 알차게 추진되었다. 이번 음악

---

196) 문화공보부, 『문화공보 30년』, 248쪽 ; 「74년도 문예진흥사업 실적」, 『문예진흥』 9, 12~13쪽 ; 「문예중흥 제1차년도 사업추진 중간실적」, 『문예진흥』 1권 6호, 1974.10, 18쪽 ; 「1977년도 문예진흥원 사업계획」, 『문예진흥』, 1977.1, 35~37쪽 ; 문화공보부, 『제1차 문예중흥 5개년 계획평가』 ; 조현수, 앞의 논문, 50쪽 ; 김미경, 앞의 책, 76쪽 ; 정헌이, 「1970년대 이후 한국미술의 내셔널리즘과 미술비평」, 서양미술사학회, 『서양미술사학회논문집』 31, 2009.8, 285쪽.

197) 「1978년도 문예진흥원 사업실적」, 『문예진흥』, 1979.1, 10~13쪽 ; 문화공보부, 『제1차 문예중흥 5개년 계획평가』 ; 한국문화예술진흥원, 『1977년도판 문예년감』, 한국문화예술진흥원, 1978 ; 조현수, 앞의 논문, 51쪽.

제는 한국 악단의 새로운 계기를 이룩하려는 시도가 깔려 있었기 때문에 우리 것을 소재로 작곡한 외국 작곡가들의 작품이 연주되었다. 그 비용으로 3천5백만 원을 잡고 있는데 문예진흥기금에서 2천만 원이 배정되었고, 나머지는 매표수익금으로 충당할 것으로 했다.[198] 이 음악제는 12회의 연주를 통해 연인원 1천3백 명의 국내외 음악인이 참가한 획기적인 성사라 할 수 있었다. 그러나 음악제 준비기간이 고작 반년 정도여서 무리가 있었다. 또한 매년 개최될 음악제이고 보면 거시적인 안목을 가지고 초청자를 선별하고 장기간 접촉을 해야 할 것이며, 그러기 위해서는 사무국을 상설기구로 두어 다음 음악제에 대비해야 한다는 것이 음악계의 주장이었다.[199]

또한 1977년에 세계청소년음악제 유치 등 매우 성공적인 행사가 있었고, 한국음악의 세계진출이 이 기간 동안에 많이 눈에 띄었다.[200] 더 나아가 그동안 냉대와 외래음악의 기승에 짓눌려온 우리의 고유한 민속악인 판소리에 대한 젊은층의 관심이 높아져 브리태니커사는 본격적인 움직임을 시도하여 판소리 학회와 공동으로 매주 1회씩 감상회를 늦어도 1976년 5월부터는 시작할 것이라는 이야기도 있었다. 그리고 1962년 4월 11일 개막된 이래 1967년 6월까지 6회에 걸쳐 우리 민족예술의 보존 보급 및 감상을 위해 해마다 열렸던 국악의 대향연인 '명창(名唱)명인(名人)대회'가 9년 만에 부활하여 1976년 6월 5일 시민회관 별관에서 제7회의 막을 열었다. 동아일보, 동아방송 및 한국국악협회가 공동 주최하는 이 공연은 명실상부한 전통기예의 큰 잔치이자 오늘날 우리 고유문화의 진수를 드러내 준 행사였다. 특히 당시 젊은층에서도 우리 고유문화에

198) 「제1회 대한민국음악제」, 『동아일보』 1976.8.6.

199) 「대한민국음악제 결산」, 『동아일보』 1976.9.22.

200) 「1977년도 문예진흥원 사업계획」, 『문예진흥』, 1977.1, 35~37쪽 ; 문화공보부, 『제1차 문예중흥 5개년 계획평가』.

대한 관심이 고조되고 있는 추세 속에서 국악팬의 저변확대가 이루어지는 등 이 대회의 의의가 자못 크다고 보았다.[201]

특히 국악은 1978년도에도 각종 발표회의 성황과 방송매체의 배려에 힘입어 가위 '국악 전성기'를 방불케 한 바 있었다. 또한 국악 가운데서도 판소리가 단연 활발하여 국립창극단의 「판소리 정기감상회」 한국브리태니커사의 「판소리 감상회」, 공간사의 「공간전통음악의 밤」 등의 공연발표가 모두 판소리 공연이거나 판소리가 자종을 이루는 행사들이어서 '판소리 중흥기'를 방불케 했다.[202]

한편 한국적인 소재를 중심으로 하는 창작음악을 진흥시키고 국민개창의 풍토를 조성하기 위한 창작음악의 집중적인 육성과 국민합창운동 등 9개의 사업이 추진되었다. 이 중에서 국민개창운동의 전개는 방송가요의 자율적인 정화를 권장하여 힘차고 명랑한 기풍을 조성해 나가기 위해 건전가요집 발간보급(250곡 수록 1만 부), 민족의 대합창개최 등의 행사를 실시한 바 있다.[203]

박정희 정권은 후술하는 바와 같이 체제의 이데올로기에 반하는 대중가요의 검열과 통제만 한 것이 아니라, 자신들의 지배이데올로기를 전파할 수 있는 노래운동을 펼쳤다. 곧 문공부의 주도와 정부기관 및 관변단체를 통해 건전가요보급운동을 벌였고, 건전가요의 보급을 위해 '건전가요보급위원회'를 조직하기도 했다. 1976년부터 레코드 제작업자에게 의무적으로 건전가요 한 곡씩을 반드시 새 음반에 수록하도록 하는 건전가요 삽입의무제를 시행했다.[204]

---

201) 「국악의 대향연」, 『동아일보』 1976.5.29 ; 「꾸준한 전수사업 아쉬워」, 『동아일보』 1976.6.2 ; 한국문화예술진흥원, 『1978년도판 문예년감』.

202) 한국문화예술진흥원, 『1978년도판 문예년감』.

203) 「문예중흥 제1차년도 사업추진 중간실적」, 『문예진흥』 1권 6호, 18쪽 ; 「74년도 문예진흥사업 실적」, 『문예진흥』 9, 13~14쪽.

204) 문옥배, 『한국금지곡의 사회사』, 예솔, 2004, 19쪽.

이처럼 건전가요는 사회적 교육 또는 학습의 성격을 띤 것이므로 정부에 의해 선택된 이데올로기가 노래를 통해 강요되고, 통제되는 한 역할을 해 왔다.

한편 1970년대 한국연극은 외견상으로는 양적으로 크게 팽창했다. 사실주의 일변도로부터 벗어난 창작극의 새로운 경향은 1970년대에 이르러 만개했고, 1960년대 후반부터 시작된 소극장운동은 새로운 연극을 실험하는 산실이 되었다. 또한 1970년대 초에는 20여 개에 불과했던 극단 수도 중반에 이르러 40여 개로 늘어나고, 1976년을 전후하여 관객의 수도 급증했다. 연극 전문지 『연극평론』, 『현대연극』, 『드라마』, 『한국연극』 등도 발간되어 연극비평이 활발하게 진행되었다.[205)]

연극지원으로는 대한민국연극제, 연극연구활동지원, 지방연극활동지원 등이 있었다. 본 사업 중 가장 큰 비중을 차지한 대한민국연극제는 한국문화예술진흥원 주최로 문공부에서 후원하여 열린 것으로 대한민국이 연극예술의 육성을 위하여 처음으로 시도한 행사였다는 점에서 의의가 있었다. 특히 제1회 대한민국연극제는 9개 극단의 참가와 총 105회의 공연으로 관객 동원 3만 8백여 명의 성황을 이루었다. 이 연극제는 1978년도에 대통령상, 문공부장관상 외에 문예진흥원장상을 신설하여 연극발전의 큰 활력을 주었다.[206)] 특히 연극공연의 지원방식으로 1974년부터 1976년까지 10개 극단 내외를 선정하여 창작극 공연비를 지원하였으나, 1977년 대한민국연극제로 전환하여 안이한 지원보다는 경연을 통한 사

205) 한국예술종합학교 한국예술연구소 엮음, 『한국현대예술사대계』 4(1970년대), 시공사, 2004, 165쪽.

206) 「1978년도 문예진흥원 사업실적」, 『문예진흥』, 1979.1, 10~13쪽 ; 문화공보부, 『제1차 문예중흥 5개년 계획평가』; 「1977년도 문예진흥원 사업계획」, 『문예진흥』, 1977.1, 35~37쪽 ; 「특집 제1회 대한민국연극제 평가좌담」, 『한국연극』 제2권 제12호, 1977.12, 38쪽 ; 서항석, 「민족예술의 대제전」, 『한국연극』 제2권 제12호, 1977.12, 42~43쪽.

후 지원으로 방침을 바꾸었다.[207]

　제1회 대한민국연극제는 국민들에게 연극에 대한 관심을 높이고 창작극을 진흥하기 위해 한국문화예술진흥원의 주관으로 1977년 9월 9일 개막되었다. 참가 신청극단 13개 중 희곡심사에서 통과된 10개 극단이 참가하고, 한 극단이 6일씩 11월 초순까지 2개월간 진행되는 연극제에서는 창작극만이 공연되는가 하면 연극계의 여론에 따라 공개심사제를 채택했다. 문예진흥원은 그동안 창작극 진흥을 위해 창작극을 공연하는 극단에 대해서 얼마씩의 공연비용을 보조하는 나눠주기 형태의 지원을 해왔으나, 1977년부터 우수한 희곡작품을 가지고 우수한 공연을 해내는 극단을 골라 집중 지원하기로 했다. 그러나 연극계는 이 행사가 대한민국연극제라는 거창한 이름을 내건 거국적 문화행사인 점에 비추어 상금이 너무 적다는 의견을 내놓았다.[208]

　특히 연극에 대한 제도적 지원은 처음에는 타매체에 비해 경쟁력이 떨어지는 연극계에 획기적인 전기를 마련해주는 제도로 받아들여졌다. 그러나 이 지원책은 연극인들이 기대했던 만큼 큰 도움이 되지 못했을 뿐만 아니라 연극계 내의 부익부 빈익빈 현상을 더 심화시켰다.[209]

　또한 제도권 연극은 기본적으로 국가권력이 허용하는 범위 내에서 존재할 수밖에 없었다. 공연하기 위해서는 늘 심의를 의식하지 않을 수 없었고, 침묵을 강요당하던 억압적 상황 아래 창작극은 당대 현실과 점점 멀어져 갔으며, 그나마 사회비판적인 지향을 담고 있던 작품들은 우화적 세계에 의탁하는 수밖에 없었다. 더욱이 연극계는 약간의 경제적 지원을 대가로 새마을운동을 홍보하는 선전대 역할까지 해야만 했다. 이런 상황에서 연극계는 한국연극협회를 중심으로 유신체제가 허용하는 범위 내

207) 조현수, 앞의 논문, 53쪽.
208) 「제1회 대한민국연극제 개막」, 『동아일보』 1977.9.9.
209) 한국예술종합학교 한국예술연구소 엮음, 앞의 책, 168쪽.

에서 제도화되면서, 대한민국연극제는 한국연극협회에 소속된 극단이
아니면 참가할 수 없었으며, 창작극의 발굴·지원이라는 연극제의 명분
이 특정 극단의 잔치로 퇴색해버렸다.[210]

무용지원으로는 무용개발지원, 무용창작지원, 무용공연지원, 해외연수
지원 등이 있었다. 특히 전통무용기법 개발이 연구되었다.[211] 1970년대
는 교통 및 통신수단의 발달로 국내외 무용에 관한 자료교환이 용이해지
면서 다양한 외국 무용의 유입이 자연스럽게 이루어졌으며, 무용계가 이
전의 순수한 무용가 집단에서 무용학교 교수 집단으로 그 무게 중심이
이동된 시기이다.[212]

또한 1976년 3월에 복간된 대표적 무용잡지인 월간「춤」지는 근대 이
후 침체된 한국무용의 도약을 위해서 한편으로 민족문화예술의 일환으
로 우리의 민속고전무용 알리기에 힘쓰고, 다른 한편으론 현대 한국무용
이 지향해야 할 형태를 무용극이라고 보고 우리 정서에 맞는 전통춤의
기교로 현대적 무용극을 만드는 방법을 모색하기도 했다. 뿐만 아니라
더욱 활발해진 국내무용단들의 해외공연과 외국무용에 대한 고조된 관
심 및 세계무용 속에서 우리 틀을 찾고자 하는 분위기를 반영하여 세계
무용계 소식을 알리기도 하고, 한국무용이 나아갈 방향에 대한 토론회를
주최하는 등 토론문화도 정착시켰다.[213]

210) 같은 책, 165·169~170쪽 ; 한국연극협회는 1963년에 국가 주도의 문화정책적 차원
에서 발족되었으며, 제1차 문예중흥 5개년 계획에 대해 긍정적으로 반응하면서 체
제순응적 성격을 지닌 단체였다. 동 협회의 친유신체제적인 성격을 노골적으로 드
러내는 대표적인 예는 1977년 6월 9일에 발표한 '서정쇄신결의문'이다. 그 내용은 같
은 책, 176쪽 참고.
211) 「1978년도 문예진흥원 사업실적」, 『문예진흥』, 1979.1, 10~13쪽 ; 문화공보부, 『제1
차 문예중흥 5개년 계획평가』.
212) 김운미, 「1970년대 남북한 무용교육에 대한 연구」, 『한국체육학회지』 42권 4호, 한
국체육학회, 2003, 541쪽.

더 나아가 한국무용협회는 무용계의 인적자원을 확보함과 아울러 무용예술의 저변확대를 모색하고자 한국문화예술진흥원의 지원으로 1974년 8월 16일부터 21일까지 6일간 전국에서 창작활동을 하고 있는 중견무용인과 신인 및 각급 학교 무용교사를 대상으로 제1회 전국무용연수회를 개최했다. 그 취지는 각급 학교에서 무용지도를 맡았던 교사들로 하여금 한국의 대표적인 춤 및 무용의 기교를 체계적으로 습득하게 하고, 평론가들의 무용이론 및 무용감상에 관한 이론강의를 통해서 아동 및 학생들의 실질적인 무용교육에 도움이 되고자 한 것이다. 연수 내용에는 우리의 전통춤과 민속무용인 왈츠, 무용과 음악, 무용과 창작, 창작과 전통의 관계 등이 포함되었다.[214]

④ 대중문화창달부문

대중문화창달의 경우 영화진흥사업은 1974년도의 경우 민족영화제작·제작시설의 현대화 등의 사업이 추진되었으며, 민족의 자조·근면·협동을 그린 차원 높은 영화와 국난극복의 예지를 그린 명화를 제작한다는 의도 아래 제작비 1억 원 정도의 대작 영화로 6·25전쟁 관련 영화 3편과 새마을 영화 1편이 제작되었다. 현대적인 영화제작시설의 미비와 낙후한 제작시설, 특수촬영시설을 갖춘 종합촬영소 건립을 추진하는 한편 주요기재 및 장비를 확보하여 실비로 대여했다.

또한 문공부는 1977년 영화시책에서 연간 제작편수의 상한선을 철폐했으며, 국책영화와 우수영화의 구분을 없애 우수영화로 단일화하는 한편, 종전 우수영화제작자에 대한 외화수입쿼터를 14개 업자에게 안배하던 형식을 지양하고 우수영화를 만든 실적에 따라 편수의 제한없이 외화배

---

213) 같은 논문, 542쪽.
214) 같은 논문, 546쪽.

정을 해주기로 했다. 즉 작년의 경우 제작 편수는 연간 129편밖에 제작할 수 없게 했던 것을 그 제한을 철폐하고, 120편 이상도 제작할 수 있도록 하여 능력 있는 제작업자들이 얼마든지 우수영화를 만들어 낼 수 있도록 했다. 또 국책영화 편수에 따라 외화수입쿼터를 주고, 또 연간 2편 이상의 우수영화를 만들도록 하여 이에 따라 1편씩의 쿼터를 주던 제도를 없애고 국책, 우수 구별 없이 우수영화를 만들어 내면 그 편수에 따라 외화수입권을 주는 방법으로 전환했다. 또한 외화수입가격의 시일링 제도를 철폐하고 작년의 경우 3만 달러 이상 되는 것은 규제하던 것을 그 이상 되는 것도 외화사용 한도 내에서 수입을 허용토록 한 것이 1977년 영화시책의 주요 골자를 이루었다.[215]

1973년도 우수영화제작방침은 10월 유신을 구현하는 내용, 민족의 주체성을 확립하고 애국 애족의 국민성을 고무 진작시킬 수 있는 내용, 의욕과 신념에 찬 진취적인 국민정신을 배양할 수 있는 내용, 새마을운동에 적극 참여케 하는 내용, 협동 단결을 강조하고 슬기롭고 의지에 찬 인간상록수를 소재로 한 내용, 농어민에게 꿈과 신념을 주고 향토문화발전에 기여할 수 있는 내용, 성실하고 근면 검소한 생활자세를 가진 인간상을 그린 내용, 조국근대화를 위하여 헌신 노력하는 산업전사를 소재로 한 내용, 예지와 용단으로서 국난을 극복한 역사적 사실을 주제로 한 내용, 국난극복의 길은 국민의 총화된 단결에 있음을 보여주는 내용, 민족수난을 거울삼아 국민의 각성을 촉구하는 내용, 수출증대를 소재로 하거나 전 국민의 과학화를 촉진하는 내용, 국가와 민족을 위하여 헌신하는 공무원상을 부각시킨 내용, 우리의 미풍양속과 국민정서순화에 기여할 수 있는 내용, 건전한 국민오락을 개발 보급하여 생활의 명랑화를 기할 수 있는 내용, 문화재 애호정신을 함양하는 내용, 고유문화의 전승발전

---

215) 「올해 문공부의 영화시책」, 『동아일보』 1977.2.11.

과 민족예술의 선양에 기여할 수 있는 내용, 창작에 의한 순수문예물로
서 예술성을 높인 내용 등이었다.[216]

특히 1973년도와 1974년도의 영화시책에서 박정희 정권은 예륜의 심
의를 강화하고 예륜의 검열행정을 합리화하는 방침을 지시했다. 1975년
도에는 예륜의 심의의견을 문공부장관에게 통보할 의무를 부여하고, 필
요시 반송 또는 전면 개작을 지시할 수 있는 권한까지 부여하는 등 예륜
의 검열비중을 높여갔다. 그 결과 예륜의 영화시나리오 사전심의 통계를
보면 1970년도 수정, 반려 비율이 3.7%이던 것이 1971년에는 25%, 1972년
에는 58%, 1974년에는 41%, 1975년에는 80%에 이르게 되었다.[217]

또한 검열의 내용을 보면 사회질서를 문란하게 하거나 국민총화를 저
해할 우려가 있는 내용의 지양, 음란 선동적인 묘사 등 퇴폐성향이 짙은
내용의 지양, 사치와 낭비 등 소비성향을 조장할 우려가 있는 내용의 지
양, 안일무사주의의 무기력한 국민성을 조장할 우려가 있는 내용의 지
양, 패배의식을 조장할 우려가 있는 내용의 지양, 고유문화의 발전과 민
족정서를 해치는 내용의 지양 등으로 앞서 언급한 우수영화 제작방침과
그 맥을 같이하고 있었다.[218]

1978년도 영화시책의 목표 역시 이러했다. 첫째로 영화산업의 질적 향
상을 기하여 민족문화의 창조적 발전에 기여하도록 한다. 둘째로 영화예
술을 통하여 국민의 자주정신 및 총화 유신이념의 구현과 명랑한 사회생
활상을 이룩하도록 계도한다. 셋째로 영화인의 질적 향상과 복리증진을
도모한다. 그리고 그 방침은 다음과 같았다.[219]

---

216) 김세진, 앞의 논문, 17쪽.
217) 정태수, 「유신체제와 유일사상체제기의 1970년대 남북한 영화」, 정태수, 『남북한 영
　　　화사 비교연구』, 국학자료원, 2007, 206쪽.
218) 김세진, 앞의 논문, 20쪽.
219) 영화진흥공사, 『1978년도판 한국영화년감』, 영화진흥공사, 1979, 159쪽.

첫째, 영화인의 자질 향상과 시설의 현대화를 기하여 수준 높은 국산영화의 제작을 촉진한다.

둘째, 민족의 전통예술을 계발하고 국민 정서의 순화와 주체성을 함양하는 작품의 제작에는 적극적인 지원을 한다.

셋째, 우수한 국산영화를 제작한 자에게 외국영화 수입권을 배정한다.

넷째, 어린이의 정서순화를 위한 우수영화 제작을 적극 권장한다.

다섯째, 외국영화는 우수하고 건전한 작품에 한하여 수입하도록 하고, 저속하고 퇴폐적인 작품의 수입을 철저히 규제한다.

여섯째, 영화의 수급과 배급체계를 합리화하여 영화공연질서의 확립을 기한다.

일곱째, 영진공의 업무를 계속 효율화하여 국산영화의 진흥을 도모한다.

여덟째, 영화업계의 모든 부조리를 제거함으로써 국민총화와 유신이념을 구현하는 영화계의 풍토를 조성한다.

아홉째, 영화제작업의 운영과 기능을 합리적으로 개선하여 영화기업의 정상적인 발전을 도모한다.

이처럼 10월 유신 구현을 그 첫 번째로 하고 있는 각 내용에 대한 지침과 검열방침은 영화뿐만 아니라 국가가 동원할 수 있는 모든 선전기제 안에서 동일한 형태로 표출되었던 것으로 유신체제에 협력하고 유신이념을 반영하는 것이었다.

그리하여 영화제작에 국가의 간섭과 규제가 심화되자 당시 대부분의 영화제작자들은 영화의 흥행에 자신감을 잃고 있었다. 이들은 작품 기획에 손을 못 대고, 문공부의 영화시책과 문공부가 제시한 우수영화의 개념에 관심을 두었다. 문공부는 우수영화에 대한 시비가 영화계에서 일자 우수영화에 대한 개념을 "작품의 주제를 민족의 자주성, 국민의 정서순화, 도의정신 앙양 등 건전하고도 명랑한 사회생활과 제도상에 주안점을 두고 제작한 영화로서 작품의 구성, 연출, 연기, 기술, 음악, 미술 등을 종합적으로 평가하여 예술적으로 승화된 작품"이라고 밝혔다. 그러나 일단 우수영화선정이 발표되자 영화계에서는 심사위원들의 자격유무와 짧은 심사기일에 그들이 충실히 심사에 임했는지, 모호한 심사기준, 일부 심사위원의 일부 영화사와의 인연 등으로 심사의 공정성에 회의와 반발을 보였다. 특히 문제가 되는 것은 심사방법에 있다고 보았다. 문공부는 차관을 위원장으로, 국장급을 위원으로 하는 우수영화심사위원회를 구성하고 운영해왔다. 따라서 공무원만으로 구성된 위원회가 예술을 심사하는 것 자체에 문제가 있다는 평이 있었다. 예술에 대한 비평작업은 그 분야에서도 가장 높은 수준의 사람이 하는 것인데 공무원으로서의 판단 한계가 있고, 위계질서를 중시하는 관료사회의 한계가 있다는 것이다. 더 나아가 당국이 내세운 우수영화의 개념이나 그 우수영화를 뽑는 취지는 언뜻 보기에는 그럴싸하나 실은 몇 해 사이 뛰어나게 좋은 영화 수입권을 나눠주기 위한 고육책의 한갓 방편에 불과하다는 인상마저 주었다. 그러나 어떻든 우수영화는 외화쿼터를 타기 위해서 만들어야 하며 흥행에는 실패를 감수해야 한다는 관례를 낳았다.[220]

요컨대 당시 문화 역시 정권의 목표달성을 위한 하나의 수단일 뿐이었다. 그 과정에서 끊임없이 국가기구에 의해 제시된 우수성, 건전성 등등의 기준은 사실상 유신체제의 목표에 얼마나 부합하느냐가 문제되었을 뿐이었다.[221]

출판진흥지원사업은 출판금고기금확충, 추천도서구입보급, 미국 국제도서박람회 참가지원, 터키 세계아동서적 전시회 참가지원, 말레이시아

220) 「헛점 투성이 외화수입권」, 『동아일보』 1974.12.14 ; 「문제안은 우수영화」, 『동아일보』 1977.3.25 ; 한국문화예술진흥원, 『1977년도판 문예년감』, 428~431쪽.
221) 권오헌, 앞의 논문, 109~110쪽.

국제학술출판전시회 참가지원 등이 있었다. 그리고 월간지 「동서문화」, 「뿌리깊은 나무」, 「자유」 등에 대한 출판보급지원 등이 있었다.

또한 정부의 도서구입과 마을문고 비치를 위한 도서목록 작성이 이루어졌다. 그 기준은 애국심, 문화의 청소년교육, 과학과 기술의 발전, 새마을운동, 그리고 국가잠재력을 효과적으로 동원하는데 대한 기여도 등이었다. 이와 함께 독서운동이 전개되었는데, 보조금의 지원에 의한 학교와 직장, 마을 단위의 독서클럽 형성, 이동도서관의 강화, 그리고 각종 매체에 대한 도서관계의 방송 및 지면의 증설이 요청되었다.[222]

독서운동은 1970년대 초에는 문교부·한국도서관협회가 주관하고 문공부·내무부가, 중·후반기에는 대한출판협회와 한국도서관협회가 주최가 되었고, 독서의 생활화, 새로운 독서층 개발 등을 목적으로 실시했다. 각 공공도서관에서는 국민의 교육과 사회발전에 기여하는 도서관의 역할을 인식시키고 또 도서관 사업을 강력한 사회운동으로 발전시키기 위한 각종 행사를 마련했다. 그 행사 내용을 보면 도서관 무료 개관, 모범 이용자 표창, 명사 초청 강연회, 도서 전시회, 독후감 모집, 서고 안내, 양서 코너와 독서상담실 설치, 출판 관계 유공자 및 모범 장서가, 독후감 당선작 표창 및 시상 등 다양한 행사를 펼쳤고, 이를 통해 독서 풍토 진작에 노력했다. 이러한 행사들은 해방 전에도 유사하게 실시되었지만 특별히 독서상담실의 설치는 이 시기의 특징적인 행사였고, 이후 국립중앙도서관에 상설로 자리잡게 되었다.[223]

어린이, 주부, 학생 등의 독서지도 상담은 물론 우량도서의 선정과 전국적인 독서실태경향 분석, 전화상담, 서신상담, 면접상담 등으로 시민과 접하며, 독서능력 테스트를 통해 대상에 알맞은 책을 선택해 주며, 양서

222) 조현수, 앞의 논문, 57쪽.
223) 윤금선, 「1970년대 독서대중화운동연구」, 『국어교육연구』 20, 서울대학교 국어교육연구소, 2007, 341쪽.

선택의 길잡이 역할도 담당했다. 뿐만 아니라 방학마다 정기적으로 독서학교를 운영하고, 악서추방운동을 전개하기도 했다. 특히 1970년대에는 5월에 어린이 독서주간도 실시하여 어린이 독서운동을 펼치기도 했다. 이렇듯 도서관은 국민 독서개발과 그 지도에 선도적인 역할을 담당했다. 매년 실시되는 독서주간은 국민 독서습관에 있어서도 하나의 사이클을 형성하여 국민 독서진작에 중요한 역할을 했다. 1975년도 당시 전국 도서관 수는 국립중앙도서관, 국회도서관, 학교도서관을 포함하여 4,079개 관, 열람석 316,621석, 장서 19,849,757권이었다. 1976년도에 한국도서관협회는 독서주간의 표어로 "세우자 도서관, 기르자 나라 힘"을 내세웠다. 출판관계자들도 출판문화 육성을 위해서는 일정량의 책을 소화해주는 공공도서관이 무엇보다도 필요하다고 주장했다. 이에 문교부는 공공도서관이 없는 92개의 시·군·구에 1983년까지 5개년 계획으로 1개 이상의 도서관을 신설하기로 했다.[224]

또한 1970년대는 대형 서점의 등장과 서점의 증가를 하나의 특징으로 들 수 있다. 1970년에 서울의 종로서점센터가 매장을 확장하여 지상 1, 2층을 현대식 서점으로 꾸미고, 도서 소장량 10만 권에 종업원 40명으로 획기적인 변모를 도모함으로써 서점가에 새로운 변화를 불어오게 하였다. 이후 1977년도에는 서울 종로에 당시로는 국내 최대 7층 건물인 동화서적이 문을 열어 3만여 종의 도서를 구비했다. 특히 종로서적은 계간으로 사보를 내고, 출판시평, 출판정보, 베스트셀러 조사 등의 내용을 게재하여 무료로 배포했다. 서점 자체가 독서계몽을 하기 시작한 것으로, 이는 대형화된 서점의 등장에서 비롯된 것으로 보인다. 대형서점의 등장은 지방도 마찬가지였다. 대구만해도 중심가에 7개의 대형서점이 생겨났고 부산, 광주, 대전 등에서도 비슷한 현상을 보였다. 뿐만 아니라 "대학

---

224) 같은 논문, 341~343쪽.

가에 술집은 있어도 서점은 없다"는 대학풍속도도 바뀌어 대학가에도 서점이 증가해 갔고, 번화가나 비싼 땅에는 서점이 설 수 없다던 도시풍경도 서점으로 즐비해져 갔다. 1977년 당시 전국에 2,760개였던 서점이 1년 사이에 800여 군데가 늘어 1978년도 5월경에는 3,500여 곳이나 됐다.[225]

특히 1977년에는 도서유통계에 특기할 사항인 도서정가제가 시작되었으며, 동시에 서점에 대한 부가가치세 면세혜택이 시행되었다. 이렇게 되자 서적상은 인기업종으로 등장했고, 전국에 걸쳐 서점수가 급격히 증가했다.[226] 도서정가제의 정착은 독자들의 책에 대한 신뢰감을 불러일으키는 계기가 될 수 있고, 서점인들에게 경영의욕을 불러일으키는 원천이 될 수 있었다. 특히 이는 서울의 일부 지역과 지방도시에서 성행하는 덤핑서적을 도태시키는 계기로 작용할 것이 명확하여 출판서점업계에 획기적인 일로 평가되었다.[227]

⑤ 국제교류의 적극화

1970년대 한국은 본격적인 국제화의 시대를 맞게 되었다. 국력의 비약적인 신장은 수출증대, 국제경제협력, 해외진출에 크게 힘입었으며, 경제발전에 따라 세계로의 진출은 더욱 확대되었다. 이에 따라 해외홍보는 국제사회에서 '자주한국' 스스로의 입장을 설명하는 정책수단으로 그 중요성이 강화되었다. 뿐만 아니라 국제사회에의 급속한 진출로 '한국과 한국인은 누구인가'를 알려야 했고, 국민간의 이해와 유대의 강화가 선행되지 않고 국제사회에의 항속적인 진출은 불가능함을 실감하게 되었다. 특히 한국의 눈부신 발전으로 한국이 모든 개발도상국의 모델로 등장하고, 교역 및 협력의 파트너로 각광을 받게 되었다. 이에 따라 한국에

---

225) 같은 논문, 344~345쪽.
226) 백운관·부길만, 『한국출판문화변천사』, 타래, 1992, 244쪽.
227) 이중한·이두영 외, 『우리 출판 100년』, 현암사, 2001, 190쪽.

대한 관심과 국제적 정보수요가 급증하게 되었다. 그리하여 1970년대는 해외홍보매체의 양적인 확충과 함께 그 질적인 향상이 함께 이루어졌던 시기였다.[228]

해외홍보는 근본적으로 한국을 올바르게 세계 각국의 국민들에게 이해시킴으로써 각 국민과 한국민간의 친선과 우의를 증진시키는데 그 목표를 두었다. 특히 1970년대 후반부터 한국에 관한 정보의 대외적 공급 기능(해외홍보)과 함께 국민과 문화의 상호접촉을 확대하는 문화교류에 더욱 중점을 두는 방향으로 적극화되었다. 해외홍보와 문화교류는 수레의 두 바퀴와 같은 유기적 관계 속에 체계적이고 종합적으로 추진되었다. 그것은 1960년대 후반 문공부로 기구개편이 이루어짐에 따라, 문화와 공보를 통합하는 기구상의 장점이 최대한 활용될 수 있었기 때문에 가능할 수 있었다.[229]

또한 독립기관으로 해외공보관이 1971년 12월 31일 설립되었다. 이 기관의 설립으로 종합적인 해외홍보의 대책이 추진되고 다양한 수단이 동원될 수 있었다, 해외에 대해서도 중요지역 전역에 걸친 전문요원의 배치가 1972년부터 본격적으로 이루어졌다. 1960년대 말까지 해외의 6개 처에 파견되어 있던 재외공보관은 1971년 12월 해외공보관 창설과 함께 21개처 34명으로, 1978년 12월에는 세계 41개처 60명으로 확대되었다. 그리하여 해외홍보가 1970년대에 들어서 정부정책 우선순위의 전열에 서게 되었던 것이다.[230]

해외의 홍보조직은 한국문화를 소개하는 각종 활동과 문화교류의 추진체 역할을 하였으며, 해외공보관은 문화담당 정부기구와 민간 각계의 교류통로의 기능을 수행했다. 이러한 문화교류와 홍보의 유기적 결합은

---

228) 문화공보부, 『문화공보 30년』, 137~138쪽.
229) 같은 책, 111~112쪽.
230) 같은 책, 112쪽.

1977년부터 추진된 동경, 뉴욕, 로스앤젤레스 및 파리의 한국문화원의
설립과 그 활동으로 나타났으며, 1978년 4월 문공부의 국제교류국, 해외
공보관의 문화부 설치로 기구화되었다. 문화원은 그 지역에 한국문화를
알리는 자체 기능을 수행함과 동시에 한국과 그 주재국 각계간의 문화교
류를 촉진하는 통로의 기능을 지향하고 있었다.[231]

특히 해외에 나가서 전통문화를 연구한 전문요원이 많이 귀국하여 외
국에 문화를 소개하는 데 능력 있는 일꾼들이 불어난 것도 한국문화를
해외에 알리는 큰 뒷받침이 되었다. 또한 외국에서 한국문화에 대한 관
심도가 높아지고 동양문화사 속에 한국문화의 독특한 창의성을 인식하
게 된 연유도 있었다.[232]

구체적인 국제문화교류로서 문공부는 광복 30주년 기념행사의 하나로
아시아 태평양 지역 국가들 사이의 우의를 다지고 전통예술의 교류를 통
한 국제문화 증진을 위해 '아시아태평양지역민속예술제'를 1975년 9월 8일
부터 13일까지 중앙국립극장에서 개최했다.[233] 그리고 국학부문으로 해
외한국학연구기관자료 지원이 있었고, 문화부문으로는 국제도서박람회
참가지원이 있었으며, 문학부문에서는 국제펜대회 참가지원이 있었고,
미술부문에서는 파리국제현대미술전, 국제건축가연맹아시아지역이사회
총회 참가지원 등이 있었다. 음악부문에서는 아시아작곡가연맹총회 참
가지원, 국제현대음악협회총회 참가지원, 국제청소년음악연맹총회 참
가지원 등이 있었다. 연극부문에서는 국제극예술협회총회 참가지원이
있었다. 기타 무대예술인 해외연수, 국제행사 참가 등에 대한 지원이 있
었다.[234]

231) 같은 책, 114 · 157~158쪽.
232) 같은 책, 175쪽.
233) 「아시아태평양지역 민속예술대제전」, 『동아일보』 1975.8.27.
234) 「1978년도 문예진흥원 사업실적」, 『문예진흥』, 1979.1, 10~13쪽 ; 문화공보부, 『제1차

특히 제29차 세계청소년음악제가 국제청소년음악연맹과 한국청소년음악연맹 주최 및 한국국제문화협회 주관으로 1977년 8월 22일부터 27일까지 서울 국립극장에서 공연되었다. 문화교류를 통해 국제친선과 우호증진을 꾀하고 청소년의 정서순화를 위해 1945년 창설된 국제청소년음악연맹은 그동안 주로 유럽 국가들에서 해마다 총회 및 세계청소년음악대회를 열어왔으나 동양에서는 처음으로 1977년 한국에서 개최된 것이었다.[235]

한편「한국미술5천년전」은 1976년 일본순회전과 1979년에서 1981년에 이루어진 미국순회전도 해외홍보의 기능을 결합함으로써 더 큰 성과를 거두었다. 이는 일본의 경도(京都), 복강(福岡), 동경(東京) 등에서 성황리에 개최되었으며, 미국독립 200주년을 맞아 한국민속예술단을 축하사절로 파견하여 미국 7개 도시에서 해외공연을 가졌다. 전시내용은 1973년부터 1975년까지 경주, 공주 등지에서 새로 발굴된 유물과 해방후 새로 발견된 중요 미술품들을 망라한 348점이 출품되었다.[236]

「한국미술5천년전」의 성과는 한국문화의 우수성을 일본인에게 널리 알리고, 한국문화가 일본에 미친 영향이 길고 넓었음을 인식시키는 데에 크게 성공했다고 할 수 있었다. 또한 이번 전시회는 재일교포들에게 민족적인 긍지와 용기를 갖게 하는 데에도 큰 역할을 했다. 더 나아가 문화를 통한 한국과 일본 간의 이해를 증진하는 데에 그치지 않고 양국의 이해에 새로운 계기를 마련했으며, 새로운 한일 교류의 시발점을 이룬다는 점에서도 큰 성과가 있었다는 평이었다.[237]

문예중흥 5개년 계획평가』.

235)「세계청소년음악대회 개막」,『동아일보』1977.8.22.

236) 문화공보부,『문화공보 30년』, 158·176쪽 ;「제2차 문화예술진흥위원회 개최」,『문예진흥』, 1977.1, 13~14쪽 ; 문화공보부,『제1차 문예중흥 5개년 계획평가』; 김미경, 앞의 책, 79쪽.

237)「절정 이룰 우리 문화의 재인식」,『동아일보』1976.6.8 ;「한국미술 5천년전의 결산」,

또한 1976년 일본에서의 「한국미술5천년전」에 이어서 1977년에 「한국미술5천년유럽전」 및 8월 16일부터 30일까지 동경센추럴미술관에서의 「한국현대미술단면전」 등이 전시되었다. 이러한 한국미술의 성세를 타고 1977년 가을에는 네덜란드, 스웨덴, 프랑스, 오스트리아 등지에서 한국동양화유럽순회전이 계획 추진 중에 있어 일반 한국미술의 해외진출 시대가 오는 느낌이었다.[238]

더 나아가 1977년과 1978년에는 스웨덴, 노르웨이, 독일, 프랑스에서 민속공예품 순회전시회를 가졌으며, 1979년 동경한국문화원 개원행사로 한국의 자수전을 열었고, 뉴욕, 프랑스, 화란에서 국악기 전시가 있었다. 더 나아가 한국의 전통문화를 소개하는 영화와 VTR을 1973년부터 제작 보급하기 시작했는데 발굴영화, 민속영화, 무형문화재 영화가 50여 개국에 보급되기 시작했으며, 입체적이고 종합적이며 생동하는 문화소개가 진전되었다.[239]

특히 문공부는 1978년 우리 고유 전통문화를 해외에 널리 알리는데 역점을 두어 해외홍보활동을 보다 강화했다. 뉴욕, 로스앤젤레스, 동경 등세 곳에 순수 우리 문화를 소개하기 위한 한국문화원 설립을 구체적으로 추진한 정부는 1978년에 국악 한국미술, 전통민속극 공연, 민속자료 전시를 가지고 세계 순회를 하는 것을 비롯해서 해외 한국학 연구기관 등에 대한 자료 지원을 하고, 한국문화를 담은 외국영화제작소의 활용교섭을 적극 뒷받침하기로 했다. 문공부 당국은 특히 해외의 유수 박물관에 한국관을 두는 등 우리의 전통적 생활양식을 그대로 소개하기 위한 교섭을 강화했다. 이 같은 정부 방침에 따라 1978년 1월부터 미국 하와이에서는 이민 75주년을 기념하여 민속무용공연을 하게 되고, 조선시대의 주

『동아일보』 1976.7.24.
[238] 「한국의 동양화」, 『동아일보』 1977.8.5.
[239] 문화공보부, 『문화공보 30년』, 175쪽.

택구조와 방안풍물 그리고 장신구 등 315점을 전시하는 민속자료전을
가졌다.[240]

또한 문공부는 해외홍보활동과 발을 맞추어 '세계 속의 한국'의 좌표
를 보다 뚜렷이 부각하기 위해 해외공연과 전시회 개최 등을 활발히 전
개했다. 이에 따라 민속예술단을 일본과 멀리 중남미, 아프리카, 중동에
까지 순회공연을 하도록 했다. 더 나아가 1977년도 전통문화분야의 가장
큰 수확은 전통가면극인 봉산탈춤의 미국순회공연, 하바드대학 공연을
위시한 32회의 나들이 공연으로 미국인들에게 우리 전통문화에 대한 좋
은 인식을 심어주는 성과를 거두었다. 그리고 봉산탈춤을 1978년도는 유
럽에, 국립국악원 연수단은 유럽과 홍콩에, 국립교향악단은 미국에 파견
되어 공연을 가졌다. 봉산탈춤은 정부의 주선이나 지원 없이 민간단체 차
원에서 이루어진 것이었다는 점에서도 의의가 있었다. 또 1977년부터 계
속된 유럽지역 동양화 순회전도 작품 61점이 독일, 프랑스 등 유럽 4개
국에서 전시되고, 해외 15개소에서의 한국민화전, 미국에서의 인간문화
재작품전도 열기로 했다. 또 해외연구기관에 자료를 지원하기 위해 독일
쾰른 박물관 등 28개 기관에 전시자료를 보내주고 3개년 계획으로 한국
문화전시를 위한 한국소개실을 설치하며 해외의 한국학연구기관에 3만
6천 부에 달하는 연구도서를 대폭 지원할 예정이었다.[241]

특히 1978년도 3월 서독 쾰른의 동양예술관 개관기념전에는 한국의
문화재 45점이 특별전시되었다. 이곳의 한국실 설치와 기념전시를 위해
퍼퍼 관장이 직접 내한하여 의견을 나누었고, 문화재 45점을 선정하는
데 참여하기도 했다. 문공부가 선정한 45점 속에는 통일신라시대의 불
상, 이조분청사기, 청화백자, 김홍도의 산수도 등이 들어 있었다. 이와

---

240) 「강화될 우리 문화의 해외홍보」, 『동아일보』 1977.11.16.
241) 「국제문화교류 활발히」, 『동아일보』 1978.2.10 ; 「한국연극의 해외공연」, 『연극평론』
1977 여름호, 46쪽 ; 한국문화예술진흥원, 『1977년도판 문예년감』.

때를 같이하여 스웨덴에서는 한국동양화전과 사랑방 공예전 및 한국민속예술단 공연이 한꺼번에 몰려 한국문화의 붐을 유럽에 일으키기도 했다. 유럽으로 가져간 한국동양화 전시는 처음으로 시도한 미술전으로 영국, 이탈리아, 프랑스, 서독에서도 순회전을 가졌다. 이 전시는 유럽순회 동안 연 2만 3천여 명을 동원했다. 이 순회전의 의미는 한국의 전통회화가 지닌 중국화나 일본화와 구분된 독창성을 유럽 사람들에게 보인 점이었다.[242]

그리고 신안해저문화재에 대한 첫 국제학술대회가 1977년 10월 18일부터 20일까지 사흘 동안 한국무역회관대회의실에서 한국·미국·일본·영국·중국·홍콩 등 6개국의 고고학자와 국내학자 54명이 참가한 가운데 열렸다. 이 대회는 신안에서 인양된 발굴유물에 대해 학술적인 의견을 교환하고, 공동연구를 할 수 있는 기회를 마련하기 위해 열린 것이었다.[243]

또한 1970년대 박정희 정권은 전통예능 및 문화재보호지원과 문화재 지정사업 등으로 오늘날 세계 인류무형유산으로 유네스코에 등재되는 발판을 만들어갔다. 예를 들어 종묘제례악이나 택견 및 줄타기는 1976년 유네스코에 종묘제례악 영화화를 위한 지원 및 중요무형문화재로 지정되었다가, 2011년 11월 28일 인도네시아 발리에서 열린 제6차 유네스코 무형유산위원회에 인류무형유산으로 등재되었다. 특히 택견은 남녀노소 모두 즐길 수 있는 생활무예로 1976년 문화재청이 중요무형문화재 제76호에 지정했다가 2011년 세계 전통무예 중에서도 처음으로 유네스코에 등재되었다. 이로써 한국은 2003년 판소리, 2005년 강릉단오제, 2009년 강강술래, 남사당놀이, 영산재, 제주 칠머리당영등굿, 처용무, 2010년 가

242) 한국문화예술진흥원, 『1978년도판 문예년감』, 403쪽.
243) 「신안유물국제학술대회」, 『동아일보』 1977.10.17.

곡, 대목장, 매사냥, 2011년 종묘제례 및 종묘제례악 등 모두 14건의 인류무형유산을 보유하게 되었다.[244]

더 나아가 한국문화예술진흥원은 1978년도를 한국문학의 해외진출을 위한 기반조성의 해로 정하고 우선 4권의 해외출판을 기획했다. 동 진흥원이 해외출판을 위해 그동안 준비해온 작품들은 영역시선집 4권과 영역단편집 3권, 불역단편집 3권이 있었다. 영역 장편으로는 『광장』, 『카인의 후예』, 이밖에 희곡집의 영역이 추진 중이었다. 동 진흥원은 앞으로 번역이 끝난 작품들의 지속적인 해외출판을 위해 미국과 유럽 지역에서 한 군데씩의 출판사를 물색하고 있는데 초판의 3분의 1가량을 구입한다는 조건으로 교섭을 벌였다. 동 진흥원은 이밖에 한국작품의 목록과 내용을 담은 안내서를 만들어 외국 출판사와 대학출판부에 보낼 예정이며, 한국을 이해하는 외국작가들을 통해 단행본의 해외출판을 아울러 모색하기로 했다.[245]

또한 한국영화인협회가 1977년 3월 8일 확정해 내놓은 '77년 아시아영화감독국제회의' 서울개최 계획은 인종, 종교 등을 초월한 아시아지역 영화감독들과의 교류로 상호 협력관계를 두터이 하며 영화이론 및 기술의 상호 향상 발전을 꾀하고, 각국 간의 원활한 작품 교환을 함으로써 아시아 전역에 영화배급망을 넓히는 것 등을 회의 개최 취지로 밝혔다. 대회 기간은 10월 15일부터 21일까지 8일간이었다. 이 회의에서는 참가자들이 영화이론의 발표 및 창작 활동을 토의할 이론연구 분과, 회원 각국 간의 영화정보 및 기타 현황을 교환 토의할 정보교류분과, 영화기술 분야의 개척과 연구를 토의할 기술연구분과, 정기적인 국제회의로 발족하기 위한 규약, 강령, 사무국 설치 등을 토의할 조직분과 등으로 나뉘어

---

244) 『메트로』 2011.11.29.
245) 「한국문학 해외진출 발돋움」, 『동아일보』 1978.2.17.

각 분야를 토의하고 의견을 종합해 실행에 나설 것이었다.[246]

한편 유럽에서 한국학을 전공하는 학자, 전문가 등 40명은 1977년 3월 28일부터 시작된 한국학 회의를 마치고 정식으로 유럽 한국학협회를 구성했다. 유럽 한국학협회는 오스트리아, 영국, 프랑스, 네덜란드, 스웨덴, 스위스, 서독 등지에서 모인 40명의 학자들로 창립총회를 가졌다. 이로써 유럽 각국에 산재하고 있는 한국학 관계 전문가들의 상호 협력 기구가 생겼다. 이들은 한국에 관한 지식을 유럽인들에게 널리 보급하는 데 공헌하기로 합의했다.[247]

이처럼 1970년대 박정희 정권은 본격적인 국제화 시대를 맞이하여 '세계 속의 한국'이라는 목표 아래 우리 고유의 전통문화에 대한 적극적인 해외홍보전략과 함께 본격적으로 다방면에 걸쳐 한국문화를 해외에 전파하기 시작했다. 이는 한국의 경제성장에 따른 국력신장이 그만큼 진전되었음을 나타내는 것이자, 문화선진국으로 나아가는 발판을 마련한 것이기도 했다.

⑥ 남북통일사업

마지막으로 남북분단을 극복하기 위한 통일의 노력으로 사회문화적 측면에서 이산가족찾기운동인 남북적십자회담과 함께 7 · 4남북공동성명은 남북한 사이의 광범위한 교류를 강조했다. 이어서 남북조절위원회 제2차 회의(평양, 1973.3.15) 만찬연설에서 이후락은 남북가족찾기운동의 빠른 실천과 사회 · 문화 · 경제분야에서 교류 협력할 것을 주장하고, 남북간에 이해를 두터이 하고 신뢰를 돈독히 하자고 다시 강조했다. 회의에서 서울 측은 제1차 회의 때와 마찬가지로 남북조절위원회의 성공적

---

246) 「아주영화감독회의」, 『동아일보』 1977.3.9.
247) 「유럽에 뿌리내리는 한국학」, 『동아일보』 1977.4.4.

인 운영을 위해서는 사무기능을 정비하는 것이 급선무라고 설명하고, 우선 남북조절위원회운영세칙, 간사회운영세칙, 공동사무국설치규정을 조속히 제정하자고 구체적으로 제시했다. 이와 함께 남북조절위원회의 5개 분과위원회 중 경제와 사회문화의 2개 분과위원회 설치에 합의하여 그 구체적 실무는 간사회의에 위임하자고 했다.[248]

이처럼 남한 측이 쌍방 간에 대립이나 마찰이 비교적 적은 경제와 사회문화부문에서부터 교류와 협력을 이루어 나가기 위해 경제분과위원회와 사회문화분과위원회를 우선 구성하고, 이 분과위원회 구성의 실무작업을 간사회의에 위임하자고 제의한 데 대해, 북한 측은 이를 거절하고, 정치·군사·외교·경제·문화 분과위원회 동시 일괄 설치와 남북 정당 사회단체 대표 연석회의 개최를 주장했다.[249] 따라서 남과 북은 제2차 남북조절위원회 회의에서 아무런 합의도 볼 수 없었다.

이어서 제3차 남북조절위원회 회의(서울, 1973.6.12~6.13)에서 서울 측은 남북 사회의 상호 완전 개방을 제의하면서 실로 충격적인 방안을 내놓았다. 즉 남북조절위원회의 경제분과위원회를 조속히 발족시켜 남북 간의 경제인의 교류, 물자의 교류, 과학기술의 교류, 자원의 공동개발, 상품 전시회의 교환 개최, 상사의 교환 상주 등을 실천에 옮길 것을 제안했다. 또한 사회문화분과위원회를 조속히 발족시켜 남북간에 학술 문화분야의 교류, 체육분야의 교류와 국제 경기 단일팀 구성, 영화·무대 예술의 교류, 고고학과 민족사의 공동연구와 개발, 고유언어의 보존을 위한 연구, 각종 사회인사와 단체의 교류, 기자의 교류와 상주, 서신·전화·전보 등 통신의 교류, 관광분야의 교류 등을 실천에 옮기자는 것이

---

248) 박종백, 「한국통일정책의 변화과정 연구」, 고려대학교 정책대학원 국제관계학과 석사학위논문, 1998, 55쪽.
249) 홍보조사연구소, 「10월 유신 1년간의 성과」, 『국토통일』, 국토통일원, 1973.10, 143쪽 ; 박종백, 앞의 논문, 55~56쪽.

었다. 서울 측은 내놓을 수 있는 방안은 총동원하여 내놓았던 것이다.[250]

반면에 북한 측은 군사 5개항 우선 토의, 남북조절위원회와 별도의 남북 정당 사회단체 대표연석회의 개최, 5개 분과위원회 동시 일괄 설치 등을 주장했다.[251] 그리하여 남북조절위원회의 활동 역시 주한미군 문제, 군축문제 등 본질적인 문제에 대한 의견접근을 보지 못하고 무산되었다.

그러나 이러한 박정희 정권의 통일의 의지가 문화면에서 더욱 강조되어 실제적인 조치로서 남북적십자회담에 관한 영화를 제작했다. 즉 국정홍보처 영상홍보원 방송제작팀에서 제1차부터 5차에 관한 영화를 제작했다. 이는 남북적십자회담을 기록적으로 촬영·보존하여 대내외 홍보 자료 및 기록보존 목적으로 촬영 제작한 것이다.[252]

한편 박정희 정권은 1973년 6월 23일 평화통일 외교정책을 발표했다. 여기서 박정희는 "조국의 평화적 통일은 우리 민족의 지상 과업이다. 우리는 이를 성취하기 위한 모든 노력을 계속 경주한다. 한반도의 평화는 반드시 유지되어야 하며, 남북한은 서로 내정에 간섭하지 않으며 침략을 하지 않아야 한다. 우리는 남북공동성명의 정신에 입각한 남북대화의 구체적 성과를 위하여 성실과 인내로써 계속 노력한다. 우리는 긴장완화와 국제협조에 도움이 된다면 북한이 우리와 같이 국제기구에 참여하는 것을 반대하지 않는다. 대한민국은 호혜평등의 원칙하에 모든 국가에게 문호를 개방할 것이며, 우리의 이념과 체제를 달리하는 국가들도 우리에게 문호를 개방할 것을 촉구한다"[253]고 선언했다. 이러한 기조 아래 박정희

---

250) 박종백, 위의 논문, 57쪽.

251) 배광복, 「남북관계의 경로의존과 구성」, 고려대학교 대학원 정치외교학과 박사학위 논문, 2008, 162쪽.

252) 국정홍보처 영상홍보원 방송제작팀, 『영화제작지시서 – 제2차 남북적십자 본회담』, 국가기록원, 1972 ; 국정홍보처 영상홍보원 방송제작팀, 『영화제작지시서 – 제3차 남북적십자회담, 제4차 남북적십자회담, 제5차 남북적십자회담』, 국가기록원, 1973.

253) 노중선 엮음, 『남북한 통일정책과 통일운동 50년』, 사계절, 1996, 167~168쪽.

정권은 이산가족찾기운동인 남북적십자회담운동의 일환으로 1973년 9월 1일 소련, 중공, 동구 등 공산국가와의 우편물 교환업무를 개시했다. 이후 중공의 길림성, 소련의 사할린 및 중앙아시아 등 한국인 동포들이 밀집해 살고 있는 곳을 중심으로 수많은 문안의 편지들이 오갔다. 체신부의 발표에 의하면 공산지역과의 우편물 교류 개시 약 1년이 경과한 1975년 10월 20일 현재 공산국가들과 교환된 우편물 총수는 1만 1,222통에 달하고 있으며, 그 가운데서도 중공과 교환된 우편물이 5,452통으로 가장 많은 비중을 점하고 있었으며, 소련과도 1,407통이 교환되었다. 또한 이들 서신들은 상업통신이나 기타 일부분을 제외하고는 7할 이상이 안부편지들이었다는 점에서 공산국가들과의 우편물 교류는 박정희 정권이 보여준 또 하나의 인도주의 정책의 과감한 구현이었다.254)

이처럼 대한민국과 공산주의 국가들 사이에는 연간 수만 통의 우편물이 교환되었고, 학술, 체육, 문화 등 관계 인사의 왕래는 물론 소련, 루마니아, 불가리아 등에 우리나라 정부인사가 입국하는 등 교류의 문이 확대되고 있었다.255) 또한 박정희 정권은 조총련계 재일동포의 모국방문사업을 적극적으로 뒷받침함으로써 1975년 9월 13일 40여 명의 조총련계 재일동포 추석성묘 모국방문단 제1진이 부산에 도착했다. 이어 14일 20여 명, 15일과 16일에는 650여 명의 제2진이 김포공항에 도착하여 꿈에 그리던 가족들과 서로 얼싸안고 재회의 기쁨을 나눴다. 1975년 추석 때부터 시작된 그들의 모국행렬은 1976년 한식까지 이미 7천 명을 넘어섰다.256)

박정희 정권의 이산가족찾기운동의 노력과 발맞추어 국내 언론기관들 역시 자발적으로 이산가족찾기운동을 활발히 전개하여 이 운동이 전국민적 관심사임을 보여주었다. 공익사업으로 매스컴이 벌이고 있는 이와

254) 대한적십자사, 『이산가족백서』, 대한적십자사, 1976, 234쪽.
255) 남북조절위원회 적십자회담, 『남북대화』 16호, 한국국제문화협회, 1978.4, 51쪽.
256) 대한적십자사, 『이산가족백서』, 243~244·248쪽.

같은 운동은 혈육의 상봉과 서신연락을 주선하는데도 적지 않은 계기를 마련해 주고 있지만 그보다도 대외적으로 우리 민족이 한결같이 이산가족의 재결합을 위해 최선을 다하고 있음을 보여줌으로써 국제적인 지원을 얻는데 큰 역할을 했다.[257]

　구체적으로 KBS가 이산가족찾기운동을 벌이게 된 것은 1973년 10월 27일부터였다. 남북적십자회담이 열리고 혈육을 찾는 운동이 본격화됨에 따라 KBS는 우리나라에서 처음으로 전파를 통한 이산가족찾기운동을 벌였다. KBS 라디오는 1973년 10월 27일부터 1974년 3월 31일까지 주 1회씩 이산가족찾기를 위한 특별프로그램을 방송해 왔는데, 1974년 4월 1일부터는 이를 매일(일요일 제외) 오후 3시 30분부터 5분 동안 「오후의 로터리」 프로그램에 포함하여 방송했다. 이 프로그램은 방송청취자가 국내 심인의뢰서를 작성하여 이를 KBS 라디오 편성부로 제출하면 KBS가 대한적십자사의 협조를 받아 가족을 찾는 캠페인을 벌이는 것이었다. 1976년 2월 현재 KBS는 모두 1,195건의 이산가족 명단을 발표하여 이 가운데 135건을 해결함으로써 645명의 혈육을 재결합시켰다. KBS 방송을 통해 재회한 가족은 부모자식 사이가 17건, 형제 사이가 79건, 숙질 사이가 21건, 사촌 사이가 13건, 그리고 기타가 5건으로 나타났다. 재회한 가족들이 서로 헤어지게 된 시대적 배경을 보면 6·25전쟁 전후가 82건, 8·15해방 전후가 43건, 그리고 일제시대가 6건, 기타가 2건으로 되어 있었다.[258]

　KBS는 이밖에도 외국, 특히 사할린 동포와 국내 연고자를 연결하는 소리의 편지를 매일(일요일 제외) 20분 동안 방송했다. 1972년 4월 3일부터 시작된 이 프로그램은 KBS 국제방송에서 새벽 4시 50분부터 5시까지 방

257) 같은 책, 253쪽.
258) 같은 책, 253~254쪽.

송되며 같은 날 오후 7시 50분부터 8시까지 재방송되었다.[259)

한편 한국일보사에서도 1974년 1월 1일부터 1976년 3월 12일까지 신문 지상을 통해 「1천만 이산가족 친지를 서로 찾자」는 운동을 벌여 164건의 상봉을 이루어 주었다. 100회에 걸쳐 가족찾기 명단을 보도하여 3,510건의 사연이 소개된 가운데 170건의 상봉을 가능케 했으나 본인의 희망이나 사생활 보호 때문에 164건만이 발표된 것이었다.[260)

한편 박정희 정권은 1970년대 남북대화가 북한에 의해 일방적으로 중단된 뒤에도 끊어진 대화통로를 다시 이어 대화를 계속 추진하기 위한 노력을 꾸준히 해 왔다. 그 일환으로 「한국미술5천년전」에 즈음하여 남북조절위원회 서울 측은 1976년 4월 12일 평양 측에 보낸 전화통지문에서 동위원회의 주선하에 남북간 문화교류의 시범사업으로 남북에 분산되어 있는 고미술품 및 고고학 자료를 서울과 평양에서 교환 전시하고 쌍방이 합의하는 해외지역에서 공동전시회를 갖자고 제의했다.[261)

또 한편 앞서 언급했듯이 통일전이 마련되었다. 더 나아가 1978년도 문학계에서 기억해두어야 할 것은 남북분단 이후 오랫동안 숙제로 남아 있던 월북작가 작품의 규제완화 조처였다. 이 조치는 그동안 터부시되어 왔던 월북작가들, 예컨대 정지용, 김기림, 이태준 같은 문학성이 높았던 작가들의 취급을 문공부가 학술분야와 문학사연구분야에서 공식적으로 해제해준 획기적인 것으로, 문학인들과 관련 학술인사들의 대폭적인 환영을 받기도 했다. 이와 아울러서 남북분단 30여 년 만에 최초로 북한문학을 전면적으로 검토하는 행사가 국토통일원에서 열려 문학계의 비상한 관심을 끌기도 했다. 4월 27일 국토통일원에서 열린 「북한문학학술토론회」가 바로 그것이다. 시·소설·희곡·평론·아동문학 등 장르별로

---

259) 같은 책, 254쪽.
260) 같은 책, 255쪽.
261) 남북조절위원회, 『남북대화백서』, 남북조절위원회, 1978, 220쪽.

나뉘어 논의된 이 행사에서는 공산주의 선전을 위한 하나의 도구로 전락된 북한문학의 황폐상과 무잡성이 본격적으로 파헤쳐진 것이다.[262]

한편 영진공에서 편찬한 1977년도나 1978년도판 『한국영화년감』에는 북한영화계의 현황과 실태에 대해 기술함으로써 북한 영화계에 대한 국민적 인식의 폭을 열어놓기 시작했다. 그 소개내용은 다음과 같다.[263]

> 북한에서의 영화는 북괴당, 즉 노동당이 내세운 노선과 정책의 선전 및 그의 관철로 대중을 선동하는 선동매체로서의 의의가 절대적이다. 따라서 북한에서의 영화는 우리가 영화에 대해서 지니는 일반적인 개념 다시 말하면 영화작가나 종사자들의 자유로운 창작의식에 의해 결집된 예술성이라든가 관람자들에게 정신적인 위안을 주는 오락성 그리고 타 예술 분야에 비해 유달리 부각되고 있는 기업적 성격과는 거리가 멀다. 북한의 영화인들은 다만 북괴당이 제시한 과제에 따라 북괴당이 추구하는 노선과 정책을 북한주민을 상대로 선전 선동하는 영화를 기계적으로 만들어 내는 의무만이 부과되고 있을 따름이다.

이러한 노력은 비록 미흡한 것이기는 해도 1970년대 이루어진 남북적십자회담 및 7·4남북공동성명의 발표, 유엔동시가입안 수락 촉구, 남북상호불가침협정 체결 제의, 남북경제교류 제의 등의 평화적인 통일운동과 함께 사회문화면에서의 남북통일 의지를 나타내준 것이라 할 수 있다.

특히 남북한 사회문화 교류는 남북한 사회의 이질화 및 문화적 정체성의 위기를 극복하고 민족문화를 새롭게 창조하기 위한 실질적인 대안으로서 중요성을 지닌다. 또한 사회문화 교류는 민족의식의 동질적 기반에 대한 이해를 전제로 하기 때문에 분단의 장벽을 극복할 수 있는 중요

---

[262] 한국문화예술진흥원, 『1978년도판 문예년감』.
[263] 영화진흥공사, 『1977년도판 한국영화년감』, 영화진흥공사, 1978 ; 영화진흥공사, 『1978년도판 한국영화년감』, 81쪽.

방편이 된다. 즉 폭넓은 사회문화 교류는 민족동질성의 회복이라는 통일의 실천적 기반을 조성함으로써 통일을 실현하는 과정에서 큰 역할을 할 뿐 아니라 궁극적으로 통일 이후 민족의 내적 통합을 이루어내는 수단으로 작용한다는 것이다.[264]

특히 사회문화적 교류는 정치군사적 문제의 해결보다는 다소 용이하며, 남북관계를 완화시키는 수단이 될 수 있다. 즉 비록 정치군사 문제가 선차성을 지니고 있기는 하지만 사회문화적 분야의 상호합작은 정치군사 문제 해결이 정체되는 과정에서도 일정하게 지속될 수 있다는 용이성의 장점이 있다. 또한 정치 군사적 문제해결의 결과로서 이러한 상호합작의 수준은 높아질 수 있다. 그러므로 정치 군사 경제문제는 곧바로 사회문화분야와 직결된다. 사회문화적 연계사업을 통해 경제적 효과를 창출할 수도 있으며, 결과적으로 평화협력의 분위기를 조성하는 데에도 도움이 된다.[265]

그리하여 이러한 사회문화면에서의 남북교류 사업은 국민들로 하여금 남북의 문화적 괴리를 올바로 인식하고, 북한 문화의 허구성과 정치적 획일성에 대한 연구를 통해 유신체제에 대한 국민적 지지획득과 아울러 민족적 문화정통성을 재확인하고, 통일과업에 있어서 주도권을 장악하기 위한 것이었다.

---

264) 박용모, 「남북한 통일정책에 대한 연구」, 동국대학교 행정대학원 북한학과 통일정책전공 석사학위논문, 2001, 27쪽.

265) 같은 논문, 70~71쪽.

5. 역사적 의미와 문제점

　제1차 문예중흥 5개년 계획이 지니는 역사적 의미는 우선 우리나라에
서 최초로 체계적이고 장기적인 문화예술 종합계획이라는 것이다.[266] 또
한 박정희 정권이 제1차 문예중흥 5개년 계획을 실시하여 새로운 차원에
서 '문화복지사회'와 '문화한국'을 이룩해 보겠다는 것은 두 차례의 경제
개발 5개년 계획 일변도에서 이에 상응한 문화적 기풍을 진작한다는 데
주안점을 둔 것이었다.[267]

　그리고 제1차 문예중흥 5개년 계획의 실행결과 문화활동의 저변이 확
대되고 체계화되었다고 볼 수 있다. 예를 들어 5년 동안의 문예중흥사업
으로 인해 문화정책의 근간이 되는 제 법률들이 마련되고, 각종 문화시
설이 확충되었으며, 문화재 중심의 정책과 행정이 크게 발전했다.

　이러한 제반시설과 법률의 구비로 인해 연간 출판물의 종류가 1만 종
이 넘고, 실험극이 재공연될 정도로 연극관객이 증가한 사실 등은 일반

266) 백외문, 「한국문화정책의 발전방향에 관한 연구」, 연세대학교 행정학과 석사학위논
　　문, 1991 ; 조현수, 「70년대 한국문화정책에 대한 연구—제1차 문예중흥 5개년 계획
　　(1974~1978)을 중심으로」, 중앙대학교 사회개발대학원 문화예술학과 예술학 석사학
　　위논문, 1978.
267) 「문화한국 80년대 투시」, 『동아일보』 1973.10.21.

국민들의 문화예술에 대한 욕구가 그만큼 증대되었음을 말해준다.[268]

또한 문화예술활동이 각 분야에 걸쳐 활발한 움직임을 보이고, 전통문화예술이 어느 정도 개발된 것은 정부의 문예중흥 5개년 계획에 의한 것만은 아니겠으나 그동안 투입된 정부의 노력과 자금이 그러한 활동과 개발의 기반조성에 공헌한 것이라 할 수 있다.

한편 제1차 문예중흥 5개년 계획은 국제문화교류로서 전통문화예술의 교류를 통한 국제문화 증진을 도모하고, 한국문화의 우수성을 세계에 알리고 인식시키는 데 일조했으며, 문화를 통한 세계 각국과의 관계를 증진시키고, 국제문화 현실 파악과 국제친선을 통한 국위선양 및 문화교류에 성과가 있었다.

그러나 동 계획은 각 부문에 본래의 취지와는 다르게 변질될 가능성과 여러 문제점을 안고 있다고 평가되었다. 우선 투자예산 문제에 있어서 경제개발계획에 못지않은 중요한 의미를 가진 문예중흥계획이 5년 동안 한강다리를 3, 4개 놓을 정도의 투자밖에 못했다는 아쉬움을 남겼다. 더욱이 350억 원의 문예중흥기금 조성은 정부예산의 출손(出損)이나 모금으로는 요원한 현실임을 감안할 때 민간투자를 유도하는 등 보다 과감한 새로운 투자재원을 모색해야 할 것으로 보았다.[269]

전체 규모의 반 이상을 차지하고 있는 문화재 계발분야는 지정, 비지정 문화재 7천여 점과 수백만 점의 개인 소장 문화재 중 광범한 분야의 동산 문화재를 포함하고 있는데, 복원과 보수에 중점을 두고 있어 별 특징은 없고, 예산도 종전에 비해 크게 늘어난 것이 없다는 평을 받았다.[270]

또한 한국문화예술진흥원은 작가기금 운영에 있어 문예중흥 5개년 계획을 수립하여 처음으로 1974년에 47명의 작가에게 2천5백만 원을 융

---

268)「문예진흥계획의 성과와 과제」, 『동아일보』1978.12.29.

269)「정부의 문예중흥시책」, 『중앙일보』1978.12.15.

270)「문예중흥계획의 허실」, 『동아일보』1973.10.24.

자해 주었다. 조건은 연이율 6%, 상환기간은 1년이었다. 그러나 이 융자금이 처음에 기대했던 대로 창작활동에 직접 보탬이 되지 못하고 있었다.[271]

더 나아가 연극중흥을 위해 막상 당국으로부터 재정지원이 시작되자 연극계 일부에서는 재정지원에 어떤 정치적인 끄나풀이 달린 것은 아닌가 하는 의구심을 하기도 했다. 혹시 연극을 정치적 목적을 위해 이용하려 들 때 그것은 예술에 대한 모독일 뿐 아니라, 효과적인 면에서도 마이너스일 뿐이라고 주장했다.[272] 그리고 각종 지원사업의 대상이 중앙에 치중되는 한계를 노정했다.[273]

예를 들어 음악에 있어서도 중앙과 지방의 평준화가 이루어져야 한다는 평이 있었다. 여태까지 문화현상에서만 볼 때 대한민국은 '서울민국'이었다. 1975년과 1976년에 대규모로 벌어진 음악제를 가리켜 "이름만 국가적 행사이지 실제로는 서울 예술제가 아니냐"고 꼬집은 사람도 있었다.[274]

한편 고전국역의 경우 고전에 속하는 우리나라의 한적은 모두 157만 200여 권으로 이 중 8만여 권은 일본을 비롯한 미국, 영국 등 해외에 나가 있는 것으로 추산되었다. 여기에 41만 3천여 건의 고문서를 더한다면 우리가 정리해야 할 고전적은 무려 2백만 건이 넘었다. 157만여 건의 한적 중 40만여 권이 국내 각 대학도서관이나 서원 등 공공기관에 보관되어 있고, 8만여 권이 일본을 비롯한 미국, 영국 등 외국에 나가 있으며, 나머지 3분의 2가량인 107만여 권이 국내의 개인소장으로 추산되었다. 중요 고전적의 국역뿐 아니라 그 보관도 큰 문제점으로 제기되었다. 게다

---

271) 「작가기금 무상지원제」, 『동아일보』 1975.8.21.

272) 「순수연극 디딤돌 돼야」, 『동아일보』 1974.4.4.

273) 「74년도 문예진흥사업실적」, 『문예진흥』 9, 1975.1, 6~7쪽.

274) 「76년 문화계 못다한 말」, 『동아일보』 1976.12.8.

가 개인소장의 경우 무엇이 어느 정도 중요하고, 누가 무엇을 소장하고 있는지 목록조차 전혀 파악이 안 되어 있었다. 더구나 이들 모두를 국역한다는 문제에 이르면 까마득한 실정이었다.[275]

문화재 계발의 경우 지표조사란 상당히 중요한 사업이지만 5년이란 기간으로는 기초조사도 할 수 없는 것이어서 최소한 20~30년을 내다보는 장기계획의 일환으로 시책을 펴야 한다는 견해가 있었다. 또한 문화재의 정화사업이 상당히 많은 비중을 차지하고 있는데, 문화재의 복원이나 보수는 자칫하면 환경파괴를 초래하는 만큼 세심한 계획하에 수행되어야 할 것으로 보았다.[276]

또한 문화재관리국은 1977년 예산계획서에 사유동산문화재 1백여 점을 사들이는 예산을 반영하여 동산문화재 보호에 적극적인 움직임을 보였다. 전적, 도자기, 고문서, 회화, 조각, 공예품 등 오래된 문화재는 문화재 보호법 41조 6과 동 시행령에 따라 등록신청을 하여 등록을 받도록 되어 있었다. 그러나 현재 등록되어 있는 동산문화재는 19만 8천 점에 지나지 않으며, 그나마 지난 1971년과 1972년 두 차례에 설정된 등록기간 중 신청된 총 1백10만여 점의 동산문화재 가운데 국·공유 66만 점을 제외한 사유동산문화재는 19만 8천 점만이 감정이 끝나 등록이 되고, 나머지 28만 1천여 점은 감정의 손 부족으로 감정조차 못 받고 있는 실정이었다. 문화재 전문가들은 현재 동산문화재 중 아직까지 신고·등록되지 않은 문화재 수는 몇 십만 점, 몇 백만 점이 될지 추정조차 할 수 없으나, 현재 신고 등록된 건수는 실제 숫자에는 크게 못 미치는 것이라고 입을 모았다.[277]

더 나아가 문화재 발굴에 있어서 아직도 전국적인 고적조사가 철저하

---

275) 「고전국역사업」, 『동아일보』 1975.12.25.
276) 「문예중흥계획의 허실」, 『동아일보』 1973.10.24.
277) 「동산문화재」, 『동아일보』 1977.8.19.

게 이루어지지 않고 있었다. 따라서 전국적인 유적 유물의 실태조사를
실시 완료하여 지정물에 대해서는 보수의 완급을 가려 연차적인 계획 수
립으로 훼손된 문화재가 없도록 해야 하며, 비지정물은 지정대상물을 선
정하여 보다 적절한 보호가 이루어지도록 해야 할 것이라는 주장이 있었
다.[278] 심지어 박정희 정권이 부각시켜 온 귀중한 충무공의 전적지가 제
대로 보호를 받지 못한 채 1976년 8월에도 햇빛을 보지 못하고 거북선
조선소는 쓰레기장으로 둔갑했으며, 대승을 거둔 쇠고리는 부식된 상태
에 있었고, 12척으로 133척을 무찌른 명량해협에는 기념비도 세워져 있
지 않았다.[279]

그리고 전체적으로 볼 때 조급한 성과를 기대하기보다는 장기적 안목
으로 자유로운 연구 분위기를 조성하고 정부가 하는 사업인 만큼 회계연
도에 맞추는 행정 위주로 흐르지 않기를 바란다는 건의도 있었다.[280]

한편 전체의 방향과 관련하여 추진방침에 대한 문제점으로 지적된 것
은 다음과 같다.

첫째, 제시된 계획의 모든 사업이 전체적으로 방대하고 잡다하며 산만
하다는 인상을 주고 있다는 비판이 있었다. 즉 갑자기 한꺼번에 추진하
려는 의욕 때문에 여러 가지 중복, 차질, 졸속, 낭비 등이 예상되고 우려
되며, 따라서 심오하고 원대한 비전 아래 단계적으로 조금씩 풍토를 만
들어 나가는 것이 바람직하다는 견해가 제시되었다.[281]

둘째, 전체적인 계획안을 제한된 시간과 제한된 예산을 가지고 능히
추진할 수 있느냐는 것이었다. 따라서 사업이 효과를 거두기 위해서는

---

278) 「76년 문화계 못다한 말」, 『동아일보』 1976.12.27.
279) 「풍우에 사위어가는 선조의 슬기」, 『동아일보』 1976.8.4.
280) 「문예중흥계획의 허실」, 『동아일보』 1973.10.24.
281) 문화공보부 문화국 진흥과, 『제1차 문예중흥 5개년 계획확정』, 국가기록원, 1973.

당면한 국가목표의 시급한 사업부터 중점적으로 시행되어야 하고, 나눠 먹기식의 나열주의 형식은 지양되어야 한다고 했다.[282]

셋째, 전통사상 내지 고전에 대한 풍부한 지식은 그 자체만으로도 대견한 일임에 틀림없으나 그보다 더욱 중요한 것은 전통사상 내지 고전을 현대적 감각으로 해석하는 일이라고 보았다. 그러나 전통사상 또는 고전을 현대적 감각으로 분석하고, 그 안에서 현대에 적합한 교훈을 찾는다는 것은 결코 수월한 일이 아니었다. 그것은 역사 또는 고전을 부지런히 읽는 것만으로 저절로 도달할 수 있는 목표가 아니라, 전문가의 지도에 따르는 깊은 연구를 통해서 접근해야 할 과제이기 때문이다. 다시 말해서 전통사상 내지 고전에 대한 보다 계통적이고 조직적인 연구가 필요하다는 과제를 남겼다.[283]

넷째, 예술창작 활동은 5개년 계획기간 중에 상당한 활기를 보여 주었고, 지원사업도 많은 성과를 거두었음은 사실이나 한편 적지 않은 문제점이 상존하고 있다는 것도 또한 간과할 수 없었다. 그중에는 문화예술 활동에 가장 기본이 되는 제도적인 측면이 아직도 미비한 상태에 있다고 평해졌다. 가령 문화 예술인의 권익을 법적으로 보다 확실히 보장해 줄 수 있는 저작권법의 개정이라든가, 예술활동 및 예술용품에 대한 관세 및 물품세의 감면, 문화예술인의 활발한 국제교류, 무대예술의 진흥의 관건인 공연장의 부족, 도시와 지방에 있어서 문화예술의 격차 해소 등은 금후에 해결해야 할 숙제로 여전히 남아 있다고 평해졌다.[284]

그리하여 정부에 의한 재정적인 지원보다 제도적인 지원이 앞서야 한다는 의견이 있었다. 예를 들어 무용의 경우 초등학교, 중학교 교육과정을 통해 무용과목이 정규교과로 들어있지 않았다. 그리고 대학과정에서

282) 같은 책.
283) 김태길, 「전통사상과 민족문화」, 『문교월보』 48, 1973.11, 29쪽.
284) 윤주영, 「문예중흥의 과제와 전망」, 『유신정우』 5권 1호, 1977.4, 31쪽.

도 무용학과는 예술로서 독립하지 못한 채 체육대학에 속해 있었다. 이 같은 문제가 결국 전문무용인의 양성을 저해했고, 무용인구의 저변을 넓힐 수 없게 했으며, 결과적으로 한국무용을 침체상태에 빠지게 했다는 것이다. 따라서 한국무용을 진흥시키는 것은 이러한 제도적 문제부터 시정하는 것이 급선무라고 보았다.[285]

다섯째, 전통문화의 연구 조사를 체계적으로 추진해 나갈 수 있는 한국학연구소의 설립은 물론이거니와 장기적으로 우리말을 연구하고 가다듬는 상설기구인 국어연구소의 설립, 전통예술을 수시로 공연하는 전용극장의 설립, 국악과 민속악의 전당인 국악당의 건립, 전통공예만을 전문으로 전수하는 전수회관의 설립 등은 문예중흥의 기반조성을 위해서는 시급히 해결해야 할 과제로 남았다. 개개 진흥사업의 지원도 현재의 여건하에서는 중요한 의미를 지니고 있지만, 이러한 근원적이고 항구적인 제도의 개선과 연구소 및 공연장 등의 설립은 한층 중요한 핵심적인 요소이기 때문이었다.[286]

한편 제1차 문예중흥 5개년 계획의 방향과 원칙 및 사업내용은 1970년대 유신체제기 국가시책을 그대로 반영하여 실천한 것이었다. 예를 들어 민족사관의 정립 작업을 본격적으로 추진한다는 것은 바람직하면서도 이것을 정부가 주도한다는 것은 위험한 요소를 안고 있다고 보았다. 민족사관 정립분야 중 한국사상사를 편찬하는 것은 정부가 주도할 성질의 것이 아니며, 식민지 사관을 탈피하는 작업은 대학과 각 연구소가 자유로운 토론을 거쳐 보다 자유로운 입장에서 이루어져야 한다는 것이 학계의 반응이었다.[287]

---

285) 「문예중흥계획의 허실」 하, 『동아일보』 1973.10.26.
286) 윤주영, 「문예중흥의 과제와 전망」, 앞의 잡지, 31~32쪽.
287) 「문예중흥계획의 허실」, 『동아일보』 1973.10.24.

또한 주체적 민족사관과 국사교육 강화 정책을 정면에서 비판했던 학자들은 많지 않았지만 일부 학자들은 민족정신이나 고유한 문화를 들먹이면서 사회모순을 감추고 민족의 일체감을 고취시켜 유신정권을 합리화하던 풍조를 비판하거나 혹은 강만길은 국사교과서의 국정화와 독재정권을 합리화해주는 민족사관 그리고 한국사학계의 연구 경향 등을 강하게 비판했다. 그는 당시 해방 이후 국사학에서 주장하는 주체적 민족사관의 수립론이 소위 식민사학의 극복문제를 해결하는 데 어느 정도 목적을 달성하기는 했지만, 박정희 정권시대에 정치현실과 결합하여 주체성론이 빚어낸 역기능으로 무질서하고 무분별한 복고주의 및 국가주의적 풍조로 말미암아 정치·사회·문화현실에 있어서 반시대적, 반역사적 현상을 초래했을 뿐만 아니라, 그 때문에 주체성론이 분단국가의 정당성, 영구불변성, 통치권위의 최고성을 뒷받침하는 데 이바지하는 결과를 가져오는 문제를 지적하기도 했다.[288]

특히 한국적인 것을 강조할 경우 한국적이면 정당화되는 부조리 현상을 낳게 될 우려가 있으며, 획일적 사고로 창의성을 저해하고 외형만의 문화를 형성할 위험을 내포하게 된다고 보기도 했다.[289] 더 나아가 민족문학이나 민족음악 및 민족연극 등 한국적인 것을 지나치게 강요하는 것은 세계성과 동떨어진 국수주의적이고 폐쇄적인 방향으로 흘러갈 우려가 있다고 보았다.[290]

음악의 경우에도 그 지원이 미리 틀을 짜놓고 한국음악을 그 틀에 맞추는 것 같은 느낌을 준다는 비판을 받았다. 예술은 예술인들이 하는 것

---

288) 강만길, 「국사학의 주체성론 문제」, 고려대학교 행동과학연구소 편, 『한국인의 주체성』, 고려대학교 출판부, 1978 ; 장영민, 「박정희 정권의 국사교육 강화정책에 관한 연구」, 앞의 잡지, 478쪽.
289) 「한국적이면 정당화되는 부조리」, 『동아일보』 1973.12.3.
290) 「문예중흥계획의 허실」 하, 『동아일보』 1973.10.26.

이며, 예술인들의 자유재량이 항상 우선되어야 한다는 것이다. 그렇기 때문에 예술에 대한 지원도 그 한계 안에서 실효를 거둘 수 있다고 보았다.[291]

국전의 경우에 있어서도 국전에서 내세우는 '전통문화의 올바른 계승'을 강조하다 보니 신인작가들이 지나치게 이를 의식한 나머지, 그림으로서보다는 관념이 앞선 어설픈 회고취향이 압도적으로 많아졌으며, 독창성과 창의성이 위축되는 현상이 빚어지기도 했다.[292] 그리하여 민족과 국난극복을 지나치게 강조한 나머지 순수문화의 발전이란 견지에서 보면 역기능이 될 수도 있다는 비판도 있었다.[293]

또 한편 박정희 정권은 국난극복의 역사적 문화유적 및 선현유적에 대한 정화사업을 벌여 대중들의 민족주의적 감정을 고양시켜 유신이념을 대중적으로 홍보하고, 유신체제에 대한 대중들의 동의를 이끌어내고자 했다.

제1차 문예중흥 5개년 계획을 추진함으로써 박정희 정권은 전통을 그들의 욕구된 것, 즉 근대화에 맞게 선택하고 구체적인 수준으로 자연스럽게 국민들의 실생활에 전달되도록 만드는 과정을 보였다. 다시 말하면 동 계획은 성립 초기부터 유신체제에 동조하고, 박정희 정권의 정당성을 인정받으려는 동기가 있었던 것이다.

그리하여 국가시책에 충실한 문예중흥계획의 실행 결과 당시 소설 인기작가들이 소설을 하나의 진지한 예술작품으로 보기보다는 상품으로 보는 경향이 짙으며, 젊은 작가들이 좀더 진지하게 예술성, 사상성을 담은 작품을 쓰려 하지 않고 독자들의 현실도피적 성향에 영합하여 상업주의적 대중소설이나 쓰거나, 아니면 현실과 타협하면서 사회개조의 노력

---

291) 같은 신문.
292) 「늘어난 기술적 모방」, 『동아일보』 1975.5.24.
293) 「문예중흥계획의 허실」, 『동아일보』 1973.10.24.

을 외면한 기술자 역할만을 한다는 비판이 일기도 했다.[294]

또한 연극에 있어서도 1970년대에 수많은 희곡 대본들과 공연활동이 정부의 통제정책에 의해 금지되었음에도 불구하고, 이 시기 연극담론들은 이러한 현실을 외면한 채 자기합리화에 급급했다. 근대극 초창기부터 이 시기에 이르기까지 평론가들과 극작가들은 항상 연극 위기론을 외쳐 왔다. 그리고 그 원인으로 수준 높은 창작극의 수가 부족하고, 영화 때문에 관객들이 연극 무대에서 떠나가고 전용극장이 없어 진정한 연극 행위가 어렵고, 재정적 뒷받침이 없기 때문이라고 했지만, 진정한 원인은 연극인들의 투철한 역사의식과 정치의식의 한계에도 있다고 보았다.[295]

더 나아가 문화예술계에서 행해지는 각종 행사에서 이루어지는 세미나 및 심포지움의 내용은 강력한 국가의 정책 방향에 대한 문화계 인사들의 적극적인 동조를 각기 나타내고 있었다. 한 예로 1977년에는 「국가 발전과 문화예술」이라는 제목 아래 "개인의 의식구조 개선으로부터 시작되는 국민정신의 혁신은 국가발전과 복지향상의 절대적인 선행조건으로 보아야 하며 여기에 문화정책의 의미가 있으므로 문화진흥정책은 포괄적인 경제개발 전략의 한 부문을 이루고 있다고 평가되며, 보다 적극적인 의미부여의 충분한 가치가 있다고 생각된다"는 식의 내용이 논의되었다. 이런 점으로 미루어 볼 때 1970년대 문화정책에서 나타나는 의도적 육성의 메커니즘은 국가지원을 기반으로 국가가 제시한 방향성을 테두리로 하는 문화예술계 내부의 반자율적인 참여과정을 통해 이루어지고 있었음을 발견할 수 있다. 다시 말해 정부 지원 대상의 심의와 선정과정 그리고 문화예술인들에 대한 정부의 수혜감(受惠感) 유발과정에서 이미

---

294) 「작가들 현실과 타협하고 있다」, 『동아일보』 1978.8.2.
295) 박명진, 앞의 논문, 8~11쪽.

국가의 정책 목표에 대한 묵시적인 합의와 그 목표달성을 위한 지원을 보장받고 있었던 것이다.[296]

한편 제1차 문예중흥 5개년 계획은 전 분야를 한데 모았다는 점에서, 또한 문화예술진흥위원회의 일원적인 통제와 조정 아래 균형 있게 실시된다는 점에서 긍정적으로 평가되기도 하였으나, 반면에 문예중흥은 학자들의 차분한 연구와 이를 뒤에서 뒷받침하는 형태가 바람직한 것인데 이를 국가가 주도한다는 것은 극히 위험하다는 비판도 있었다.[297]

요컨대 문화 전반의 모든 계발과 진흥방법이 하향식 내지 배급식이라는 것이다. 따라서 문화정책은 정부가 직접 나서서는 안 되고, 정부의 정책 수립자는 어디까지나 그늘에 숨어서 돕는 식이어야 한다는 것이었다. 문화사업이란 정치·사회적 여건이 채워지면 국민운동을 통해 자발적으로 장구한 시일에 걸쳐 성취되는 것인데, 정부가 모든 일을 할 수 있는 것 같은 인상을 주는 것은 좋지 않다는 것이었다. 예를 들어 이미 시설이 갖추어져 있는 각 지방의 문화원이나 문화기관들을 통해 일을 더 잘할 수 있도록 도우며, 그 시설과 기관을 활용하여 많은 국민들이 문화운동에 참여할 수 있는 기회를 만들어 주어야 한다는 것이다. 그리고 민족사관의 정립은 학자들에게 맡기며, 이미 문화중흥의 작업에 착수해 있는 민간단체나 기관을 육성시키는 데 힘을 모아야 한다는 것이다. 국민의 참여가 없는 문화활동은 성과를 얻기 어렵고, 문예중흥은 국민의 창의적인 실력에서만 가능하기 때문이라는 것이다.[298]

296) 같은 논문, 18쪽.

297) 「문예중흥 5개년 계획의 문제점」, 『신동아』, 1973.12, 223쪽 ; 문화공보부 문화국 진흥과, 『제1차 문예중흥 5개년 계획확정』, 국가기록원, 1973.

298) 「문예중흥 5개년 계획의 문제점」, 『신동아』, 1973.12, 223쪽 ; 문화공보부 문화국 진흥과, 『제1차 문예중흥 5개년 계획확정』.

그리하여 국가의 정책적 간섭이나 어떤 개입행위는 그 자체가 비문화적이고 억압적이라는 지적이 있었다. 또한 표현의 자유와 전달의 자유는 모든 국민들의 기본적 권리이므로 인간의 문화행위는 국가의 간섭대상이 될 수 없다고 주장하기도 한다.299) 예를 들어 문학, 미술, 출판 등 고급문화는 제1차 문예중흥 5개년 계획에 기대하지 못했다. 그 이유는 앞서 언급한 바와 같이 투자규모가 작다는 데에 있다기보다는 오히려 민족기록화, 신한국문학전집 등 관 주도형의 문화정책은 자발적이고 자율적인 창조의 리듬을 깨뜨릴 우려가 있으며, 더욱이 국가시책에 따른 문학, 미술의 소재발굴 지원은 예술가의 상상력에 어떤 도식적인 편향 또는 한계를 야기시킬 우려가 있다고 평해졌다. 작가가 창의력 없이 일정한 소재에만 매달리거나 요구당할 때 그 문학은 다분히 도식적이고 공허한 것이 될 것이라고 하면서 문학에 대한 정부의 최대의 지원은 창작의 자유에 있다는 사실을 환기시키고 있었다. 특히 분단의 현실, 경제건설의 명분을 시인한다고 해도 창작 표현의 자유가 거기에 희생되어야 한다는 사실은 예술가들에게 커다란 부담이 되었다.300)

또한 연극의 경우 '왜 좋은 창작극이 안 나오나'라는 주제로 토론의 자리를 마련하기도 했다. 그 자리에 참석한 사람들은 그 이유 중의 하나로 당국의 규제와 검열을 지적하여 주목을 끌기도 했다. 한 참석자는 "현행검열제도하에서는 창작의 자유가 심각하게 제약받고 있기 때문에 좋은 작품이 쓰여지기 어렵게 되어 있다"고 말하는가 하면, 또 한 참석자는 "공연물에 대한 당국의 규제가 극작가들의 창작 행위에 심리적 저해작용을 하고 있다"고 지적했다.301)

영화산업의 경우 역시 정부의 시책에도 불구하고 영화관에 관객이 점

---

299) 백외문, 앞의 논문, 22~23쪽.
300) 「문예중흥계획의 허실」 중, 『동아일보』 1973.10.25.
301) 「왜 좋은 창작극이 안나오나」, 『동아일보』 1977.6.22.

차적으로 줄어들고 있었다. 특히 1976년에는 신정, 구정 때만 해도 예년에 없는 입장객의 기근현상이 나타나기도 했다. 우리 국민이 한 해에 영화관에 가는 횟수는 영화전성기인 1966년에는 평균 5.4회였으나 1975년에는 2.9회로 크게 줄어들었다. 영진공이 최근 조사한 통계에 의하면, 1966년부터 1969년까지 연평균 3.4%이던 관객증가율이 1970~1975년 침체기로 접어들면서 연평균 10.6%의 엄청난 관객감소율을 보여 주었다. 이를 항목별로 보면 서울지역은 전성기에 관객이 8.1% 증가했으나 침체기에는 12.8%가 감소되었다. 개봉관의 경우는 전성기에 4.1%증가했으나 침체기에는 9.8%가 감소한 것으로 나타났다. 특히 국산영화에 대한 관객의 외면은 한결 더했다.[302]

따라서 국산영화의 수준을 향상시키기 위해서는 정부 당국의 적극적인 지원과 제작자들의 성의 있는 제작열의를 가지고 노력해야 하며, 당국의 대폭적인 검열완화를 통한 영화제작을 해야 한다고 강조되기도 했다. 검열제도는 예술인의 표현의 자유를 위축시키기 때문이라는 것이다. 국산영화가 많은 관객들에게 감동을 주지 못하는 것은 우선 진실감이 없기 때문인데, 그 원인은 가령 공직 및 특정직업에 종사하는 인물들의 있을 수 있는 부조리 같은 것도 묘사하지 못하게 하는 것과 같은 검열기준 때문인 경우가 많다는 것이다. 그런 점에서 현재의 시나리오와 필름의 이중검열을 필름 검열만으로 바꾸고, 검열기준도 완화해야 한다고 주장되기도 했다.[303]

특히 영화제작자들도 국산영화란 외국영화의 수입권을 따기 위한 수단에 불과하다는 생각이 지배적이었다. 국내 영화 관객을 만족시키거나 흥행이 잘 되거나 또는 그 반대의 경우가 되거나 하는 데에는 별 신경을

---

302) 「영화관객이 줄어든다」, 『동아일보』 1976.2.14.
303) 「영화정책의 재검토」, 『동아일보』 1978.12.28 ; 「국산영화 아득한 외화벌이」, 『동아일보』 1978.2.4.

쓰지 않고, 당국이 바라는 국책영화, 건전영화 또는 반공영화의 성격을 비슷하게 갖추어 만들면 외화수입권을 얻을 수 있다는 생각에서 일단 투자해 본다는 기업가적 태도가 지배적이었다. 그래서 당시 있는 것은 영화기업뿐이며, 영화예술은 이미 사라졌다는 말들이 있었다.[304] 따라서 영화기업화와 국책대작, 이 두 개의 허망에서 깨어나 당시의 독과점 제작체제를 해체하고 저예산의 예술영화로 방향전환을 서둘러야 한다는 주장이 있었다.[305] 그 결과 영화의 경우도 관 주도보다는 민간영화인들의 창의적인 개발로 한국영화를 발전시키는 것이 보다 효과적이라고 주장되었다.[306]

더 나아가 박정희 정권의 문화정책은 문화정책의 결정과 추진형태에 있어서 국민의 문화수요의 표현과 충족이라는 자율적이고 자생적인 과정을 거치며 발전해가는 자유주의적 형태를 취하거나 국민적 합의과정을 거치지 못하고, 정부 스스로 목표의 설정과 수단의 선택, 집행을 추진해가는 위로부터의 권위주의적이고 일방적인 정책형태를 취해 왔기 때문에 국민들의 문화적 소외감과 거부감을 심화시켜 왔다는 점이 문제점으로 지적되기도 했다.[307]

또한 제1차 문예중흥 5개년 계획은 국가의 간섭과 통제로 말미암아 민중이 배제되고 실질적 민주주의가 부정되는 결과를 낳게 되었다는 견해도 있었다.[308] 이런 관점에서 문예중흥에 관한 정부의 적극적인 통제 역

---

304) 「영화기업은 있어도 영화예술은 없다」, 『동아일보』 1976.7.30 ; 1976년도 상반기 국책영화 제작현황은 총 18편 중에서 새마을 소재가 3편, 전쟁 반공물이 5편, 멜로 반공물이 3편, 기타가 1편으로 나타나고 있다. 한국문화예술진흥원, 『1976년도판 문예년감』, 한국문화예술진흥원, 1977, 524쪽.

305) 「문제안은 국책」, 『동아일보』 1976.12.10.

306) 「문예중흥계획의 허실」 하, 『동아일보』 1973.10.26.

307) 『문화예술총서 – 문화정책』 10, 한국문화예술진흥원, 1988, 14쪽.

308) 조현수, 앞의 논문.

할은 다시 검토되어야 한다고 주장되었으며,[309] 무엇보다도 가장 중요한 것은 문화창조의 주체인 문화예술인이 안심하고 창조적인 활동에 전념할 수 있도록 사회환경을 조성해 주어야 한다고 보았다.[310]

마지막으로 문화사업의 내용에 있어서 남북의 문화적 괴리를 올바로 인식하고 민족적 문화정통성을 재확인하는 일에 주력해야 했지만 이렇다 할 성과가 나타나지 못했다. 그러나 미흡하나마 당시 냉전체제를 극복하고 통일에 대한 의지를 보여 남북적십자회담에 관한 영화제작, 공산국가와의 우편물 및 인적 교류가 이루어지기도 했다. 또한 삼국통일의 과업을 계승하여 통일전을 건립하거나 월북작가들의 작품을 해제하는 조치 등이 나타나고 있었다. 이러한 노력은 1970년대 이루어진 남북적십자회담 및 7·4남북공동성명의 발표, 남북조절위원회 활동 및 유엔동시가입안 수락 촉구, 남북상호불가침협정 체결 제의, 남북경제교류 제의 등의 평화적인 통일운동과 함께 사회문화면에서의 남북통일 의지를 나타내준 것이라 할 수 있다. 그리고 이러한 정부의 움직임에 따라 국내 언론기관들에 의한 이산가족찾기운동이 전개되기도 했다.

이러한 움직임은 6·25전쟁 이후 처음으로 남북한간의 대화가 개시되고, 그동안 냉전체제 속에서 대화 없는 대결시대로부터 대화 있는 대결시대로 전환하게 된 것을 의미했다. 따라서 이는 남북한 국민들에게 통일에 대한 기대를 주기도 했지만 그 기대는 오래가지 못했다. 박정희 정권의 통일정책 역시 대내적으로는 민간 차원의 통일논의 금지와 관변 통일론으로 일관했으며, 끝내 남북한간의 교류 협력으로 발전되지 못했다.

---

309) 「문예중흥의 기본방향」, 『동서문화』 2권 10호, 1971.12, 22~23쪽 ; 문화공보부, 『제1차 문예중흥 5개년 계획평가』.

310) 「문예중흥의 기본방향」, 『동서문화』 2권 10호, 22~23쪽 ; 문화공보부, 『제1차 문예중흥 5개년 계획평가』.

특히 남한 사회에서는 정부가 통일문제를 정치적으로 이용한다는 국민적 비판과 대정부 불신 풍조가 팽배하게 되었다.[311]

이상과 같은 역사적 의미와 문제점을 내포하고 있었던 제1차 문예중흥 5개년 계획은 구체적으로 방송이나 가요계 및 영화계에 대한 문화통제에 그대로 반영되어 실천에 옮겨지게 되었다.

---

[311] 최의철·신현기, 『남북한 통일정책과 교류협력』, 백산문화, 2001, 97쪽 ; 신영석, 『역대 정권의 통일정책 변천사』, 평화문제연구소, 2008, 110~111쪽.

제3장

유신체제기 대중문화통제

1. 대중문화의 발달

1970년대는 노동운동과 민주화운동이 성장하면서 국가주도의 근대화에 대한 저항이 나타나기 시작했다. 1972년 10월 유신체제로의 이행은 이러한 저항을 억누르고 위기를 봉합하기 위한 것이었다. 1974년부터 발동된 9개의 긴급조치는 유신정권의 사회통제의 특징을 잘 드러낸다. 입법·사법·행정 등 모든 국가기구의 정상적인 권력행사를 초월하는 긴급조치들은 정치·경제·사회·문화의 포괄적인 영역에 걸친 강력한 사회통제 수단이었다.[1]

그러나 한편으로 1970년대 한국사회는 산업화의 진전과 더불어 대중문화의 폭발적인 성장을 경험하게 되었다. 대중소설의 등장 및 출판문화의 양적 성장으로 인한 문화예술의 대중화, 대중적인 상업극단이 등장하고 공연의 수 및 관객수가 동시에 증가하면서 연극문화의 대중화가 이루어졌다. 특히 TV 보급률이 급격하게 증가하면서 TV와 라디오를 비롯한 전파매체는 문화의 대중화 현상을 주도했다.[2]

---

[1] 박지연, 「영화법 제정에서 제4차 개정기까지의 영화정책(1961~1984)」, 김동호 외, 『한국영화정책사』, 나남출판, 2005, 217쪽.
[2] 같은 논문, 218쪽.

그리하여 1970년대는 TV가 라디오를 밀어내고 방송의 중추로 성장했던 시기였다. 1966년만 해도 4만 3,000대(등록대수 기준)에 머물러 있었던 TV는 1967년에는 전년도 대비 67.6%의 획기적인 성장을 시작으로 가파른 성장곡선을 걷게 되었다.[3] 즉 국민소득 증대 및 라디오·TV 수신기의 국산화로 보급률이 급상승하여 TV 수상기가 1973년 128만 대가량이던 것이 1979년에는 580만 대를 돌파(도시 보급률 88.5%, 농촌 보급률 67%)했고, 라디오는 1979년 당시 1,200만 대가량으로 거의 집집마다 소유하게 되었다. TV 수상기의 급증은 당연히 KBS 시청료 수입의 증가와 결부되었고, 산업화의 진전으로 광고시장 또한 크게 성장하여 상업방송의 광고수입도 비례적으로 커졌다. 1975년에 들어서면서 연간 TV 광고비가 148억 원에 달해 115억 원의 수입을 올린 신문을 앞지르게 되었다. 이렇듯 1970년대의 방송산업은 강력한 정치적 통제하에서도 계속적인 확장과 안정을 이루어 나갔다. 특히 이 시기에 일어난 방송의 복합 기업화는 방송이 점차 대기업으로 변모하고 있다는 것을 보여 주었다.[4]

그리하여 1970년대에는 방송이 한국 대중문화 형성에 주도적 역할을 하게 된 시기이기도 했다. 1970년대 전 세계적으로 유행한 히피풍 패션이나 핫팬츠·미니스커트 같은 노출형 패션들은 TV쇼 무대를 통해서 전국적으로 빠르게 확산되어 나갔다. 대중문화에 대한 TV의 영향력은 그야말로 막강한 것이었다.[5]

경제성장에 따른 광고시장의 비약적 발전에 힘입어 방송사의 수입은 날로 증대되었는데, 이러한 광고수입을 놓고 방송사간의 상업적 경쟁은 매우 치열한 양상으로 전개되었다. 1970년대 초반에 3개 방송사는 시청률 경쟁을 위해 일일연속극이라는 새로운 포맷의 프로그램을 경쟁적으

3) 조항제, 『한국방송의 역사와 전망』, 한울아카데미, 2003, 172쪽.
4) 최창봉·강현두, 『우리 방송 100년』, 현암사, 2001, 202~203쪽.
5) 같은 책, 206쪽.

로 내보내면서 텔레비전 드라마의 전성시대를 열었다. 1974년의 경우 인기 있는 연속극은 매일 밤 주 시청 시간대에만 4편 정도가 나갔고, 그중 몇 편은 아침에 재방송까지 되면서, 3개 채널에서 하루에 15편 안팎의 드라마가 방영될 만큼 드라마의 홍수양상이 이어졌다. 그러자 정부는 이에 대한 규제에 들어갔다. 1976년 이후 문공부의 시간대별 편성지침에 따라 연속극 편성이 축소되어 드라마 방송이 줄어들었고, 대신 교양프로그램이 늘어나 양적으로 40% 가까이 차지했다. 또한 정책성 대형 드라마가 생겨났고, 다큐멘터리의 제작도 늘어났다. 그러나 이러한 시기에도 시청률 경쟁은 식지 않아서 3개 방송사의 상업적 편성 경향은 변하지 않고 지속되었다.6)

한편 6·25전쟁 이후 베이비 붐 세대들이 1970년대에 이르러 영 파워를 형성하면서 청년문화가 탄생했고, 그들 나름대로 독특한 문화를 나타냈다. 그 예로 젊음을 표상하는 것으로 통기타, 청바지, 생맥주 등 세 가지는 일반 기성세대들의 생각을 뛰어넘는 그들만의 문화라고 할 수 있었다.7) "기타를 연주할 줄 모르면 간첩"이라는 유행어까지 생겼으며,8) 도시의 음악 학원마다 기타 교습생으로 넘쳤고, 거리엔 청바지가 젊은이들의 패션을 리드했다. 크고 두꺼운 생맥주 유리잔은 마주하는 것만으로도 투박한 멋 그것이었다. 1천여 평이 넘는 명동 코스모스 홀에는 매일 저녁만 되면 통기타를 든 젊은 팝가수들이 무대에서 기타를 치며 노래를 부르고, 젊은 남녀들로 꽉 메워진 테이블에서는 맥주 컵이 기울어지며 함성이 터졌다. 특히 음악인과 영화인이 교류되는 충무로는 그 같은 세

---

6) 같은 책, 201쪽.
7) 이영미, 「한국 남성 헤어스타일 변천에 관한 연구」, 동덕여자대학교 패션전문대학원 패션학과 석사학위논문, 2004, 97쪽.
8) 박찬호, 『한국가요사』 2, 미지북스, 2009, 542쪽.

가지가 뭉쳐진 곳이어서 이른바 청년문화의 메카가 되었다.[9]

또한 1964년 미국의 베트남 전쟁 개입에 따라 반전운동과 반항의 물결
이 거세지고, 실존주의적 가치와 허무주의를 기초로 한 중산층 지식계
급·예술가들을 중심으로 한 문화적 반항집단인 히피가 등장했다. 이들
은 현실회피의 환각적 느낌의 사이키델릭 음악과 술, 댄스에 몰두했다.
미국을 정점으로 1960년대 말부터 태동한 이들의 문화는 새로운 헤어스
타일의 원동력이었고, 저항적 행위로 반유행의 헤어스타일을 이용했다.
저항성의 상징으로 머리를 기르고, 반전운동에 대한 상징으로 꽃을 이용
한 머리장식을 했으며, 자유분방하게 헝클어진 머리를 통해 현실을 도피
하고 이상세계를 경험하고자 했다. 자연회귀 본능과 하위문화에 대한 관
심으로 인디언 풍의 가죽 끈을 사용하기도 했다. 이런 히피의 영향으로
덥수룩한 수염, 자연과 자유를 상징하는 긴 머리 스타일이 유행했다.[10]

이에 따라 우리나라에서도 청년문화가 생기고, 장발이 큰 인기를 끌었
다. 단정하게 가다듬고 포마드를 발라 빗어 넘긴 헤어스타일은 기성세대
의 상징이 되었고, 빗지 않고 다듬지 않아 바람에 휘날리는 머리카락이
젊고 발랄하며 생동하는 새 세대의 상징이 되었다. 이는 억압된 자유를
갈구하는 1970년대의 상징이었다.[11]

1973년 6월 16일에 언론인 출신의 문공부 장관 윤주영은 "방송이 저속
한 외래풍조를 무분별하게 받아들여, 내용의 저속화는 물론 퇴폐풍조를
확산하고 있다"라고 질책했다. 당시 장발의 대학생이 대체로 반정부 시
위에 참여하는 경우가 많았고, 그 결과 장발은 일종의 문화적 저항행위
로 인식되었다. 따라서 당시의 장발단속은 단순한 풍속순화의 문제를 넘

9) 김지평, 『한국가요정신사』, 아름출판사, 2000, 184쪽 ; 김미경, 『한국현대미술자료약
사(1960~1979)』, ICAS, 2003, 82·67쪽.
10) 이영미, 앞의 논문, 99쪽.
11) 같은 논문, 100쪽.

어서 저항행위에 대한 정치적 통제의 성격을 띠고 있었다.[12]

한편 1970년대에는 포크송이 유행했다. 그 원형은 밥 딜런(Bob Dylan), 우디거스리(Woody Gu thley), 피트시거(Pete Seeger) 등에 의한 미국 민요의 재현운동에서 찾을 수 있었다. 그들은 민중들 속에 구전되어 온 민요를 자신의 스타일로 재현하여 좋은 반응을 얻었다. 그것이 1960년대 월남전으로 인한 반전운동, 흑인 민권운동, 진보적 학생운동 등에 연계 확산되면서 차츰 저항적인 요소를 내포한 튀는 문화로 되어 갔다.[13]

1960년대 미국의 히피문화, 포크송이 반전운동과 사회운동을 주도했던 것과 대조적으로 한국의 1970년대 포크송은 정치적 주제를 노랫말에 표면적으로 나타내지 않았다. 그러나 비록 한국의 포크 음악이 서구의 정치적 성격을 발현하지 못하고 스타일과 양식만 받아들였다는 비판을 받기도 하지만, 이전과는 다른 노랫말과 창법으로 청년의 대안적 문화와 저항을 담보하고 있었다.[14]

1970년을 전후해서 나타난 이 포크송 흐름은 애당초 한대수, 김민기, 송창식, 이장희로 지칭되던 남자 빅포와 은희, 박인희, 이연실, 양희은으로 지칭되던 여자 빅포가 흐름을 주도했다. 1970년에는 「하얀손수건」의 트윈 폴리오, 「동물농장」의 세그린, 1971년에는 「사랑해」의 라나에로스포, 「세월이 가면」의 뚜아에 무아, 「벽오동」을 부른 투코리언스, 「꽃반지 끼고」의 은희, 「아침 이슬」의 양희은, 1972년에는 「행복의 나라로」의 한대수, 「작은배」의 조동진, 「모닥불」의 박인희, 「세노야」의 양희은 등이 노도처럼 밀려들면서 포크송 시대를 열어 갔다. 1973년에는 「토요일 밤에」의 김세환, 「그 얼굴에 햇살을」의 이용복, 1974년에는 「불꺼진 창」의 조

---

12) 조희연, 『박정희와 개발독재시대』, 역사비평사, 2007, 175~176쪽.
13) 김지평, 앞의 책, 184쪽.
14) 윤선희 · 김영한, 「1970년대 대중문화와 여성의 재현」, 한국방송학회, 『한국방송학보』 19권 3호, 2005.9, 146쪽.

영남, 「이름 모를 소녀」의 김정호, 「하얀 조가비」의 박인희, 「그건 너」, 「나 그대에게 모두 드리리」의 이장희, 「먼 훗날」, 「밤배」의 둘다섯, 「뚜야의 편지」의 김유정, 「미련」의 장현, 「섬소년」의 이정선, 「편지」의 어니언스, 「아름다운 사람」의 현경과 영애 등이 크게 활약했다. 1975년에는 「눈이 큰 아이」의 버들피리, 「너」의 이종용, 「하얀 나비」의 김정호, 「길가에 앉아서」의 김세환, 「날이 갈수록」의 송창식, 「등불」의 사월과 오월 등이 돋보였고, 1976년에는 「나는 못난이」의 딕훼밀리, 「그리운 사람은」의 이필원, 「내 마음 갈 곳을 잃어」의 최백호, 「다락방」의 논두렁 밭두렁, 「목화밭」의 하사와 병장 등이 맹렬히 활약했다.[15]

이러한 1970년대 청년문화는 젊은이들의 의식을 자극하여 유행처럼 번져나갔다. 이런 시대 상황에서 「별들의 고향」이 등장했다. 기존의 청춘영화나 멜로 영화와는 다른 신선한 감각이 뭔가 새로움을 갈구하던 젊은이들의 욕구와 맞아 떨어졌다. 1970년대 대중문학을 선도한 최인호의 번득이는 감각과 예리한 통찰력, 젊은 감독 이장호의 역동적인 힘과 새로움, 청년문화를 리드한 이장희·강근식 등 20대 청년들이 작은 반란을 일으켰다.[16]

한편 1970년대에 나타난 특징적인 것으로는 일련의 문화운동이다. 이 중에서도 특히 대학생들에 의한 야학운동, 양서출판운동 및 민속극 운동(탈춤·마당굿)이 대표적이었다. 해방 이후 오늘에 이르기까지 일제 식민지 문화의 잔재를 청산하지 못했을 뿐만 아니라, 미국문화의 이입은 외국문화의 개방에 의한 민족문화의 개발보다는 차라리 '문화적 식민주의'가 새로운 차원에서 전개되는 것으로 대학생에게는 인식되었다.[17]

---

15) 김지평, 앞의 책, 185~186쪽.

16) 김종원·정중헌, 『우리 영화 100년』, 현암사, 2001, 333~334쪽.

17) 김진균, 「한국의 교육문화에 대한 사회학적 접근」, 『한국사회변동연구』 1, 민중사, 1984, 222쪽.

1970년대의 대학생 문화운동은 여러 가지 형태가 있었다. 예컨대 민속음악의 보급과 창조적 계승을 위해 이바지한다는 민속학회 '시나위'(1979년 창단)와 대학판소리연구회 등 젊은 국악계의 새로운 움직임, 오도된 대학가요를 불식하고 오늘의 민요를 찾아나선 '메아리'(1977년 창단), '한소리'(1978년 창립), '빛바람' 등의 젊은이의 노래 모임, 그리고 현실에 대해 조형 언어로 발언함으로써 삶의 진실성을 구상화하고 있는 '현실과 발언'(1979년 창립) 등이 있었다.[18]

특히 민속극 부흥운동은 1970년 서울대학교에서 학생 연희자에 의해 봉산탈춤이 마당에서 공연된 후로 서울대 · 부산대 · 이화여대 · 연대 · 서강대 · 중앙대 · 한양대 등 차례로 민속극 관계 모임이 결성되면서 본격화되었다. 대학생들은 민족문화의 재창조와 민속문화의 대중화라는 두 가지 명제를 걸고 그것을 탈춤이나 농악의 놀이판에서 풀어가고자 했다. 대학 탈춤은 민족과 민중을 민속문화 속에서 통합하고, 민중적 민족의식에 대한 젊은이다운 열정을 놀이판에서 분출시키는 것이었다. 젊은 세대는 탈춤이나 농악을 접하면서 우리 것에 대한 새삼스러운 충격과 놀라움을 가지게 되고, 외세적인 것에 대항하는 민족주체의식은 민족예술에 대한 뜨거운 열정과 만나게 되어 관념화된 보편주의로부터 원초적인 문화의식으로 되돌아와서, 탈춤을 추는 일 자체에 현실적이고 객관적인 시선을 갖게 되었다. 그리하여 원형의 전수나 보급을 넘어서서 창조적인 실험정신을 가지고 주체적인 연극을 지향하고자 하는 움직임이 대두되어, 민속극의 재창조가 '마당극'이라는 새로운 형태로 나타나게 되었다. 마당극이란 바로 사회 각 계층의 생산과 삶의 투쟁을 두루 포함하여 일하는 것과 노는 것을 일치시켜 표현매체의 공유화를 통해 삶의 집합화를 이룸으로써 생산물과 생산구조의 반영물인 문화를 서로 나누어 가지며, 몸으

---

18) 같은 논문, 223쪽.

로써 새로운 미적 유토피아를 현실적으로 실현하는 것이었다.[19]

또한 대학가에 외국문화의 유입에 대한 저항으로 우리 문화 뿌리찾기 운동이 번지면서 '창작춤'이란 개념과 형식이 태동되었다. 사실 당시 무용계에서는 이 용어에 대한 정의조차 내릴 수 없는 상황이었지만, 1970년대의 사회구조가 유신체제와 경제성장제일주의로 특징지워지면서 문화예술계에서는 대중의 힘겨운 정신적 삶에 비록 형식은 달라도 동참하고자 하는 경향이 농후해졌던 것이다. 그 예로 1970년대 중반 이후 민주화운동의 과정에서 태동한 탈춤이나 마당극은 대표적인 민중문화로서 굿, 농악, 민요 등의 전통적 요소와 연극, 노래 등을 결합하여 노동 및 농촌현장에서 현장극, 상황극 등의 다양한 형태로 의식화와 투쟁의 중요한 수단으로 자리 잡았다. 이는 본격적인 의미의 대중을 중심으로 한 예술문화가 등장하는 계기가 되었다.[20]

따라서 이 시기 새로운 대항문화의 중심축으로 꼽을 수 있는 마당극 운동 내에서도 새로운 역사의 발견과 형상화는 대단히 중요한 문제였다. 1970년대 이후 마당극의 주제는 대략 다섯 가지로 나누고 있다. 첫째, 민족문제, 둘째, 농촌문제, 셋째, 근로자 및 도시빈민 문제, 넷째, 시사문제, 다섯째, 역사적 사실의 재해석 문제였다. 특히 이 시기 마당극의 주요 역사적 소재는 각종 민란, 동학란, 의병활동 등으로 기층 민중의 봉기 및 무력활동을 주고 다루고 있음을 알 수 있다. 이는 지배자 중심의 역사관에서 벗어나 민중을 역사적 주체로 세워가는 민중사적 관점의 확립에 주요한 목표를 두고 있었다고 할 것이다. 역사의 발견과 재해석은 언제나 존재하는 것이지만, 특히 민란이나 민중봉기에 주력했던 것은 박정희 정권이 민족 정서의 동원을 위해 채택한 국난의 역사전략에 대한 대항적

---

19) 같은 논문, 223~224쪽.
20) 김운미, 「1970년대 남북한 무용교육에 대한 연구」, 『한국체육학회지』 42권 4호, 한국체육학회, 2003, 542쪽.

목적에 의거하고 있었기 때문이라 할 것이다. 마당극에서 다루는 역사를 통해 민족적 위기란 다름 아닌 부패한 지배권력 그 자체이며, 이것을 바로 세울 수 있는 것은 민중뿐이라는 소명의식이 이 시기 마당극의 역사 소재의 중심에 자리하고 있었다.[21]

또한 마당극의 대표적인 작품이었던 「진동아굿」은 동아자유언론수호 투쟁위원회 결성의 계기가 된 이른바 동아일보 사태를 다룬 작품이었다. 자유언론수호를 주창하던 기자들이 축출되면서 동아일보가 권력의 시녀로 전락해버린 그 시점에 진짜 동아일보의 회생을 기원하는 한판의 굿을 벌인 것이다. 동아일보 사태의 진실을 드러내어 밝혀 고발하고, 진짜 동아일보의 회생을 가능하게 하는 동력을 민중의 힘에서 찾고 있다는 점에서 「진동아굿」은 리얼리즘극의 자세를 견지한 작품이라 하겠다.[22]

이러한 청년문화와 문화운동의 발달은 유신체제하 1970년대 제1차 문예중흥 5개년 계획을 전후로 한 국가적 문화통제 정책하에서도 민중들의 자주적이고 주체적인 문화적 욕구와 저항의식의 분출을 반영한 것이라 할 수 있었다. 따라서 박정희 정권은 대중문화에 대한 보다 적극적인 개입과 통제를 다음과 같이 했던 것이다.

---

[21] 윤진현, 「1970년대 역사 소재극에 나타난 담론투쟁 양상」, 앞의 잡지 ; 윤진현, 「1970년대 국립극단 역사 소재극 연구」, 『민족문학사연구』 31, 민족문학사학회·민족문학사연구소, 2006, 40쪽.
[22] 김재석, 「진동아굿과 마당극의 공유정신」, 『민족문학사연구』 26, 민족문학사학회·민족문학사연구소, 2004, 107쪽.

2. 대중문화통제

1) 방송에 대한 통제

위와 같이 주체적이고 저항적인 대중문화가 발달함에 따라 국가통제
가 강화되었다. 방송윤리위원회 책임자들의 글을 보면 "어떤 의미에서
사실보도는 한계를 지닌다고 할 수 있다. 이를테면 국가 사회질서를 어
지럽히거나 발전에 저해요인이 되는 보도는 피해야 하며, 또한 경우에
따라서 사회의 부정적인 요소는 의도적으로 은폐해야 하고, 이와 반대로
밝은 면은 강조·부각시켜줌으로써 사회를 긍정적으로 이끌어주어야 하
는 것"이라고 주장하거나, "지금과 같이 국민의 총화와 안보의 문제가 시
급한 때에는 새로운 가치관과 정신력 고양의 역할을 수행할 수 있는 사
회적 기능이 그 어떤 다른 기능보다 우선해야 한다"라고 주장한 것에서
찾을 수 있다.[23)]

특히 1973년 2월 16일 박정희 정권은 비상국무회의를 통해 방송법과
한국방송공사법을 재개정했다. 방송법은 언론법의 한 분야로서 국가의

---

23) 조항제, 앞의 책, 178~179쪽.

사형성의 기본이 되는 여론형성에 관한 법체제를 의미하고, 헌법의 중요한 구성부분을 이룬다. 따라서 방송법은 정치적인 법으로서의 성격이 농후하고 우리 방송법제의 변천 역시 우리 정치사의 전개와 밀접한 관계를 맺고 있었다. 일제시대를 거쳐 건국 후 대한민국의 방송제도는 국영독점체제로 출발했다. 해방 후 새로운 국가체제의 정비에 국민적 관심이 경주되고, 이념적 혼란 속에서 방송제도는 충분한 검토의 계기를 갖지 못한 채 미군정이 도입한 국영방송제를 방송체제의 근간으로 삼게 되었다. 제1공화국의 권위주의 정권이 방송의 정권적 이용을 충분히 누릴 수 있었던 것도 이 국영방송체제에 의한 것이었다. 그러다가 제2공화국이 전파개방정책을 취한 이래 제3공화국에 이르기까지 한국에는 다수의 민영방송이 설립되어 이른바 국·민영방송이 병존 경쟁하는 체제로 발전하게 되었다. 이 시기의 방송은 국영독점에서 벗어나 다수의 민영방송이 병존경쟁하게 되었다는 점에서 언론의 다양성을 위해서는 큰 진전이었다고 할 수 있었다. 그러나 민영방송에 대한 국가의 간섭과 조종은 불식되지 못했다. 그런 의미에서 국·민영병존체제는 외형상의 변화에 불과했다.[24]

이러한 국·민영병존의 방송체제가 이른바 유신을 단행하여 극도의 기본권 제약을 시도한 제4공화국에서 공·민영 병존체제로 전환했던 것은 역사의 아이러니가 아닐 수 없었다. 외관상만으로도 후진성을 보여주었던 국영 KBS가 공영의 형식을 취했으나 그것은 외관적 장식의 치장에 불과했을 뿐, 제4공화국하의 공영방송이나 민영방송은 모두 국가의 철저한 지도 조종하에 있었으므로 그러한 의미에서 유신체제기 제4공화국의 방송은 실질적인 국영방송이었다.[25]

---

[24] 박용상, 「한국방송법제사」, 『법조』 39권 5호, 법조협회, 1990, 5쪽.
[25] 같은 논문, 5쪽.

특히 유신체제기 방송법을 개정하게 된 이유는 방송의 공공성을 제고하고 방송내용을 자율적으로 정화함으로써 방송문화의 건전한 발전을 도모한다는 데 있었다. 개정의 주요 내용은 다음과 같았다.[26]

1. 방송윤리위원회를 설치하도록 한다.
2. 방송국은 방송윤리위원회의 심의결정 사항을 준수하도록 의무화한다.
3. 각 방송국에 심의실을 설치하여 자체 방송프로에 대한 사전심의 기능을 갖도록 한다.
4. 광고방송의 시간과 회수를 규제하도록 한다.

방송윤리위원회는 방송의 공공성과 질서 및 품위를 자율적으로 유지한다는 명목으로 설치되었다. 동 위원회는 위원장 1인, 부위원장 1인을 포함한 9인 이상 15인 이내의 윤리위원으로 구성되었다. 위원장과 부위원장은 윤리위원 중에서 선출하되, 한국방송공사 및 민영방송국을 대표하는 자가 아닌 윤리위원이어야 한다. 윤리위원은 다음 각호의 구분에 따라 국내외 모든 방송국의 장을 회원으로 하는 방송윤리회원총회에서 선출했다.[27]

1. 한국방송공사를 대표하는 자 1인
2. 민영방송국을 대표하는 자 1인
3. 교육, 종교, 문화 등 각계를 대표하는 자 7인 이상 13인 이내

동 위원회는 회원총회의 의결을 거쳐 방송윤리에 관한 규정을 제정,

---

26) 법제처장,『방송법 중 개정법률안』, 국가기록원, 1973.
27) 같은 책.

공포해야 했다. 윤리규정에는 다음 각호의 사항이 포함되었다.[28]

    1. 인권존중에 관한 사항
    2. 보도 논평의 공정성 보장에 관한 사항
    3. 민족의 주체성 함양에 관한 사항
    4. 민족문화의 창조적 개발에 관한 사항
    5. 아동 및 청소년의 선도에 관한 사항
    6. 가정생활의 순결에 관한 사항
    7. 공중도덕과 사회윤리의 신장에 관한 사항

특히 방송윤리위원회의 권한을 강화하여 관계자에게 사과·정정·해명·취소 등을 명할 권한과 관계자의 출연정지, 집필정지 또는 징계를 요구할 권한이 부여되었다. 또한 문공부 장관의 권한으로서 방송윤리규정의 제정·개정 및 방송윤리위원회 선임에 대한 승인권과 방송윤리위원회의 제재를 위반한 방송국에 대하여 전파관리법상 방송국 재허가 유보요구권이 신설되었다. 그밖에 방송국의 내부심의를 강화하는 조치로서 심의실에 의한 사전심의를 의무화하고, 광고방송의 시간과 회수에 대한 규제의 조치가 마련되었다.[29]

개정된 방송법은 '유신방송법'이라 불러도 좋을 만큼 방송의 자율성을 억압했다. 국민정신이나 미풍양속, 사회질서를 해칠 우려가 있는 것, 음악에서도 광란적 리듬이나 선율이 담긴 것, 또는 노출을 일삼는 쇼, 저속한 언행이나 부도덕한 내용, 퇴폐적이며 비판적·비능률적인 요소가 담긴 프로그램, 청소년에게 해악이 될 우려가 있는 소재 등은 법적 규제대상이 되었으며, 그 판단기준도 자의적이었다.[30]

---

28) 같은 책.
29) 박용상, 앞의 논문, 28쪽.

이처럼 개정된 방송법의 주요 내용은 우선 이념적 측면에서 방송의 공익적 성격을 부각시키면서 교양방송의 비율을 상향 조정했다. 그리고 방송윤리위원회를 법제화하고, 방송 내부의 사전심의를 의무화함으로써 프로그램 통제를 강화했다. 또한 광고방송의 횟수 및 시간을 법제화하여 민영방송의 재원 운용에 질서를 부과하려 했다. 이 모두는 TV의 내용에 대한 공익적 규제를 강화하려는 목적을 가진 것이었다. 여기서 공익은 사실상의 유신체제 유지에 있었던 것이다.[31]

즉 유신이라는 초헌법적 통치 아래서 방송에 대한 국가 통제가 전반적으로 강화되었다. 그것은 KBS는 물론 민영방송사에 대해서도 마찬가지였다. 이 시기의 민영방송사들은 철저한 국가의 관리와 규제체제 아래 있었다. 이러한 성격은 특히 방송 내용에 대한 규제에서 명확히 드러나고 있었다. 이전 시기와는 달리 방송 내용에 대해 국가는 규제를 체계화했다. 방송심의기구 등의 체계인 규제기구를 통해서 편성이나 프로그램에 대한 법외적 개입도 정당화되었다.[32]

1973년 12월 3일부터 석유파동을 이유로 방송사들의 아침 방송이 전면 중단되었다. 그와 더불어 격화되는 시청률 경쟁과 자유언론 실천운동이 빌미가 되어 프로그램의 저질화를 막기 위한 조처라는 이름 아래 정부의 방송 간섭과 통제가 계속되었다.[33] 예를 들어 코메디는 본질적으로 유머와 건전한 오락성을 겸비함으로써 부담 없는 웃음을 유발시켜 생활의 피로를 씻게 하는 것이다. 그러나 당시 방송가를 휩쓸고 있는 코메디들은 대부분 위트와 유머가 담긴 것이 아니라 공허한 내용에다 코메디언의 연기력에만 의존함으로써 억지웃음만을 강요하고 있다고 방송윤리위원회

---

30) 강준만, 『한국대중매체사』, 인물과 사상사, 2007, 498쪽.
31) 조항제, 앞의 책, 266쪽.
32) 최창봉 · 강현두, 앞의 책, 200~201쪽.
33) 같은 책, 208쪽.

의 코메디프로 조사분석 결과는 지적했다. 즉 순간적인 오락성만을 추구하고 있어 결과적으로 교육 윤리 면에서 중대한 유해독소로 작용하고 있다는 것이었다.[34]

더 나아가 박정희 정권의 폭압에 짓눌려 언론이 제 기능을 전혀 하지 못하고 있을 때 동아일보를 중심으로 '자유언론실천선언운동'이 전개되자 동아일보 및 동아방송에 대한 광고탄압이 중앙정보부에 의해 획책되었다. 이는 1974년 12월 중순께 중앙정보부의 지시에 따라 행정부의 관련 부처 당국자들이 각 부처 소관별로 영향력을 미칠 수 있는 각 기업체 책임자들을 불러 동아일보 및 동아방송에 광고를 내지 말도록 압력을 넣음으로써 시작됐다. 이러한 압력에 따라 1974년 12월 16일부터 고정대광고주였던 기업들과 보험, 은행, 병원들의 광고담당간부나 담당직원들이 소속사의 사장 지시라면서 광고계약을 취소하거나 동판을 회수해가기 시작했다.[35]

상업방송에 있어서의 광고는 고기와 물의 관계에 비유할 수 있다. 공공성에 입각한 건전한 상업방송은 자본주의하에서 광고의 자유를 바탕으로 기업을 성실하게 유지할 수 있는 것이며, 공공의 이익에 부응하는 우수한 프로그램을 제작할 수 있는 것이다. 고기가 물 없이 살 수 없는 것 이상으로 광고 없는 상업방송은 상상할 수 없는 일이다. 그런데 동아방송이나 동아일보는 광고 없는 방송 및 보도를 계속 내보내고 있었다. 일찍이 한국방송사상 유례를 찾아볼 수 없고, 세계 방송사에서조차 전례가 없었던 이러한 사태는 자본주의 체제 아래 기업의 자유를 바탕으로 한 방송의 자유와 자주성에 대한 정면 도전이며, 공공성과 공익성을 추구하는 방송의 존립이 위난에 빠져 있음을 증명해주는 특례로서 주목되

---

34) 「그 나물에 그 밥의 재미 부재」, 『동아일보』 1974.1.17.
35) 「동아광고 전면탄압 한달째」, 『동아일보』 1975.1.25 ; 강준만, 『한국대중매체사』, 508~509쪽.

었다. 광고학계의 한 학자는 우리나라의 기업이 지나치게 정부주도형이기 때문에 이러한 사태가 발생했다며, 이에 따른 광고계의 취약성을 지적했는데, 언론과 방송의 자유와 함께 광고의 자유 또한 절실히 필요한 단계라고 말했다. 방송계와 광고계는 미증유의 이러한 상황에 대해 놀라움을 금치 못하고, 방송의 건전한 발전을 위해서 이러한 상황은 당장 배제되어야 한다는 데 의견을 모았다.[36]

특히 1975년 5월 13일 박정희 정권은 유신헌법의 부정, 반대, 왜곡, 비방, 개정 및 폐기의 주장이나 청원, 선동 또는 이를 보도하는 행위를 일절 금지하고, 위반자는 영장 없이 체포한다는 내용의 긴급조치 9호를 선포했다. 또한 1975년 5월 23일 「방송정화실천요강」을 발표했는데, 연예오락부문의 「실천요강」과 「방송금지사항」을 다음과 같이 규정했다.[37]

「실천요강」
① 연예오락방송은 사회기풍을 바로잡고, 국민정서순화를 위한 건전한 내용이 되도록 한다.
② 음악프로그램은 퇴폐적이거나 허무적인 것을 배제하고, 밝고 아름다운 것을 적극 반영하며, 세트·의상·연출 등 모든 분야에 있어서 선정적이거나 사치의 낭비적인 요소를 추방하여 희망적이고 건전한 생활풍토 조성에 기여한다.

「방송금지사항」
① 국론을 분열케 하거나 사회의 공공질서를 문란케 하는 내용
⑤ 불건전한 남녀관계와 선정적 묘사로 미풍양속을 해치거나 퇴폐풍조를 조장하는 내용
⑦ 국민의 생활윤리를 해치거나 청소년 선도를 그릇되게 하는 내용

36) 「광고탄압 헤쳐가는 DBS」, 『동아일보』 1975.1.11.
37) 문옥배, 『한국금지곡의 사회사』, 예솔, 2004, 104쪽.

1977년에 방송윤리위원회는 다시 방송드라마 기준을 제정하여 ① 무분별한 남녀간의 애정관계나 환락·윤락가의 일들을 소재로 하거나 지나치게 묘사 부각시키는 내용, ② 가정의 고부간·부부간·기타 가족 성원간의 갈등을 지나치게 묘사함으로써 혼인제도나 가정생활을 해칠 우려가 있는 내용, ③ 등장인물을 무절제하고 비생산적으로 묘사하거나 지역간·계층간의 감정을 유발케 하는 내용 등을 금지시켰다. 또한 대통령의 지시에 따라 외래어의 사용 억제 등 방송 용어의 순화도 강화되었으며, 1978년에는 장발 연예인의 출연금지를 각 방송사에 권고하기도 했다.[38]

한편 1976년의 방송을 특징짓는 하나의 이변은 방송국이 프로그램 편성권의 일부를 감독관청인 문공부에 반납함으로써 방송국이 국민으로부터 위임받은 의무를 스스로 포기했다는 사실이다. 만약 편성권의 반납이 방송프로그램을 정화하려는 문공부의 정책에 협조하기 위해 취해진 조처라면 기존 방송국은 지금까지 그들에게 부과된 책임을 성실히 수행하지 못해 왔음을 자인하는 것이 된다. 1976년 단행된 두 차례의 프로그램 개편이 모두 감독관청의 주도하에 이루어졌다. 그 결과 방송프로그램이 어느 정도 정화된 것도 사실이나 긍정적인 면 못지않게 부정적인 면도 두드러지게 나타났다는 사실 또한 간과할 수 없었다. 왜냐하면 공영방송과 상업방송의 특성을 고려하지 않은 획일적인 개편으로 프로그램이 동질화되었을 뿐 아니라 제작자의 창의적 의욕을 위축시켜 놓았기 때문이다. 만약 모든 방송국이 함께 비슷한 프로그램을 방송해야 한다면 막대한 국가자산을 낭비하면서 복수의 방송국을 허가해 줄 필요가 없기 때문이다. 복수의 방송을 허가하는 이유는 다양한 메시지의 유통을 가능케 하여 수용자의 선택폭을 넓혀주기 위해서다.[39]

---

[38] 최창봉·강현두, 앞의 책, 209~210쪽.

특히 1961년에 제정된 공연법은 제반 공연에 있어서 예술의 자유를 보
장하고, 건전한 국민오락을 육성하기 위하여 공연에 관한 사항을 규정하
고자 조선흥행 등 취체규칙을 폐지하고 이를 입법한 것이라고 밝히고 있
다. 그리고 5·16군사쿠데타에 의한 군정은 그들의 권력기반을 확고히
하기 위해서 공연에 대한 보다 강한 통제를 필요로 했다. 그리하여 공연
자 등록을 강화하고, 공연물의 질적 향상과 건전성을 도모한다는 명목으
로 사전 각본 심사제도를 도입하는 등을 구체화하기 위해 1963년 공연법
을 제1차 개정했다. 이후 1966년 제2차 개정에 이어서 1975년 12월 제3차
공연법 개정이 이루어졌다. 이 시기에 박정희 정권은 유신체제를 형성하
고 강력한 독재체제를 구축했다. 이러한 과정에서 전태일의 분신, 언론
자유수호운동, 재야 및 학생들의 반체제운동 등이 본격화되었다. 이러한
상황에서 박정희 정권은 퇴폐적인 공연행위를 강력하게 규제하고, 공연
실적이 없는 공연자를 정비하며, 순수무대예술에 대하여 보조금을 지급
한다는 명목으로 중앙정부가 직접 공연활동을 통제할 수 있도록 공연법
을 개정했다.[40]

개정된 공연법안의 주요골자는 첫째로 공연자 등록을 서울특별시, 부
산시, 도 또는 문공부에 하도록 되어 있던 것을 모두 문공부에 하도록
바꾸고, 둘째로 공연자등록증의 유효기간제도를 폐지하고, 공연자 등록
취소사유에 1년 이상 계속하여 공연실적이 없는 경우를 추가했으며, 셋
째로 행정관청이 공연의 정지, 또는 중지명령을 한 경우에는 당해 공연
의 공연자 및 출연자에 대하여 6월 이하 공연활동을 정지시킬 수 있도록
했다. 넷째로 공윤을 신설하고, 다섯째로 국가 또는 지방자치단체는 무
대예술의 발전을 위하여 필요하다고 인정될 때에는 보조금을 지급할 수

---

39) 「76년 문화계 못다한 말」, 『동아일보』 1976.12.20.
40) 선재규, 「공연법제의 변천과 발전방안 연구」, 성균관대학교 대학원 공연예술학과
    석사학위논문, 2003, 50~54쪽.

있도록 하는 것 등이었다. 공연법 중 개정법률안은 직접 문공부 장관이 관장하도록 하는 등 행정적 규제를 강화하고, 종전 벌칙 규정상 1만 원에서 최고 20만 원 이하의 과태료를 물도록 했던 것을 최고 6월 이하의 징역에 1백만 원까지의 벌금을 물도록 하여 벌칙을 지나치게 강화하여 공연자에 대한 통제가 엄격하게 되었다.[41]

또한 개정된 공연법은 공연활동에 대한 중앙정부의 직접적인 통제와 공연들의 사전 심의기구인 공윤의 설치를 통해 유신체제를 수호하려는 정책의지를 나타내고 있으며, 더 나아가 극작가, 연출가, 배우, 극장주 등 연극관계자들의 공연활동을 원천적으로 감시·통제·금지할 수 있게 했다. 이 법은 박정희 체제가 집권의 정당성 확보와 정권 재창출을 도모하기 위해 모든 예술활동을 규제하고, 일원화하기 위한 목적으로 이용되었다. 국가정책이나 이데올로기로부터 조금이라도 어긋나는 작품은 사전에 봉쇄당하거나, 사후에 처벌을 받도록 조처하고 있었다. 따라서 국가현실의 모순이나 질곡에 대한 지적이나 비판은 애초부터 가능하지도 않았다. 모든 희곡과 공연은 사전에 심의를 받고 도중에 검열을 받아야만 했다. 이에 따라 작가와 연출가는 미리 알아서 자기검열을 작동시켜야만 했고, 만약 실수라도 하는 경우에는 그에 해당하는 처벌을 감수해야만 했다.[42]

이처럼 박정희 정권은 재허가, 구조, 편성, 프로그램 내용, 광고의 양과 표현 등 방송활동의 거의 전 영역에 걸쳐 적극적으로 개입했다. 그리고 박정희 정권은 새마을방송협의회, 보도심의위원회, 심의실장회의, 반공방송협의회 등 각종 비공식 회의체를 통해 이러한 조치에 대한 방송의 자발적 협조를 끌어내려 했다. 이 회의체들은 실무나 정책기구는 아니었

---

41) 「대폭 강화된 행정규제」, 『동아일보』 1975.12.15 ; 선재규, 앞의 논문, 54쪽.
42) 박명진, 「1970년대 연극제도와 국가이데올로기」, 『민족문학사연구』 26, 민족문학사학회·민족문학사연구소, 2004, 26~27쪽 ; 선재규, 위의 논문, 55쪽.

고, 그 자체로 큰 효과를 보았다고 말하기는 어려우나 국가가 방송사의
운용에 개입할 수 있는 비공식 매개로는 충분했던 것이다. 이러한 개입
은 체제에 반하는 이념의 유포를 막는 유신체제의 일상적 규제의 수준을
넘어 TV를 체제 홍보의 하위단위로 삼겠다는 국가적 의지를 표현한 것
이었다.[43]

그리하여 유신체제는 TV에 대해 두 가지 기능을 동시에 부여하고 있
었다. 그 하나는 권력의 정당성을 인위적으로 유지하는 선전 및 상징조
작으로서의 유용성과 국민동원을 위한 기구 또는 촉진제로서의 의미였
고, 다른 하나는 TV의 상업성에 편승하는 국민적 오락의 제공과 탈정치
화·탈이데올로기화의 기능이었다. 국가의 TV에 대한 개입의 가장 극심
한 형태로 볼 수 있는 1976년의 시간대 편성지침은 기존의 법적 통제로
는 제어할 수 없었던 TV의 상업적 행태를 강제를 통해 정책동원의 촉진
제로 바꾸려는 시도였다. 이 지침은 TV의 가장 중요한 시간대로 볼 수
있는 저녁 7시부터 9시 반까지를 체제홍보와 국민동원의 프로그램으로
채웠다.[44]

2) 가요와 영화에 대한 통제

1975년 12월 31일 법률 제2884호로 「공연법」이 개정되면서 제25조 3항
에서 공윤의 설치를 규정했다. 이에 따라 1976년 5월 12일 공윤이 설치
되었고, 10여 년간 활동해 온 예륜은 같은 해 5월 7일 해체되었다. 이후
공윤은 그동안 예륜이 해 온 가요 음반에 대한 모든 심의를 대신했다.
공윤은 사전심의를 통과한 노래만이 음반 제작을 가능케 한 '사전심의제'

43) 조항제, 『한국방송의 역사와 전망』, 한울아카데미, 2003, 267~268쪽.
44) 같은 책, 277~281쪽.

를 시행했으며, 음반 제작 후에도 납본을 통해 사후심의를 통과한 음반만을 배포할 수 있게 했다. 곧 공윤은 사전·사후라는 이 중 심의제도를 시행했던 것이다.[45]

그리고 박정희 정권은 체제의 이데올로기에 반하는 대중가요의 검열과 통제만 한 것이 아니라, 자신들의 지배 이데올로기를 전파할 수 있는 노래운동을 펼쳤다. 곧 1960년대 중반부터 정부의 주도로 건전가요운동이 본격적으로 전개되었다. 문공부의 주도와 정부기관 및 관변단체를 통해 건전가요보급운동이 전개되었고, 건전가요의 보급을 위해 '건전가요보급위원회'가 조직되기도 했다. 1976년부터 레코드 제작업자에게 의무적으로 건전가요 한 곡씩을 반드시 새 음반에 수록하도록 하는 건전가요 삽입의무제도 시행되었다.[46]

건전가요란 사회적으로나 국가적으로 특정정신이나 기풍을 불러일으키기 위한 목적을 띠고 생겨난 목적가요이다. 1970년 4월 22일 당시 박정희 군사정부는 지방장관 회의를 개최했는데 이날 농촌부활운동을 제창했다. 이후 새마을운동이 시작되었고, 그 운동의 일환으로 불려지게 된 관제건전가요 제1호가 「새벽종이 울렸네」라는 새마을노래이다. 당시 박정희 대통령이 교직생활의 경험을 살려 작사 작곡한 것이었다. 이는 전국의 마을 단위나 직장 단위로 도시, 농촌 할 것 없이 골목골목에서 억세게 울려 퍼졌다. 1절에서는 근면 협동정신을, 2절에서는 주거 환경 개선을, 3절에서는 소득 증대를, 4절에서는 자주 국방정신을 표방한 것이고, 특별히 5절은 박정희 대통령 서거 후에 전두환 정권의 이념인 '민주복지 국가건설'을 표방한 것으로 1980년 12월 10일 전국새마을지도자대회에서 첨가되었다. 새마을 노래류의 건전가요들은 1970년대를 관통

---

45) 문옥배, 앞의 책, 136쪽.
46) 같은 책, 19쪽.

하여 1980년대 중반까지 15년 안팎의 전성기를 누렸다.[47]

특히 건전가요보급운동이 전개되었다. 예를 들어 1978년 전라남도 목포시 기획실 문예체육담당관실에서 대도 전업사, 목포 악기점, 오케 무선사, 조벨 악기점, 남선 전파사, 대광 소리사 등에 보낸 공문에 따르면 다음과 같았다. "저속하고 퇴폐적인 노래를 지양하고, 밝고 명랑한 가요를 보급하여 건전한 사회기풍을 조성하고, 국민총화에 기여하기 위해 다음 사항을 지시하니 적극 협조하여 주시기 바랍니다."[48]

1. 저속 퇴폐음반 등 판매 금지 음반을 판매하는 사례가 없도록 하여 주시기 바라며
2. 건전가요 보급은 국민합창곡집(한국문화예술진흥원 발행)에 수록된 곡목을 보급토록 하고
3. 새마을 노래, 나의 조국 등 건전가요가 조석으로 집중 방송되도록 협조하여 주시기 바랍니다.

건전가요운동을 주도한 부서는 문공부였으며, 이전과는 달리 정권의 이데올로기가 반영된 노래운동형태로 전개되었다. 1972년 1월 12일 문공부는 건전가요보급과 국민개창운동의 방향을 모색하는 간담회를 개최하여, 소위원회의 구성과 매스미디어 관계자의 적극적인 협력 그리고 건전한 노래 작사·작곡을 위한 정부의 장기지원 등을 논의했다. 1월 말에는 건전가요 육성보급을 위한 단체로 「새노래부르기회」가 창립되어 작곡가 김성태가 회장으로 취임했다. 3월에는 문화공보부의 건전가요 제정 및 선전 보급을 위한 개창운동 사업 내용이 발표되었는데, 주요 정책으로는

---

47) 김지평, 앞의 책, 212~213·216쪽.
48) 전라남도 목포시 기획실 문예체육담당관실, 『건전가요 보급운동 전개』, 국가기록원, 1978.

첫째로 건전가요 기본제정 편수를 1년간 122편수로 한다는 것과 각 방송사와 음악관련 단체가 월 1편씩을 창작할 것, 둘째로 각종 매스컴을 활용할 것, 셋째로 학교, 단체, 기업체, 새마을 부락단위로 합창단을 만들어 월 1회의 자율적 연주회를 개척할 것, 넷째로 가요지도자를 육성하여 순회지도를 할 것, 다섯째로 건전가요경연대회의 개최 등이었다. 이후 문공부에서는 건전가요보급운동의 일환으로 공모하거나 시인들에게 위촉해서 만든 가사로 길옥윤, 박춘석, 황문형 등 대중가요 작곡자들에게 작곡을 의뢰했다. 그리고 이 곡들을 「다 함께 노래를」이라는 명칭의 음반을 만들어 각 시·도·군에 공문을 보내 보급하게 했다. 뿐만 아니라 1976년 11월 23일에는 공윤도 「애국가요권장방안」을 발표했는데, 선정된 애국가요는 박정희 작사·작곡의 「나의 조국」 외에 「대통령 찬가」, 「대한의 노래」, 「민족의 영광」, 「승공의 노래」, 「승리의 노래」, 「애국의 노래」, 「젊은 일군들」, 「조국의 영광」, 「조국찬가」, 「새마을노래」, 「휘날리는 태극기」, 「일터로 가자」, 「좋아졌네」 등이었다.[49]

그리고 전국건전가요합창경연대회가 합창단의 육성과 건전가요의 국민개창운동을 유도하여 건전하고 명랑한 사회기풍 진작과 국민총화를 위해 1971년부터 매년 문공부의 주최로 개최되었다. 1981년 11회 전국건전가요합창경연대회 경상북도 경산군의 경우 실시된 바에 따르면 지정곡과 자유곡이 각각 1곡씩 있었으며, 시상식도 했다. 지정곡의 경우 「조국찬가」, 「사공의 노래」, 「선구자」, 「뱃노래」, 「금발의 제니」, 「보리밭」, 「코스모스를 노래함」, 「자장가」, 「산이 좋아 물이 좋아」 등이었다.[50]

이러한 건전가요는 사회적 교육 또는 학습의 성격을 띤 것이므로 정부에 의해 선택된 이데올로기가 노래를 통해 강요되고, 노래통제의 한

[49] 문옥배, 앞의 책, 169~170쪽.
[50] 경상북도 경산군 문화공보실, 『건전가요 합창경연대회 지휘자 참가협조 의뢰』, 국가기록원, 1981.

역할을 해 왔다.[51]

더 나아가 경기도교육위원회에서는 유신체제를 직접적으로 찬양하는 내용의 「유신새야」란 노래를 일선 교사들에게 가르쳐 학생들에게 보급시키기도 했다. 「유신새야」의 노래 가사는 다음과 같았다.[52]

> 1. 새야 새야 유신새야 푸른 창공 높이 날아
>   조국 중흥 이룩하고 자주통일 달성하자
> 2. 새야 새야 유신새야 너도나도 잘 살자는
>   유신헌법 고수하여 국력배양 이룩하자
> 3. 유신유신 우리 유신 우리 살 길 오직 유신
>   유신체제 반대하면 붉은 마수 몰려온다.

반면에 박정희 정권에 저항하여 운동권 가요라는 말이 등장하기도 했다. 운동권 가요는 학생들이나 노동자들의 입을 통해 불려지고 구전되는 양상을 띠었다. 처음에는 「아침 이슬」 등 젊은이들이 좋아하던 기존의 가요곡이 그대로 불려졌다. 그러나 기존의 가요들만으로는 격렬한 시위 문화를 고무하는 데 부족함이 있었다. 그래서 등장한 것이 노래 가사 바꾸어 부르기 현상이었다. 예를 들어 송대관의 「해뜰날」의 경우가 유명했다. 가사 중의 "쨍하고 해뜰날 돌아온단다"를 "꽝하고 터질 날 돌아온단다"로 바꾸어 불렀던 것이다. 이는 국민 사이에 팽배해 있던 군사독재에 대한 불만이 언젠가는 꽝하고 터지고 말리라는 시사였다.[53]

그러는 가운데 가요에 대한 대대적인 압박정책이 시작되었다. 그것이 구체화된 것은 1975년 이었다. 그해 6월 정부는 공연활동 정화대책이라

---

51) 문옥배, 앞의 책, 165쪽.
52) 「유신찬양 노래 보급」, 『동아일보』 1975.1.30.
53) 김지평, 『한국가요정신사』, 아름출판사, 2000, 227~228쪽.

는 것을 발표하고 곧이어 세 차례에 걸친 대규모 금지조치를 단행했다. 금지만이 아니라 이미 나와 있던 음반까지 수거 폐기토록 하는 일종의 소탕작전 비슷했다. 1975년은 한마디로 '가요 대학살의 해'였다. 이는 1975년 5월 13일 박정희 독재정권에 의해 단행된 긴급조치 9호에 의해 마구 휘둘러진 심의라는 이름의 칼 때문이었다. 이에 기초하여 문공부는 6월 7일에 「향락 · 저속 풍조의 규제 대상과 그 내용」을 제시하면서 대중가요에 대해서는 '공연물 및 가요 정화 대책'을 발표했다. 이 정화대책은 모든 공연예술의 심의를 강화토록 하는 한편, 특히 대중가요에 대해서는 흘러간 노래, 최근에 조성된 노래를 가리지 않고 모두 재심을 실시하여 첫째, 국가 안보와 국민 총화에 악영향을 줄 수 있는 것. 둘째, 외래 풍조의 무분별한 도입과 모방. 셋째, 패배 · 자학 · 비관적인 내용. 넷째, 선정 퇴폐적인 것 등을 골라내서 이미 나와 있는 음반까지 폐기토록 하는 강력한 방침이었다.[54]

이 방침에 의거해서 당시 예륜은 국내에서 공연되고 있는 국내의 대중가요에 대해 재심작업을 착수하여 1975년 6월 19일에 「거짓말이야」 등 제1차로 43곡, 7월 9일에는 「그건 너」 등 44곡, 9월 29일에는 「버림받은 여자」 등 48곡을 금지곡 대상으로 선정했다. 그러나 1차 선정과정에서 월북작가의 흘러간 노래 「진주라 천리길」 등 87곡도 함께 포함시키기로 하여 결국 1차에 130곡, 2차에 44곡, 3차에 48곡을 선정해서 도합 국내 가요 222곡을 금지곡으로 확정했다. 국가안보와 국민총화에 악영향을 주거나 외래 풍조의 무분별한 도입, 패배 자학 비관적인 것, 선정 퇴폐적인 것 등등을 이유로 삼았다. 이는 겉보기는 그럴듯한 애국적인 이유 같지만 너무 포괄적이고 광범위해서 어느 노래도 마음만 먹으면 옭아맬 수 있는 편의주의적인 조항이었다. 예를 들어 '왜색', 즉 멜로디에 있어서 일

54) 김지평, 앞의 책, 413~414 · 429쪽 ; 박찬호, 『한국가요사』 2, 미지북스, 2009, 590~591쪽.

본인들이 쓰는 음계를 사용했다는 것, 창법에 있어서 일본가요 냄새가
배었다는 것 등을 이유로 「동백아가씨」를 비롯해서 수많은 곡들이 금지
되었다. 또한 군사정치는 기쁨의 정치이니 슬픈 노래는 선정적이고 퇴폐
적이라는 이유를 들어 금지되었던 것이다. 그리고 불신풍조를 조장하며
국가적 상황과 국민적 기풍에 나쁜 영향을 끼칠 우려가 있다는 이유로
「거짓말이야」라는 노래도 금지되었다. 더 나아가서 「아침이슬」이나 「왜
불러」, 「고래사냥」 같은 노래들은 심의조차 없이 금지되었다.[55]

사람들은 이들 노래를 귀신이 금지시킨 노래라는 뜻에서 '귀신 금지곡'
이라고 불렀다. 「왜 불러」가 심의도 없이 금지된 이유에 대해 혹자는 "정
보기관이나 수사 기관에 불려 다니는 반체제 인사들이 많았던 사회에서
자꾸만 '왜 불러 왜 불러'하는 노래가 불리는 것은 바로 그 반체제 인사
들의 항변으로 들렸기 때문"이라고 했다.[56]

1976년 3월 시사월간지 『신동아』에 수록된 금지곡에 관한 좌담회에서
당시 조희연 예륜위원장은 「공연활동의 정화대책」의 조치로서 취해진 세
차례의 대중가요 심의와 금지곡 선정이 1974년도 국가비상사태 선포와
긴급조치 발표에 영향 받은 조치임을 시사하고 있어 금지곡 제도가 정치
적인 제도임을 밝혔다. 예를 들어 이장희 작사 작곡의 「그건 너」도 가사
퇴폐와 저속을 이유로 1975년 8월 4일에 금지되었지만 그 실제 이유는
1970년대 중반 유신체제에 대한 괴로움이 집권자인 바로 너 때문이라는
식으로 해석되어져 금지곡이 되었던 것이다. 또한 쉐그린의 「어떤 말씀」
도 장발단속과 미니스커트 길이 단속 등 당시 사회상을 직설적으로 그려
가사가 건전하지 못하고 반항적이다는 이유로 1975년 7월 5일 금지되었
다.[57]

---

55) 김지평, 앞의 책, 413~414 · 429~443쪽 ; 박찬호, 앞의 책, 537쪽.
56) 박찬호, 위의 책, 591~592쪽.
57) 문옥배, 앞의 책, 115 · 127 · 135쪽.

이처럼 대중가요정화라는 목적하에 이루어진 국내 금지곡은 보급판매의 금지뿐만 아니라 연주행위 일체도 금지하는 것으로 나아갔다. 앞서 언급했듯이 가사 내용이 불신감을 조장하거나, 가사가 퇴폐적이거나, 선정적이고 저속하다는 이유에서, 또는 왜색조라는 이유로, 창법이 저속하다는 이유로, 가사가 지나치게 허무하거나 비탄조라는 이유로, 일본가사 곡 표절이거나 또는 월북작가의 곡이라는 이유로, 가사 내용이 현실도피라는 이유로 금지되었다.[58]

또한 1975년 가요 대학살의 파장은 외국 가요에도 미쳤다. 예륜은 같은 해 11월과 12월 두 차례에 걸쳐 밥 딜런의 「바람만이 아는 대답(Blowin in the Wind)」, 존 바에즈의 「도나 도나(Donna Donna)」, 존 레논의 「존과 요코의 발라드(Ballad of Jonh and Yoko)」 등 모두 261곡을 불건전 외국가요로 지정했다. 이 노래들을 선정 기준별로 보면 ① 사회 저항 및 반전 불온사상 고취, ② 환각제 음악 12곡, ③ 지나친 폭력 및 살인 표현 12곡, ④ 외설 24곡, ⑤ 불륜, 퇴폐, 불건전, 범법 조장 71곡 등이었다.[59]

예륜의 3차에 걸친 전체 가요대상 곡수는 2만 3,567곡이다. 이 중 금지곡이 된 곡수는 전체 심의곡 중의 1%였다. 하지만 그 영향은 매우 컸다. 특히 저속의 기준이 무엇이고, 대중의 기호와 심의기준을 앞으로 어떻게 조화시켜 나가야 하느냐는 문제가 남았다.[60] 또한 이런 세 차례에 걸친 가요대탄압에 대응하여 음반제작업계의 사전제작 경향이 완전히 사라지고, 사전심의를 거친 다음에 음반을 제작하는 새 질서가 확립되었다. 그리고 새마을노래 등 건전가요를 수록한 음반이 많이 등장했다.[61]

---

58) 전라북도 전주시 기획실 문화공보담당관실, 『대중가요정화(국내금지곡)』, 국가기록원, 1977.

59) 박찬호, 앞의 책, 593쪽.

60) 「저속의 개념 뚜렷이 해야」, 『동아일보』 1975.10.11.

61) 「새 방향 찾는 가요계」, 『동아일보』 1975.10.4.

그러나 또 한편으로는 정화 바람 이후의 가요계의 경우 애탄조의 노래가 전국에 메아리치고, 일제시대에 한 맺힌 푸념으로 일관하는 흘러간 노래가 쏟아져 나오는 역작용이 일기도 했다. 흘러간 노래야말로 자학과 비탄 등의 철저한 패배주의의 표현이기도 했다. 그러나 사람들은 이를 마치 민족의식이나 애국심의 굴절된 표현처럼 여기기도 했다. 그리하여 당시 민족의식이나 애국심을 굴절된 표현으로 만족해야 한다는 것은 더욱 웃기는 일이며, 대중가요의 정화보다는 부조리의 제거가 앞서는 것이 우선이라는 비판도 있었다.[62] 특히 규제보다는 질 향상이 더 절실하고 심의기준도 분명히 해야 한다는 평도 있었다. 그리고 건전가요 육성은 사회 각계의 상호 협력체제를 통해서 가능하다고 보았다.[63]

한편 1975년은 대마초 일제 단속의 해로도 기억된다. 대마초는 1960년 대 말엽부터 한국을 드나들기 시작한 미국 히피들과 함께 이 땅에 상륙했다고 한다. 주한 미군기지 주변에서 반전 데모를 벌이던 히피들은 그들이 좋아하는 록 음악가들을 찾아가 사귀면서 음악 활동에 자극이 된다며 대마초를 권유했다. 당시 이 연예인들은 주로 야간 업소 무대 뒤 등에서 대마초를 피웠다. 연예계에 만연된 대마초는 점점 일반사회로 확산되어 갔고, 대학생과 재수생, 고등학생들까지 빠져들었다. 이에 1975년 11월 검찰이 일제 단속에 나서 1차로 연예계를 조사하고, 이어 대학가와 학원가 등을 수사한 결과 137명이 검거되었다. 그해 12월 19일 이장희, 윤형주, 이종용, 신중현, 김추자 등 대마초 흡연 혐의로 검찰에 구속된 가수 다섯 명이 한국연예인협회로부터 제명처분을 당했다. 이어 1976년 1월 29일에는 문공부가 대마초를 피운 연예인 54명의 명단을 예총 산하

62) 「정화 바람 이후의 가요」, 『동아일보』 1975.12.16.
63) 「가요정화 그 바람직한 방향」, 『동아일보』 1976.2.2.

각 협회에 통보하여 일정기간 출연을 정지하는 등의 조치를 취하도록 지시했다.[64]

이러한 대마초 사건은 박정희 정권이 국민들에게 대중예술을 장발단속 같은 경범죄 처벌 대상과 동일한 궤에서 이해하도록 만든 결정판이었으며, 대중적 인지도가 높은 대중예술인들을 희생양으로 삼아 4·19민주화운동 이후 꾸준히 증진되어 오던 미국식 자유주의의 분위기에 철퇴를 가하고 정권의 억압성을 합리화하는 근거로 이용했으며, 다른 한편으로 대중예술계가 권력의 요구에 스스로 순응하도록 길들이는 결과를 빚었다.[65] 따라서 대마초 사건은 '대중문화 길들이기' 혐의가 전혀 없다고 보기도 어려웠다. 대마초는 대중문화에 대한 공권력의 통제수단으로서 너무나도 유효한 상징적 도구가 되었던 것이다.[66]

이처럼 박정희 정권은 대중문화를 매우 철저하게 통제했다. 이는 대중매체의 뛰어난 파급 효과에 주목하고, 이를 적극적으로 이용하기 위한 것이었다. 이러한 전략은 영화에도 마찬가지로 적용되었다. 1973년 최초로 문공부에서 발표한 기본적인 영화시책은 다음과 같았다. 첫째, 유신이념의 구현을 위하여 영화계의 부조리를 제거하고 영화기업을 적극 지원한다. 둘째, 우리 영화의 제작은 양보다 질에 치중하고 전통문화예술을 창조적으로 개발한다. 셋째, 외국영화는 우리의 유신이념의 구현에 도움이 될 수 있는 영화를 정선해서 수입한다. 넷째, 우리 영화의 수출은 민족문화의 우수성과 유신 한국의 해외 선양에 기여할 수 있는 영화를 정선해서 추천한다. 이러한 영화시책의 기본방침은 해마다 조금씩 수정되긴 했지만 유신이념의 구현과 민족주의 수호라는 기조를 유지했으며, 유신시대 영화정책의 기본이념이 되었다.[67]

---

64) 박찬호, 앞의 책, 595~596쪽.
65) 한국예술종합학교 한국예술연구소 엮음, 『한국현대예술사대계』 4, 시공사, 2004.
66) 박찬호, 앞의 책, 596~597쪽.

특히 유신체제의 성립과 함께 '유신영화법'이라고도 불리는 1973년 제4
차 영화법에 따라 영진공이 설립되고 전방위적인 영화산업 지원정책이
추진되었다. 개정된 영화법은 1970년대 이전의 법적 규제가 주로 사회윤
리적인 면에 치중되어 있던 것에 비해 국가의 지배를 정당화하고 통치이
념의 홍보를 강화하는 성격을 띠게 되었다. 법 개정에 이은 시책으로는
1항에 "유신이념의 구현을 위하여 영화계의 부조리를 제거하고 영화기업
을 적극 지원한다"는 내용을 명시했다. 또한 4차 영화법 개정은 가시적
인 영화통제기구로 국책영화 제작과 영화사 일괄 관리를 목적으로 한 영
진공을 신설시키는데, 영화법 개정과 공사의 창립이 같은 날 이루어졌다
는 사실은 영화와 관련된 제도 변화가 사전에 철저히 계획된 것임을 보
여준다. 영진공은 정부가 영화산업에 직접 개입 · 주도하여 영화산업 진
흥과 영화예술 발전을 위해 국가적으로 지원 · 육성하겠다는 의지의 표
현이었다.[68]

이는 국가가 나서서 영화산업을 강력하게 통제하려는 것이었다. 즉 영
화에 대한 국가권력을 영진공으로 집중시키고, 영화진흥사업을 통해 구
체적인 지원책을 내세우면서 영화를 효율적이고 합리적으로 통제하고자
한 것이다. 영진공은 문공부에서 영화업무를 담당해 오던 것에서 발전하
여 최초로 영화진흥사업을 전담하는 기구로 만들어졌다는 점에서 의미
가 있었지만, 검열은 유신정권의 삼엄한 통치체제하에서 더욱 강화되었
다. 즉 유신이념이나 국민총화에 맞지 않는 모든 영화를 규제했다. 1973
년 4월 3일에 출범한 영진공은 「한국영화의 육성과 발전」을 위한 진흥
정책을 구체화함으로써 국가주도의 영화정책을 본격적으로 시행했다.
영진공의 직접적인 영화제작 의도는 한편으로 민간에서 하기 힘든 대작

---

67) 박지연, 「영화법 제정에서 제4차 개정기까지의 영화정책(1961~1984)」, 앞의 책, 227쪽.
68) 황혜진, 「1970년대 유신체제기의 한국영화연구」, 동국대학교 대학원 연극영화학과
    박사학위논문, 2003, 23~24쪽.

영화를 직접 제작함으로써 한국영화의 대형화, 기업화를 유도하려는 것
이었고, 또 한편으로는 유신이념의 생활화와 새마을 정신의 함양이라는
영진공의 사업 목표에 걸맞는 영화를 제작하는 것이었다. 그리하여 영진
공이 출범 초기에 가장 의욕적으로 진행한 사업 중 하나는 국책영화 제
작사업이었다. 영진공의 국책영화 제작은 1976년부터는 민간에서 국책
영화 제작을 의무화하는 것으로 전환되었으며,[69] 그에 대해서는 우수영
화 포상 및 대종상 시상을 통한 보상이 주어졌다. 이 같은 사실은 영화
에 대한 이데올로기적 통제가 기술적으로 이루어졌음을 보여주는 것이
었다.[70]

반공·새마을·민족영화의 형태로 양산된 국책영화는 박정희 정권이
영화를 어떻게 정치선전의 수단으로 이용했는지를 보여주는 결과물이
었다. 이는 박정희 정권의 정통성 확립을 위해 시행되었으며, 해외시장
진출사업은 박정희 정권의 경제 근대화 정책에 호응한 결과라 할 수 있
었다.[71]

이는 홍보영화라는 명칭 아래 1976년도 박정희 대통령의 연두기자회
견 내용을 분야별로 수록하여 전 국민에게 유신이념을 홍보하는 영화「겨
레의 지도자」를 배포하는가 하면, 정부시책을 계몽하는 영화가 영화 상
영 직전 시간에 상영되었다. 예를 들어「국민총화로 총력안보」라는 영화
및「새마을운동의 도시확산」이라는 영화가 상영되었다. 더 나아가 소비
절약, 검소한 생활태도 등 국민들의 일상생활의 근검절약을 계몽하는 영
화나, 허례허식을 추방하고 가정의례준칙의 효과적인 실천을 도모하고
자 이에 대한 막간 방송을 실시하는 것이었다. 구체적으로 당시 유신이

[69] 박지연,「1960, 70년대 한국영화정책과 산업」, 앞의 책, 163~169쪽.
[70] 황혜진, 앞의 논문, 10쪽.
[71] 이혁상,「한국영화진흥기구의 역사」, 김동호 외,『한국영화정책사』, 나남출판, 2005,
364~365쪽.

념의 하나로 제시된 사회혁신 중 가정의례준칙 실행에 대한 막간방송 문안은 다음과 같다.[72]

1. 허례 없는 의례준칙 내 집부터 실천하자. 분수가 지나치면 형식이 되고 형식이 지나치면 허례가 됩니다. 형식 위주의 의례를 버리고 참된 예의 본질을 찾읍시다.
2. 예는 정성의 표시입니다. 아무리 잘 차리고 형식을 갖추어도 정성과 공경이 부족하면 이는 실상 없는 허식에 지나지 않습니다. 허례허식 낭비 말고 정성으로 예법을 찾읍시다.
3. 모시는 글, 안내장 등은 변형된 청첩이며, 부고도 법에 저촉되는 행위입니다. 가정의례 말만 말고 내가 먼저 실천합시다.
4. 경조기간 중 집에서 간단한 다과류나 음료수를 접대하는 것은 상관없으나 술을 대접하거나 밖에서 식사를 제공하는 것은 법에 저촉됩니다. 남의 이목 생각 말고 의례준칙 실천합시다.

이밖에도 국책영화에는 「한국」이라는 영화와 같이 한국의 자연과 경제, 문화 등을 종합수록하여 약진하는 한국의 발전상과 모습을 홍보하는 영화나 당시 사회에 물의를 일으키고 있었던 「대마초의 해독」을 홍보하는 영화 및 국민들의 새마을 정신을 계몽하는 영화도 있었다.[73]
국가정책에 부합하는 총력안보 및 반공, 새마을운동 등의 주제를 담고 있었던 소위 국책영화들은 검열로써 영화의 내용을 통제하는 것에 비해 더욱더 적극적으로 영화매체를 통치에 활용하는 방식이었다. 여기에는 정부기관이 국책영화를 직접 제작하는 경우와 법적인 강제와 장려정책을 통해 일반 영화사가 제작하도록 유도하는 경우의 두 가지 방식이 있었다.[74]

---

72) 경기도 여주군 문화공보실, 『영화』, 국가기록원, 1976.
73) 같은 책.

정권에 의해 직접 제작되었던 국책영화의 경우로는 먼저 문공부에 의해 제작되었던 '대한뉴스'와 여러 정부기관에서 제작하던 '문화영화'를 들 수 있다. 이는 비상업적인 용도로 제작된 것으로서 영화관에서 일반 극영화와 함께 상영되었는데, 문화영화의 경우 공공기관 등에서 교육 프로그램의 한 부분으로 활용되어지기도 했다. 정부기관이 직접 제작한 영화가 상업적인 유통경로를 거쳐서 수용되어지는 경우도 있었으며, 영진공에 의해 제작된 영화들이 이에 해당한다. 1973년 영화법 개정에 따라 전신인 영화진흥조합이 새롭게 개편되면서 등장했던 영진공은 정권의 보다 적극적인 영화 개입정책의 일환으로 국책영화의 직접 제작에 나서기 시작했다. 그리고 바로 그해 대량의 제작비를 투자하여 의욕적으로 제작했던 영화가 「증언」(1973)이었다. 6·25전쟁을 배경으로 한 이 반공영화는 스펙터클한 전쟁 묘사가 주효하여, 관객 20만여 명을 동원하는 성공을 거두었다. 이에 고무된 영진공은 1974~1975년에 걸쳐 다수의 국책영화들을 연이어 제작했다. 이들 영화들은 반공을 주제로 하고 있는 경우가 대부분이었는데, 대체로 1950년대부터 제작되어 왔던 반공영화의 공식을 그대로 따르고 있었다. 그것은 전쟁의 참상과 공산주의자들의 잔학상을 보여주면서 공산주의의 비인도적인 측면을 강조하거나, 첩보 스릴러 영화의 형식을 통해 흥미를 유도하는 것이었다. 「울지 않으리」(1974), 「들국화는 피었는데」(1974), 「태백산맥」(1975) 등은 전자에, 그리고 「잔류첩자」(1974)는 후자에 해당하는 것이었다.[75]

「아내들의 행진」(1974)은 소위 '새마을 영화'로 농촌마을이 아내들의 노력으로 개선되어 간다는 내용이었다. 그러나 이 영화들은 모두 흥행에 참패했고, 그 결과 1976년부터는 영진공의 국책영화 제작사업은 뚜렷한

[74] 이호걸, 「1970년대 한국영화」, 한국영상자료원 편, 『한국영화사 공부』, 이채, 2004, 120쪽.
[75] 같은 논문, 120~121쪽.

성과를 남기지 못한 채 민간으로 전환되었다. 1976년 영화시책에서는 각 영화사가 의무적으로 대작 국책영화 1편을 제작하도록 규정하고 이 중 우수한 작품 10편을 선정해서 외화수입권 1편씩을 보상하기로 했다. 이는 외화수입권 보상 대상에 국책영화를 포함시키는 것을 통해서 이루어졌다. 특히 1977년부터는 국책영화를 우수영화에 포함시켜 이에 대해 외화쿼터를 부여했다. 국책영화에 대한 정책이 이 같이 바뀜으로써 각 영화사에서 의무적으로 국책영화를 제작했다. 국책영화 제작사업은 크게 두 가지 목적에서 시행되었다. 첫째는 유신정권의 지배이데올로기를 지지하기 위한 것이었고, 둘째는 대작영화 제작을 통한 영화산업의 기업화 유도였다. 그리하여 1976년부터 민간에서 제작한 국책영화들은 한국영화의 대형화를 지향했지만, 대작 상업영화라는 의도했던 결과를 낳기보다는 쿼터를 얻기 위해 유신이념에 맞는 영화들이 주로 생산되었다.[76]

이처럼 우수국책영화들은 전문가들의 의견에 따르면 정부시책을 홍보하고 안보의식을 고양시키는 데 그 목적이 있었다.[77] 그리고 국책영화들은 법, 제도적 뒷받침 속에 하나의 규범으로 스스로를 위치 지움으로써 전체적인 영향력을 끼쳤다고 할 수 있다, 하나의 문화 형식이 제도 내에 규범적 가치로 위치 지워지면, 다른 것들은 그 규범을 거울삼아 자신을 구성하게 된다. 그리하여 정치, 경제, 사회, 군사 영역과 더불어 문화영역까지 전 영역적 지배체계를 구축한 유신체제의 문화형성은 다른 문화적 생산물의 시야를 제한했다.[78]

이렇게 하여 박정희 정권은 영화가 현실에 대한 저항의 목소리를 낼

---

76) 박지연, 「영화법 제정에서 제4차 개정기까지의 영화정책(1961~1984)」, 앞의 책, 229~230쪽 ; 이호걸, 앞의 논문, 121~122쪽.

77) 경기도 여주군 문화공보실, 『영화』, 국가기록원, 1976.

78) 권은선, 「1970년대 한국영화연구」, 중앙대학교 첨단영상대학원 영상예술학과 영화영상이론 전공 박사학위논문, 2010, 25쪽.

수 있는 기회를 원천적으로 봉쇄하고, 국가안보와 민족주의 이데올로기에 복종하는 정권 친화적인 영화만을 생산하도록 했다. 또한 이를 통해 소수영화사에 독과점적 특혜를 보장해줌으로써 한국영화산업이 현실에 대한 감각을 결여한 채 국가정책에 순응해가도록 했다.[79]

이상과 같이 박정희 정권은 대중들의 가치관에 깊은 영향력을 미치는 방송이나 가요 그리고 영화 등의 대중문화에 국가안보 및 국민총화라는 명분 아래 지원뿐만 아니라 개입과 간섭 및 강력한 규제를 했다. 이를 통해 국가적 통치이념인 유신이념의 구현과 국가적 민족주의를 수호하고, 이를 중심으로 대중들을 통합시키려 했다. 이는 박정희 정권이 당시 대중문화를 어떻게 정치선전의 수단 및 정권의 정통성 확립과 근대화 정책에 이용하려 했는지를 보여주는 것이었다.

그리하여 이러한 대중문화에 대한 국가의 적극적인 개입과 통제 아래서 대중문화는 건전한 비판의식을 결여하고 유신체제에 순응하는 모습을 보여 주었다. Y시민 논단은 1977년 9월 17일 저녁 6시 반, 2백여 명의 청중들이 모인 가운데 서울 YMCA 강당에서 「대중문화와 대중음악」이란 주제로 토론회를 가졌다. 이 자리에서 당시 한국대중문화의 특징에 대해 다음과 같이 나열했다. ① 비판 없이 모방성이 짙으며, ② 보수적 복고주의적이고, ③ 대중문화 산업계가 전문화되어 있지 않고, ④ 전통문화와 대중문화가 융화되어 있지 않으며, ⑤ 수용자들이 받아들이기만 하고 적극적인 참여를 통한 개선의 노력이 없고, ⑥ 환상적·현실도피적이며, ⑦ 대중문화 담당자들의 책임의식이 미약하다. 이를 극복하기 위한 방법은 대중문화가 저질문화가 아니라는 적극적인 생각을 가지고 정부의 간섭

79) 김동호 외, 『한국영화정책사』, 나남출판, 2005, 229~265쪽 ; 박지연, 「1960, 70년대 한국영화정책과 산업」, 앞의 책, 171쪽.

을 최소한으로 줄이며, 대중문화 향유자들이 적극 참여하여 가차 없는 비판을 가하고, 사회적 관용이 필요하다고 했다.[80]

3) 장발과 미니스커트 단속

1960년대 후반의 에너지 파동, 베트남 전쟁, 세계적 공황 등을 배경으로 미국 서부 해안에서 시작된 히피문화는 전 세계적으로 확산되었다. 이들 히피집단의 최대 관심사는 현대문명의 이기와 물질만능에 대한 저항과 반전운동이었다. 히피는 획일적 주류 패션에 대항하여 청바지를 많이 착용하였고, 남녀 모두 긴 머리에 머리띠를 매고, 맨발로 자연회귀를 보여 주었다. 이런 히피문화의 영향을 받아 우리나라에서도 장발, 미니스커트, 진(Jean), 통기타, 생맥주 등이 유행하게 되었다. 특히 1967년 윤복희가 미국 공연을 마치고 귀국한 이후 국내에서 유행한 미니스커트는 이후 무릎 위로 20cm까지 올라갈 만큼 성행했고, 핫팬츠 등장에 영향을 주었다.[81]

그러나 당시의 이런 유행을 박정희 정권이 군부정치에 대한 반항의 표출 및 퇴폐풍조로 인식하면서 또 다른 사회적 갈등 요인이 되었다. 박정희 정권은 청년문화를 직접 언급하지는 않았지만 청년문화의 양식인 장발이나 미니스커트, 그리고 젊은이들이 즐겨 부르는 대중음악과 관련해 법적 통제를 가했다. 1970년 8월 박정희 정권은 퇴폐적 사회풍조를 일소하기 위해서 '해프닝 히피족'에게 단발령을 내리고 단속에 나섰다. 1971년 1월 22일 박정희는 히피족의 방송출연금지를 지시했고, 1971년 6월 16일 윤주영 문공부 장관은 취임 후 가진 첫 기자회견에서 방송의 저속성을

---

80) 「비판없는 모방의 대중문화」, 『동아일보』 1977.9.21.
81) 김민정, 「개화기 이후의 남성 머리 양식의 변천과 재현에 관한 연구」, 한성대학교 예술대학원 패션예술학과 석사학위논문, 2003, 41쪽.

강하게 비판했다. 1971년 9월 24일에 정부는 내무부, 법무부, 보사부, 문공부 합동단속으로 퇴폐풍조단속령을 내렸다. 퇴폐풍조의 단속대상으로 "히피류의 전위를 표방한 퇴폐풍조(장발, 이상노출의상, 광란적인 음악과 춤, 환각제 사용, 집단풍기사범)"가 포함되었다. 박정희 정권은 청년문화 스타일을 청소년에게 나쁜 영향을 미치며, 전통문화를 파괴하고, 사회기강을 무너뜨리는 퇴폐문화로 규정했다. 물론 박정희 정권은 청년문화 스타일에만 국한한 것이 아니라 포괄적으로 사회윤리와 관련된 공연, 출판, 유흥업소 등을 퇴폐풍조의 단속대상으로 삼았지만, 청년문화 스타일로 대표되는 장발에 특히 민감하게 반응했다. 그래서 1971년 9월 30일 퇴폐풍조 일제단속에서 장발, 고고장, 도박이 집중적인 대상이 되었다.[82]

그러나 1972년 12월 비상계엄령을 통해 유신헌법을 공포한 이후 대학가에서 반정부운동이 확산되면서 장발을 퇴폐문화의 일부로 보던 시각에서 정치적, 상징적 저항으로 바라보았을 가능성이 높다. 윤재걸은 "과거 봉두난발을 연상시키는 장발을 통해 젊은이들은 무한한 자유를 만끽했다. 장발은 가식 없는 자아의 발현과 규제 없는 자기표현을 뜻한다. 장발자들을 가리켜 '인간 상록수'라고도 불렀다. 자연으로 회귀하려는 본능과 그대로의 자기를 실현하려는 이러한 장발풍조는 어느새 저항의 상징으로, 반항의 도도한 흐름을 형성하고, 정치적 억압에 도전하기 시작했다. 반정부 세력의 주류를 형성하고 있는 학생운동권의 주체들이 대부분 장발족이었다는 사실과 정부의 단속을 무관하지 않게 보는 시각도 그때였다"라고 기술했다.[83]

그리하여 박정희 정권은 유신체제기 1973년 2월 8일 경범죄처벌법(법

---

[82] 주창윤, 「1970년대 청년문화와 세대담론의 정치학」, 『언론과 사회』 14권 3호, 성곡언론문화재단, 2006.8, 92~94쪽.

[83] 같은 논문, 94쪽.

령 제2304호)을 개정했다. 경범죄처벌법은 일본의 경찰국가적 제도의 하
나로 등장한 경찰범처벌령에 기초한 것이다. 일본이 조선에 경찰범처벌
규칙으로 확산시킨 것을 미군정기에 이르러서도 일본의 조선억압정책의
성공에 영향을 받아 기존의 제도를 모방 내지 원용함으로써 통치의 불확
실성을 줄이고자 한 것이었다. 대한민국이 수립된 이후 경범죄처벌법은
이러한 일제시대의 동법을 대체하여 1954년 4월 1일 제정되었다. 당시
법은 4개 조항으로 구성되어 있으며, 제1조에서의 범죄유형을 87개에서
45개로 삭제 정리하고, 헌법에 위배되는 경찰관서의 지시명령위반죄, 소
환불응죄 등을 삭제하는 한편, 과료와 구류와의 병과(倂科) 및 형의 면제
를 인정하고 재량의 범위를 넓힘과 동시에, 흉기 등의 은닉휴대죄, 정익
(靜謐)방해죄 등을 신설하여 인권옹호에 주력함과 아울러 사회정세에 부
응하도록 했으며, 법남용 금지에 관한 규정을 두었다. 이 법은 소위 위경
죄(違警罪)에 해당하는 것으로 범죄의 예방, 미풍양속, 공안의 유지 등
을 목적으로 하는 것이며, 형법 등 타 법률에서 규정하지 않은 사항에
대해서까지 규정함으로써 시민생활의 원활을 기하고 나아가 이를 문화
적으로 향상시키기 위해 상호준수하지 않으면 안 될 최소한도의 요청을
규정한 것으로 주장되었다. 이처럼 동법은 사회공공의 안녕과 질서유지
를 목적으로 일상생활상의 경미한 현상을 규정했다. 그리하여 이 법이
세상에 나오자 사람들은 이를 가리켜 '심한 법', '무서운 법', '모조리 걸리
는 법', '군주전제시대의 유물이나 재발견'이라는 등 자자한 비판의 소리
를 냈다.[84]

그리고 박정희 정권은 군사쿠데타로 탄생하여 정당성의 위기에 놓여

---

[84] 송희영, 「경범죄 단속상황과 제문제」, 『경찰고시』 95, 경찰고시사, 1972.9 ; 정덕장,
『주석 경범죄처벌법』, 법원사, 1989, 17쪽 ; 경찰연구회 편, 「경범죄처벌법의 운용」,
『경찰』 1권 11호, 내무부 치안국, 1962.11 ; 이선엽, 「경범죄처벌법의 역사적 변천」,
『한국행정사학지』 25, 한국행정학회, 2009, 9쪽 ; 변우창, 『경범죄처벌법석의』, 수
도문화사, 1954.

있었기 때문에 각종의 공안 입법과 아울러 좀 더 국민들의 개인생활에 대한 통제를 통해 사회적 억압의 정도를 지속적으로 유지시키기 위해 경범죄처벌법도 1963년 7월 31일 개정했다. 이 시기에 동법은 도로교통법 및 밀항단속법과 중복되는 조항을 삭제하고, 공안유지상 필요한 죄의 유형을 추가했다. 그 후 다시 유신체제기 박정희 정권은 국내상황과 경제적 어려움에 처해 국민들의 불만이 터져 나오던 시기에 다시 동법을 1973년 2월 8일 제2차로 개정했다.[85]

개정된 경범죄처벌법은 한국사회에 만연되고 있는 퇴폐풍조를 단속한다는 미명하에 경범죄 처벌대상의 폭을 늘렸다. 추가된 범죄유형을 보면 함부로 휴지, 담배꽁초를 버리거나 침을 뱉는 행위, 술주정행위, 유언비어 유포행위, 장발·비천한 복장을 하거나 신체의 과도한 노출행위, 비밀댄스 교습행위 및 그 장소 제공행위, 암표 매도행위, 새치기행위, 출입금지구역이나 장소에의 무단출입행위, 폭발물의 조작 장난행위가 추가되었다. 이로써 경찰관이 개개인의 행위에 적극 개입할 수 있는 영역을 크게 확보해준 셈이었다.[86]

여하튼 유신체제기 제2차 경범죄처벌법의 개정으로 장발과 미니스커트를 더욱 강력하게 규제하게 되었다. 재미있는 건 저속한 외래풍조와 퇴폐풍조의 상징적이자 대표적인 주범이 바로 장발이었다는 사실이다. 그래서 방송은 늘 '장발과의 전쟁'을 해야만 했다. 10월 유신에 따른 방송사 자율규제 속에도 "장발자의 출연 등을 극력 피할 것"이 들어 있었다. 1975년 5월 긴급조치 9호 선포 이후, 그해에만도 두 차례에 걸려 방송사에 장발자를 브라운관에서 제거하라는 지시가 내려졌다. 그래서 심지어 텔레비전 외화에 나오는 외국인 장발출연자까지 잘라내야만 했다.[87]

---

85) 이선엽, 위의 논문, 9~10쪽.
86) 이선엽, 위의 논문, 11쪽 ; 송희영, 「개정 경범죄 처벌법 해설」, 『경찰고시』 101, 경찰고시사, 1973.3.

1972년에는 유흥업소도 자체 정화를 이유로 장발족의 출입을 금지시켰다. 여기서 장발이란 남자의 옆 머리카락이 귀를 덮을 정도를 의미했다. 이를 위반해 적발되면 경찰에 연행, 조서를 받은 다음 즉결 재판소에 넘겨져 29일 이내의 구류, 2백 원에서 3천 원 사이의 과태료, 2천 원에서 5천 원 사이의 벌금 등 세 가지 처분 중 한 가지를 받았다.[88]

대검찰청 서울고등검찰청 수원지방 검찰청 예규지침으로 시달된 히피성 장발 단속계획에 따르면 장발단속 계획의 목적은 외래풍조의 무분별한 모방으로 장발풍조의 만연현상이 일어나고 있고, 국민주체의식 및 정신자세의 유약화가 되어 있는 사회현상 속에서 퇴폐적 사회풍조를 선도하여 깨끗하고 건전한 사회기풍을 정착시키는 데 있었다.[89]

또한 장발단속의 문제점으로는 범국민적 사회운동으로 추진하기에 미흡하고 사회지도층 인사의 무관심 내지 유행추종, 정부 각 부처간의 협조체제 결여, 경찰 독자적으로 일시적이고 미온적인 단속, 단속상의 애로 등을 우려하여 일부 경찰관의 단속기피 경향 등이 지적되었다. 그리고 방침은 다음과 같이 제시되었다.[90]

1. 행정부 각급 공무원이 솔선수범하고 산하 관계기관, 전문 대학교, 기업체, 공장, 사회단체 등에 대하여 강력히 실천을 촉구한다.
2. 각급 관서, 직장, 단체 등 소속장 책임하에 중견 간부층의 솔선수범은 물론 직장 조직체 단위별로 건전한 조발을 권장하고 장발을 일소한다.
3. 지역단위 기관, 단체, 기업체, 공장의 장 및 지도급 인사 회의를

---

87) 강준만, 『한국대중매체사』, 인물과 사상사, 2007, 534~535쪽.
88) 김민정, 앞의 논문, 41쪽.
89) 대검찰청 서울고등검찰청 수원지방 검찰청 예규지침, 『히피성 장발단속계획 시달』, 국가기록원, 1976.
90) 같은 책.

개최하여 장발 일소 대책과 지도단속에 참여케 하여 직장 새마을
운동으로 발전시킨다.

4. 각급 도 기관과의 밀접한 협조하에 적극적인 지도 계몽을 실시하
여 범국민운동으로 확산시킨다. 장발풍조가 근절될 때까지 지속
적인 단속을 전개한다.

그리고 행정사항으로 중앙 관계부처 장발추방대책위원회를 구성했다.
그 구성은 내무부, 법무부, 보사부, 문교부, 문공부, 상공부, 총무처, 직장
새마을협의회 등이고, 임무로는 장발추방대책협의 및 건의, 지도계몽 참
여, 추진상황 평가 분석, 협조체제 유지 등이었다. 그리고 이를 국무회의
에 보고하기로 되어 있었다.[91]

특히 총무처장관이 국무회의 보고사항으로 제출한 『장발단속계획보고』
에 따르면 다음과 같았다. 국민의 주체의식을 확립하고 건전한 사회기풍
을 정착화하기 위해 별첨과 같이 장발단속계획을 수립 실천하기로 했다
고 보고했다. 그리고 보고이유는 장발단속은 그동안 경찰에서 지도단속
과 아울러 자율적인 각성을 촉구하여 왔으나 일부 사회지도층을 비롯해
서 국민의 무관심과 이해부족으로 그 실효를 거두지 못하고 있는 실정이
어서 앞으로 행정부 산하 각급 공무원의 솔선수범함은 물론 전 조직체
(전체 관서, 학교, 단체, 기업체, 공장 및 개인업소)의 장의 책임하에 소
속직원에 대한 조직적이고 자율적인 지도단속으로 직장새마을운동과 연
결하여 도시새마을운동으로 발전시켜 범국민운동으로 추진한다는 것이
었다. 단속기준은 다음과 같았다.[92]

1. 남, 여의 성별을 구별할 수 없을 정도의 긴 머리

---

91) 같은 책.
92) 총무처 의정국 의사과, 『장발단속계획보고』, 국가기록원, 1976.

2. 옆머리가 귀를 덮거나 뒷머리카락이 옷깃을 덮는 머리
3. 파마 또는 여자의 단발형태의 머리

건전한 조발풍토 조성을 위해서는 다음과 같은 사항이 지적되었다.[93]

1. 뒷머리 하부는 이발기로 깎고 면도를 한다.
2. 옆 머리칼의 길이가 귀 상단에 닿지 않도록 짧게 올려 깎는다.
3. 상호 충고하고 권장하여 건전한 기풍을 불러일으킨다.

추진방안은 우선 지도계몽으로 각 부처별 산하기관, 단체, 기업체 등 조직을 통한 지시 계몽 및 실천 그리고 기관 단체 등 직장별 책임 계몽 지도 및 실천, 학교 및 가정통신문 활용, 접객업소 등 장발자 출입 제한, 표찰지시로 경각심 촉구 등이었다. 직장 단체 등 조직체 단위장의 책임 하에 장발을 일소하며, 소속 직원 및 종업원에 대한 지도교양, 월 1회 이상 직장 내 조발상황 확인, 출퇴근시 출입문에서 자체 단속하고 장발 일소 상황을 분석 평가하며, 성적 불량 직장에 대한 추진방안을 모색하고, 기타 장발 일소를 위한 대책을 협의했다. 더 나아가 월 1회 반상회를 개최하여 자율적인 건전조발을 촉구했다. 각 공무원은 분담하여 반상회에 참석했다. 이밖에도 매스컴을 통한 계몽지도가 있었다. 즉 중앙 및 지방 일간 신문이나 텔레비전, 라디오 등 각 보조기관과 협조하여 적극적이고 지속적인 홍보활동을 전개했다.[94]

또한 경찰서 단위 장발추방대책위원회를 구성하여 운영하는 방안이 있

[93] 대검찰청 서울고등검찰청 수원지방 검찰청 예규지침, 앞의 책.
[94] 대검찰청 서울고등검찰청 수원지방 검찰청 예규지침, 위의 책 ; 총무처 의정국 의사과, 앞의 책.

었다. 그 구성은 경찰서 시·군·구, 교육청, 세무서, 보건소, 기타 지도 층 인사로 되었다. 업무는 대책협의 및 건의 그리고 지도 계몽 참여, 직 장별 추진상황 평가, 협조체제 유지 등이 있었다. 마지막으로 단속 및 조 치로는 직장별 자체 적발자 소속장 책임하에 이루어지거나 또는 경찰단 속에서 적발된 자는 소속장에게 통보하는 식으로 이루어졌다. 직장별 자 체 단속으로는 각급 관서, 학교, 직장 및 단체별로 자체 감찰기능을 동원 하여 단속을 강화했다. 그리고 성과가 부진한 직장에 대해서는 경찰서장 명의로 공안을 발송하여 자율적 정화를 촉구했다. 또한 가두단속이 있었 다. 검찰은 유흥가, 번화가 등 지역과 시기를 감안하여 단속을 지속적으 로 실시했다. 단속은 일시에 다수의 병력을 피하고 소수의 단속반을 편 성하여 근절될 때까지 끈질기고 차분하게 계속 실시한다는 것이었다.[95]

관계법령은 경범죄 처벌법 제1조 제49호로서 성별을 알아볼 수 없을 정도의 장발을 한 남자 또는 미풍양속을 해하는 저속한 옷차림을 하거나 장식물을 달고 다니는 자가 이에 해당되었다.[96] 그 결과 1973년의 장발 단속 실적은 1만 2,870건이었고, 1974년 6월 1일에서 8일 사이에 서울시 경이 주도한 장발단속에 걸린 사람은 무려 1만 103명이었다. 그중 9,841 명은 머리를 깎아 훈방했고, 머리 깎기를 거부한 262명은 즉심에 넘겼다. 1976년 5~6월에도 대대적인 단속이 있었다.[97] 보다 구체적으로 당시 서 울시의 장발단속 현황을 보면 1973년 12,870건, 1974년 4,030건, 1975년 2,456건, 1976년 6,405건, 1977년 4,166건, 1978년 16,340건이 단속되었다.

한편 1969년 8월에는 제주시에서 무릎 위에서 30cm가 올라간 초미니스

95) 총무처 의정국 의사과, 위의 책 ; 대검찰청 서울고등검찰청 수원지방 검찰청 예규 지침, 위의 책.
96) 총무처 의정국 의사과, 위의 책 ; 송희영, 「개정 경범죄 처벌법 해설」.
97) 조희연, 『박정희와 개발독재시대』, 역사비평사, 2007, 176쪽.

커트를 입고 거리를 활보하던 여성이 사상 초유로 즉심에 회부되어 25일 간의 구류 처분을 받았다. 그리고 1973년 3월에는 무릎 위 17cm 이상 올라가는 미니스커트를 과다노출로 규정해서 경범죄처벌법에 포함시켰으며, 스커트 길이가 무릎 위 몇 cm인가를 단속원들이 자로 쟀다. 한 손에는 가위를, 다른 한 손에는 자를 든 경찰이 단속에 나서는 풍경, 지나가는 젊은 여자를 세워 놓고 미니스커트가 무릎에서 얼마나 올라갔는지를 자로 재는 경찰의 모습은 너무나 희극적인 것이었다.[98]

이러한 장발단속 및 의상단속을 규정한 경범죄처벌법 제1조 제49호에 대해 권영성은 기본권 제한에 관한 일반 원칙을 규정한 헌법 제35조 제2항(일반적인 헌법유보조항)에 의하지 않고 사생활의 자유, 신체를 훼손당하지 아니할 권리, 인간으로서의 존엄과 가치, 행복추구권, 헌법에 열거되지 아니한 자유와 권리를 침해하는 것이므로 헌법 제16조, 제11조 제1항, 제9조, 제35조 제1항에 위반되는 위헌조항이라고 주장하기도 했다.[99]

또한 경범죄처벌법은 경미한 범죄행위나 질서위반행위를 대상으로 삼으면서 그에 대한 제재는 구류 또는 과료에 처하도록 하여 형벌의 일종으로 그 제재 수단을 삼고 있어 어려운 문제가 제기된다. 즉 일반형사범과 경범과의 구별을 어떻게 해야 하는가 하는 점이다.[100] 더 나아가 경범죄처벌법은 극히 추상적 위해행위를 처벌의 대상으로 하고 있으므로 잘못 운용하면 인권을 위해할 우려가 상당히 많은 것으로 지적되기도 했다.[101]

또 한편 문화의 방향 흐름을 역행시키려는 시도는 무모한 일이며, 몰

---

98) 조희연, 위의 책, 176~177쪽 ; 김민정, 앞의 논문, 41쪽.
99) 권영성, 「남성장발단속과 사생활의 자유」, 『고시계』 295, 1981.9, 140쪽.
100) 김일수, 「경범죄처벌법의 제문제」, 『대한변호사협회지』 133, 대한변호사협회, 1987.9, 26쪽.
101) 송희영, 「경범죄 단속상황과 제문제」, 28쪽.

지각한 일임을 주장하기도 했다. 즉 장발은 젊은이들의 새로운 문화창조 활동의 전초적인 것이며, 과감한 청년들의 감정의 표출이라고 보았다. 청년들은 기성세대의 진부하고 고루한 행동양식을 답습하지 않는다고 하면서, 민족중흥을 위하여 조국의 급속한 경제성장을 촉구하는 분들이 어마어마한 경비가 드는 기성세대의 각종 유행을 받아들이면서 장발만 은 퇴폐풍조라고 할 수는 없다고 주장했다. 그리하여 문제가 되는 것은 경비가 들지 않는 장발이 아니라, 차라리 기성세대들이 전유하고 있는 호화주택이나, 외제고급승용차, 에어콘 등 각종 사치품과 포커, 골프, 볼 링 등 무지막지한 경비가 소요되는 오락들이라고 지적했다.[102]

이상과 같은 장발과 미니스커트 단속은 유신체제기 박정희 정권이 퇴 폐풍조 일소라는 사회혁신의 유신이념에 따라 미국식 자유주의를 흉내 내는 것조차 용인하지 못하고 젊은이들의 머리카락에 가위를, 미니스커 트에 대자를 들이대며 취향의 자유조차 억누를 정도로 대중들의 일상생 활까지도 통제하는 한 수단이었다.[103]

요컨대 1970년대 유신체제기 박정희 정권의 문화정책은 기본적으로 국 가의 목표달성을 위한 하나의 수단으로서 문화·예술현상을 이용했고, 그 를 위한 기제로서 선별적 지원과 심의·검열 등을 통한 통제를 적절히 사 용했다. 그리하여 전 국민을 유신체제 아래 통제하고 감시했던 것이다.

---

[102] 「장발단속 유감」, 『고대신문』 1974.6.18.
[103] 한국예술종합학교 한국예술연구소 엮음, 앞의 책.

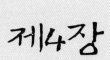

제4장

맺음말

제4장 맺음말

　이상과 같이 1970년대 박정희 정권의 문화정책인 제1차 문예중흥 5개년 계획의 내용과 역사적 의미 및 문화통제에 대해 살펴보았다.

　우선 제1차 문예중흥 5개년 계획이 실시되었던 배경은 1970년대에 들어서 우리나라의 국력과 경제성장이 신장되어 그동안 간과되어 왔던 문화예술분야에 관심을 갖게 되었다는 점과 아울러 당시의 정치, 사회, 문화 등 제 구조적인 현상이 그동안 경제성장제일주의로 인해 신경을 쓰지 못했던 국민의 정신적 근대화 개발이나 문예중흥이라는 문제를 불가피하게 대두시키게 되었다는 점을 들 수 있었다. 이제 경제성장만으로는 더 이상 한계에 봉착한 박정희 정권은 경제와 국력 및 문화는 깊은 상관관계에 있다는 점을 인식하고, 국민의 정신적 근대화를 내걸면서 문화예술의 발전과 대중문화를 통제하는 쪽으로 관심을 돌릴 수밖에 없었던 것이다.

　국민의 정신적 근대화 및 개발에 관심을 돌릴 수밖에 없었던 표면적인 요인은 일제지배하에서의 민족말살정책이나 8·15해방 이후 6·25전쟁을 겪으면서 물밀듯이 들어온 서구문화, 특히 미국문화의 무분별한 수용과 그 폐단으로 인해 문화의 내실보다는 외형에 치중하고 향락주의적이고 퇴폐적이며, 이기주의적이고 개인주의적인 성향이 만연하고 물질지상주의가 팽배함으로써 우리 고유의 미풍양식이 사라지고, 민족문화의 전통이 단절되는 위기현상이 고조되었다는 점에 두었다. 이로 인해 국민의 정신적 구조는 황폐화되고, 친미사상의 팽배와 주체성의 상실뿐만 아니라, 쾌락주의와 찰나주의에 휩쓸리는 현상과 더불어 자기비하, 열등감, 염세주의 및 부정주의 사고방식, 패배주의 현상이 만연하게 되었다는 것이다.

이에 1970년대에 들어서 학계에서나 일반인, 더 나아가 정부 측에서는 전통의 자각과 주체성의 확립이 없는 곳에 문화의 새로운 창조와 정당한 수용이 있을 수 없으며, 민족 자긍의 신념과 자존의 긍지가 없는 곳에 국가의 장래가 없다는 인식이 싹트기 시작했다. 그리하여 서구문화의 부정적 영향이 더욱 가속화되어 가는 상황에서 우수한 외국문화의 선별적 수용과 더불어 민족문화에 대한 재평가가 이루어져 전통문화를 계발하고, 새로운 문화를 재창조해나가야 한다는 소리가 일반화되어 갔다. 그리하여 1970년대에는 어느 분야를 막론하고 민족, 전통, 주체라는 말이 일종의 유행어가 되어 갔던 것이다. 그 결과 박정희 정권은 민족문화의 재창출과 국민의 정신개조 및 근대화를 표면적인 목표로 하는 제1차 문예중흥 5개년 계획을 실시하게 되었던 것이다.

그러나 실제 박정희 정권이 동 계획을 추진하려고 했던 필요성은 동 계획을 유신과업의 하나로 삼아 유신과업을 성공적으로 완수하려는 데 있었다. 박정희 정권은 10월 유신을 민족사 발전의 역사적 계기로 삼기 위해서는 사회 전 분야에 걸친 냉엄한 반성과 근본적인 개선이 요구되고 있지만, 그중에서도 가장 기본적인 과제는 유신의 주체인 국민의 정신개조에 있다고 주장했다. 즉 유신과업의 완수를 위한 역사발전의 원동력으로서 국민정신의 혁신이 절대적으로 필요하다고 보았다. 그리고 국민정신을 개조하는 일이 곧 문화예술의 발전뿐만 아니라, 국력 및 경제개발을 추동하는 힘이 될 수 있다고 보았다. 이러한 국민정신의 개조는 철저하게 유신이념으로 무장한 정신적 근대화를 이룩하는 것이며, 이를 위해 제1차 문예중흥 5개년 계획의 본질적인 필요성이 제기되었던 것이다. 따라서 유신이념이 제1차 문예중흥 5개년 계획안에 그대로 반영되어 있었고, 이러한 계획 아래 대중문화는 정부의 주도 아래 철저하게 통제되었던 것이다.

요컨대 제1차 문예중흥 5개년 계획은 유신체제들의 또 다른 구성 요소와 마찬가지로 1970년대 경제적 근대화를 통하여 출현된 것으로써, 민족문화를 개발하고 창출한다는 긍정적인 측면과 더불어 문화계 전반을 국가적 권력의 틀 속에 가두어 놓고, 유신체제를 정당화하고 지속시키려는 정치적 의도가 내재되어 있었던 것이다.

따라서 제1차 문예중흥 5개년 계획은 박정희의 강력한 의지표명과 지시를 통해 정부의 주도 아래 수립되었다. 그리고 이를 뒷받침하기 위한 법률로 문화예술진흥법이 제정되었고, 이 법에 따라 민족문화예술의 계승 발전과 연구 창작 보급활동을 지원하고 문예중흥을 이룩하기 위해 한국문화예술진흥원이 설립되었다. 그리고 문예중흥선언을 발표했다. 이는 경제근대화에 이어 유신이념에 따라 국민의 정신근대화 내지 정신개조를 선언한 것이라고 할 수 있다.

따라서 제1차 문예중흥 5개년 계획의 주체는 정부였으며, 동 계획은 문화예술진흥위원회의 일원적인 통제나 조정 및 국가 정책적 지원 아래 실시되었다. 이에 따라 투자규모의 자금 조달은 정부예산을 중심으로 민간투자를 계획했다. 그러나 실질적으로 투자금액이 미미하다는 평이 있었다. 특히 본질적으로 예술이라는 것이 돈을 투자한다고 해서 하루아침에 이루어지는 것이 아니며, 더 나아가 관 주도형으로는 문화예술의 바람직한 발전을 기대하기 어렵다는 지적이 있었다.

이러한 관제적 문화정책의 성격은 제1차 문예중흥 5개년 계획의 방향과 원칙 및 내용에 그대로 드러나고 있다. 즉 이에는 올바른 민족사관의 정립과 아울러, 예술의 생활화, 대중화 및 '문화복지사회'와 문화예술의 국제적 교류를 통한 '문화한국'의 건설이라는 순수한 문화예술의 발전이라는 목적 이외에 유신이념을 반영한 정치적인 성격이 내재되어 있었다.

구체적으로 제1차 문예중흥 5개년 계획은 순수한 문화예술의 발전이라는 측면에서 보면 한국사상을 계발·정리하고, 자주적이고 주체적인 민족사관을 정립하며, 한국사에 대한 국민적 관심을 불러일으키는 계기가 되었다. 그리고 문화재가 발굴되고 보수되었으며, 국악의 진흥과 민속악의 체계가 정립되기도 했다.

뿐만 아니라 이 계획은 문화재 계발과 보존, 각종 문화예술분야에 대한 체계적이고 구체적인 국가적 지원 등을 통해 민족문화를 재창조하고, 퇴장 또는 인멸될 우려가 있는 민족유산을 정비하고, 문화재 보호운동을 전개함으로써 범국민적 기풍을 진작시킨다는 야심찬 계획이기도 했다. 그리하여 우리 역사상 전통적인 민족문화에 대한 재인식과 재창출 과정이 부각되는 역사적 배경을 이루기도 했다. 또한 민족문학의 경우에서도 작가의 수입원인 원고료의 비현실성을 타파하는 등의 긍정적 효과도 기대할 수 있었다.

특히 박정희 정권은 제1차 문예중흥 5개년 계획을 실시하여 경제성장 일변도에서 벗어나 새로운 역사적 차원에서 '문화복지사회' 및 '문화한국'을 이룩하겠다는 의지를 표명했다. 그리하여 이 계획은 우리나라에서 최초로 문화정책과 전통문화발달에 대한 국가적 지원이 체계적이고 종합적으로 장기간 이루어지는 역사적 배경을 이루고 있으며, 더 나아가 '문화복지사회' 및 '문화한국' 건설이라는 목표를 가진 중요한 역사적 의미를 갖는다.

한편 1970년대 박정희 정권은 본격적인 국제화 시대를 맞이하여 경제성장에 따른 국력신장을 배경으로 '세계 속의 한국'이라는 목표 아래 우리 고유의 전통문화예술에 대한 적극적인 해외홍보전략과 함께 다방면에 걸쳐 한국문화를 해외에 전파하기 시작했다. 그리하여 이러한 국제적인 문화교류를 통해 한국문화의 우수성을 세계에 알리고 인식시키는 데 일조했으며, 더 나아가 세계 각국과의 관계를 증진시키고, 국제문화 현실 파악과 아울러 국위선양의 성과가 있었다. 그리하여 21세기 한국문화의 국제화 현상인 한류경향이 이루어지는 역사적 배경이 되기도 했다.

또한 1970년대 박정희 정권은 미흡하나마 문화면에서도 당시 냉전체제를 극복하고 통일에 대한 의지를 보여 남북적십자회담과 함께 7 · 4남북공동성명 발표 및 남북조절위원회 활동 등 남북간의 대화를 통해 사회문화면에서의 남북교류를 제의했다. 또한 통일전을 건립하거나 월북작가 작품의 규제를 완화하는 조치를 취하기도 했다. 이와 더불어 남북적십자회담에 관한 영화제작, 공산국가와의 우편물 및 인적 교류사업이 이루어졌으며, 이러한 정부의 움직임에 따라 국내 언론기관들에 의한 이산가족찾기운동이 전개되기도 했다.

이러한 사업은 국민들로 하여금 남북의 문화적 괴리를 올바로 인식하게 하고, 북한 문화의 허구성과 정치적 획일성에 대한 연구를 통해 유신체제에 대한 국민적 지지획득과 아울러 민족적 문화정통성을 재확인하고, 남북통일과업에 있어서의 주도권을 장악하기 위한 것이었다.

그러나 제1차 문예중흥 5개년 계획은 전통문화 및 문화예술의 창조적인 발달이 문화예술인들의 주체적인 창작의지 및 참여에 의해서가 아니라, 국가적 개입과 간섭을 정당화시키는 역사적인 배경을 이루고 있다. 그리하여 이 계획은 예술인들의 표현의 자유와 전달의 자유를 억압하고, 예술인들이 유신체제의 현실과 타협하면서 사회개조의 노력을 외면하는 기술자 역할만을 한다는 비판을 낳기도 했다.

또한 민족주체성론이 빚어낸 역기능으로 무질서하고, 무분별한 복고주의 및 국가주의적 풍조로 말미암아 정치 · 사회 · 문화현실에 있어서 반시대적, 반역사적 현상을 초래했을 뿐만 아니라, 그 때문에 주체성론이 분단국가의 정당성, 영구불변성, 통치권위의 최고성을 뒷받침하는 데 이바지하는 결과를 가져오는 문제가 지적되기도 했다.

더 나아가 국가적 민족주의의 차원에서 제1차 문예중흥 5개년 계획은 한국적이고 민족적이면 무조건 정당화되는 부조리 현상을 낳게 할 우려가 있으며, 획일적 사고로 창의성을 저해하게 된다는 비판도 받았다. 또한 한국적인 것을 지나치게 강요하는 것은 세계성과 동떨어진 국수주의적이고, 폐쇄적인 방향으로 흘러갈 우려가 있다는 비판이 있었다.

특히 이 계획이 국가가 주도하는 것이었기 때문에 정치적 목적을 포함하고 있었다. 예를 들어 전통문화의 계발부문에 있어 가장 핵심사업인 주체적인 민족사관의 정립과 민족문화의 창달은 유신이념에 기초한 것이었다. 또한 민족문학의 경우 경제건설, 국가안보, 국민총화의 시대적 사명을 알고, 1970년대를 슬기롭게 살아가는 한국인상이 담겨져야 한다는 전제가 붙어 있었다. 이는 유신이념에 기초한 한국인상을 그리는 것이며, 한국문학은 그러한 국민정신의 계발과 단합을 이루어 조국근대화와 민족중흥에 이바지하도록 되어 있었다.

미술에 있어서도 국난극복의 사실을 중심으로, 새마을운동 및 경제개발 성과에 관한 기록화 제작을 전제로 하고 있었다. 음악에 있어서도 퇴폐풍조의 온상이 되어 가고 있는 대중가요의 정화라는 차원에서 유신이념이 담겨지고, 조국애와 민족의 단합을 고취시키는 건전가요나 합창곡이 권장되고 있었다. 연극 역시 국민총화 및 민족번영을 이끄는 민족연극운동이 권장되었다. 더 나아가 대중문화창달부문인 영화부문에서도 국난극복, 민족의 위대성, 유신이념에 철저한 새로운 한국인상을 소재로 하는 민족영화 및 국민교육영화 제작이 권장되었다.

이처럼 박정희 정권은 제1차 문예중흥 5개년 계획을 통해 유신체제의 규범적 질서를 세우고, 그 정당성을 확보하며, 유신이념을 대중적으로 홍보하고, 유신체제에 대한 대중들의 동의를 이끌어내려고 했던 것이다. 이러한 의도는 전통문화 및 대중문화를 통해 유신체제에 대한 대중적 저항과 불만을 억누르고, 대중들이 유신체제를 기쁨의 정치로 생각하게끔 하면서 명랑한 사회기풍을 조성해나가려는 대중통제의 한 방법이라고 볼 수 있다. 즉 박정희 정권은 동 계획을 정치적으로 이용하며, 유신체제 유지를 위한 도구로 삼았던 것이다.

한편 1970년대 박정희 정권의 대중문화통제는 보다 구체적이고 체계적이며, 적극적으로 사회문화 전반에 걸쳐 이루어졌다. 이는 당시 산업화의 진전과 더불어 폭발적으로 성장한 대중문화의 발달과 그에 따른 저항성에 대한 규제책으로 전개되었다. 특히 TV 보급률이 급격하게 증가하면서 TV와 라디오를 비롯한 전파매체는 문화의 대중화 현상을 주도했기 때문이다.

또한 6·25전쟁 이후 베이비 붐 세대들이 1970년대에 이르러 영 파워를 형성하면서 청년문화가 탄생했고, 그들 나름대로 독특한 문화를 나타냈다. 그 예로 젊음을 표상하는 것으로 통기타, 청바지, 생맥주 등 이 세 가지는 일반 기성세대들의 생각을 뛰어넘는 그들만의 문화라고 할 수 있었다.

특히 1964년 미국의 베트남 전쟁 개입에 따라 반전운동과 반항의 물결이 거세지고, 실존주의적 가치와 허무주의를 기초로 한 중산층 지식계급·예술가들을 중심으로 한 문화적 반항집단인 히피가 등장했다. 미국을 정점으로 1960년대 말부터 태동한 이들의 문화는 새로운 헤어스타일의 원동력이었고, 저항적 행위로 반유행의 헤어스타일을 이용했다. 저항성의 상징으로 머리를 기르고, 반전운동에 대한 상징으로 꽃을 이용한 머리장식을 했으며, 자유분방하게 헝클어진 머리를 통해 현실을 도피하고 이상세계를 경험하고자 했다.

이에 따라 우리나라에서도 청년문화가 생기고, 장발이 큰 인기를 끌었다. 특히 1970년대에는 포크송이 유행했는데, 그 원형은 미국 민요의 재현운동에서 찾을 수 있었다. 그것이 1960년대 월남전으로 인한 반전운동, 흑인 민권운동, 진보적 학생운동 등에 연계 확산되면서 차츰 저항적인 요소를 내포한 튀는 문화로 되어 갔다.

한편 1970년대에 나타난 특징적인 것으로는 일련의 문화운동이다. 이 중에서도 특히 대학생들에 의한 야학운동, 양서출판운동 및 민속극 운동(탈춤·마당굿)이 대표적이었다. 이러한 청년문화와 문화운동의 발달은 유신체제하 1970년대 제1차 문예중흥 5개년 계획의 실천이라는 국가적 문화통제 정책하에서도 민중들의 자주적이고 주체적인 문화적 욕구와 저항의식의 분출을 반영한 것이라 할 수 있다. 따라서 박정희 정권은 대중문화에 대한 보다 적극적인 개입과 통제를 아래와 같이 했던 것이다.

우선 박정희 정권은 방송법과 한국방송공사법 및 영화법, 그리고 공연법 등을 개정했다. 그리하여 박정희 정권은 방송 및 문화예술에 대한 국가적 간섭과 개입 그리고 통제와 검열을 강화시켜나갔다. 예를 들어 방송윤리위원회를 법제화하고, 방송 내부의 사전심의를 의무화함으로써 프로그램 통제를 강화했다. 또한 광고방송의 횟수 및 시간을 법제화하여 민영방송의 재원 운용에 질서를 부과하려 했다. 이러한 국가적 개입은 유신체제에 반하는 이념의 유포를 막는 일상적 규제의 수준을 넘어 문화예술분야를 유신체제 홍보의 하위단위로 삼겠다는 국가적 의지를 표현한 것이었다.

특히 1975년 5월 13일 박정희 정권은 긴급조치 9호를 선포하고, 이어서「방송정화실천요강」을 발표했다. 이는 연예오락방송은 사회기풍을 바로잡고, 국민정서순화를 위한 건전한 내용이 되도록 한다는 것이었고, 음악프로그램은 퇴폐적이거나 허무적인 것을 배제하고, 밝고 아름다운 것을 적극 반영하며, 희망적이고 건전한 생활풍토 조성에 기여한다는 것이었다.

더 나아가 동아일보 및 동아방송에 대한 광고탄압이 있었다. 이 모두는 사실상 유신체제를 정당화하고 유지하려는 데 목적이 있었던 것이다.

한편 박정희 정권은 가요와 영화에 대해서도 통제를 가하여 사전·사후심의라는 이중 심의제도를 시행했다. 그리고 박정희 정권은 유신체제의 이데올로기에 반하는 대중가요의 검열과 통제만 한 것이 아니라, 자신들의 지배 이데올로기를 전파할 수 있는 노래운동을 펼쳤다. 이는 곧 정부의 주도로 건전가요운동을 본격적으로 전개한 것으로 나타났다. 이러한 건전가요는 사회적 교육 또는 학습의 성격을 띤 것이므로 정부에 의해 선택된 이데올로기가 노래를 통해 강요되고, 통제되는 역할을 했다.

그러는 가운데 가요에 대한 대대적인 압박정책이 시작되었다. 1975년은 한마디로 '가요 대학살의 해'였다. 그 결과 도합 국내 가요 222곡이 금지곡으로 확정되었다. 국가안보와 국민총화에 악영향을 주거나 외래 풍조의 무분별한 도입, 패배 자학 비관적인 것, 선정 퇴폐적인 것 등등을 이유로 삼았다.

한편 1975년은 대마초 일제 단속의 해로도 기억된다. 이러한 대마초 사건은 '대중문화 길들이기' 혐의가 전혀 없다고 보기도 어려웠다.

이처럼 박정희 정권은 대중문화를 매우 철저하게 통제했다. 이는 대중매체의 뛰어난 파급 효과에 주목하고, 이를 적극적으로 이용하기 위한 것이었다. 이러한 전략은 영화에도 마찬가지로 적용되었다. 즉 영화에 대한 국가권력을 영진공으로 집중시키고, 영화진흥사업을 통해 구체적인 지원책을 내세우면서 영화를 효율적이고 합리적으로 통제하고자 한 것이다. 즉 유신이념이나 국민총화에 맞지 않는 모든 영화를 규제했다.

마지막으로 유신체제기의 이색적인 대중문화통제로는 장발과 미니스커트 단속이 있었다. 장발단속의 표면적 목적은 퇴폐적 사회풍조를 선도하여 깨끗하고 건전한 사회기풍을 정착시키는 데 있었다. 그러나 장발과 미니스커트 단속은 유신체제기 박정희 정권이 사회혁신이라는 유신이념에 따라 대중들의 일상생활까지도 통제하는 한 수단이었던 것이다. 그리하여 1970년대는 유신체제의 엄격한 국가통제 아래 숱한 긴급조치가 남발되고, 사회문화적으로 숨 막히는 규제가 이루어졌다. 이로써 박정희 정권은 유신체제를 유지하고 권력의 종신집권을 도모했던 것이다.

요컨대 1970년대 박정희 정권이 추진했던 문화정책과 문화통제는 유신체제라는 국가체제의 목표달성과 이를 중심으로 하는 국민적 통합을 위한 필요조건을 담당하고 있었으며, 유신적 국가질서를 정당화시키는 데 봉사하는 기능을 담당하고 있었던 것이다. 또한 이는 문화정책의 결정과 목표 및 추진과정에 있어서 국민적 합의과정을 조금도 거치지 않은 일방적이고, 권위주의적인 위로부터의 정책이었다. 그리하여 이 시기 문화정책과 문화통제는 이후 한국사회의 문화적 모순의 구조인 국가주의적이고 일방적이며, 관료주의적인 억압과 규제 위주의 문화정책을 정착시키는 역할을 했다.

이상과 같은 위로부터의 권력에 의한 문화적 규제와 통제를 극복하고, 해방 이후 현대 한국사회 속에서 배태되어온 병폐인 정체성 상실과 문화적 비전 상실 및 정신적 황폐화 현상들을 극복하기 위해서는 문화예술인들의 창작의 자유 및 상대적 자율성과 문화적 자유가 보장되고, 관료적 문화행정이 철폐되며, 시민들이 문화정책과 추진과정에 적극 참여하여 문화의 대중화와 생활화가 이루어지는 '문화복지사회' 및 '문화적 민주주의'가 실현되어야 할 것이다. 그리고 이러한 '문화복지사회' 및 '문화적 민주주의'는 정치적, 경제적 민주화 과정과 밀접한 관련 속에서 이루어져야 할 것이다. 이때만이 박정희 시대의 문화정책과 문화통제와 같은 국가적 민족주의의 폐단을 극복하고, 21세기 개방화와 세계화의 국제적인 흐름 속에서 한국문화의 정체성과 발전을 모색하면서 한류의 흐름에 맞추어 문화선진국 시대를 열어갈 수 있을 것이다.

　마지막으로 1970년대 박정희 정권하에 이루어진 남북대화와 통일의 움직임이 비록 정부 차원의 운동이었지만, 이를 발전적으로 계승하여 오랜 분단체제 아래 형성된 남북간의 이질적인 체제 및 문화적 차이를 극복하고, 정부 차원과 민간 차원 양쪽에 의한 남북대화와 남북교류를 통한 '통일문화'를 준비해 나가야 할 것이다.

참고문헌

1. 1차 사료

『고대신문』, 『동아일보』, 『메트로』, 『조선일보』, 『중앙일보』.

강만길, 「국사학의 주체성론 문제」, 고려대학교 행동과학연구소 편, 『한국인의 주
　　　체성』, 고려대학교 출판부, 1978.
경기도 여주군 문화공보실, 『영화』, 국가기록원, 1976.
경상북도 경산군 문화공보실, 『건전가요 합창경연대회 지휘자 참가협조 의뢰』, 국
　　　가기록원, 1981.
경찰연구회 편, 「경범죄처벌법의 운용」, 『경찰』 1권 11호, 내무부 치안국, 1962.11.
곽종원, 「문예중흥 제3차년도의 사업방향」, 『문예진흥』, 1976.1.
국정홍보처 영상홍보원 방송제작팀, 『영화제작지시서 — 제2차 남북적십자 본회담』,
　　　국가기록원, 1972.
국정홍보처 영상홍보원 방송제작팀, 『영화제작지시서 — 제3차 남북적십자회담, 제
　　　4차 남북적십자회담, 제5차 남북적십자회담』, 국가기록원, 1973.
「국학개발부문 제1차년도 사업계획」, 『문예진흥』, 1974.5.
권영성, 「남성장발단속과 사생활의 자유」, 『고시계』 295, 1981.9.
김경동, 「제2차 문예중흥 5개년 계획입안을 위한 공개토론회」, 『건축사』, 1978.5.
김동호(문화공보부 문화과장), 「문예중흥의 기본방향과 그 과제」, 『시사』 11권 1
　　　호, 1972.1.
김종길, 「한국문화의 현상과 새 가치관」, 『고대문화』 14, 1973.9.
김태길, 「전통사상과 민족문화」, 『문교월보』 48, 1973.11.
남북조절위원회, 『남북대화백서』, 남북조절위원회, 1978.

남북조절위원회 적십자회담, 『남북대화』 16호, 한국국제문화협회, 1978.4.

노명식, 「한국문화의 특수성과 보편성」, 『연세』 9, 1974.6.

대검찰청 서울고등검찰청 수원지방 검찰청 예규지침, 『히피성 장발단속계획 시달』, 국가기록원, 1976.

대한적십자사, 『이산가족백서』, 대한적십자사, 1976.

「문예중흥 5개년 계획 개요」, 『문예진흥』 1, 1974.5.

「문예중흥 5개년 계획의 문제점」, 『신동아』, 1973.12.

「문예중흥선언」, 『문교월보』 48, 1973.11.

「문예중흥의 기본방향」, 『동서문화』 2권 10호, 1971.12.

「문예중흥 제1차년도 사업추진 중간실적」, 『문예진흥』 1권 6호, 1974.10.

「문예진흥사업 77년도 상반기 결산」, 『문예진흥』, 1977.9.

「문예진흥원의 운영방향과 사업」, 『문예진흥』, 1974.5.

「문예진흥원 75년도 사업실적과 성과분석」, 『문예진흥』 21, 1976.1.

문정복, 「해방 30년의 한국적 의식」, 『영대문화』 8, 영남대학교, 1975.

문화공보부, 『문예중흥 5개년 계획 제1차년도 사업실적 제출』, 국가기록원, 1974.

문화공보부, 『문화공보 30년』, 문화공보부, 1979.

문화공보부, 『문화재보호와 우리의 자세』, 문화공보부, 1972.

문화공보부, 『민족문화예술의 슬기를 빛내자』, 문화공보부, 1973.

문화공보부, 『제1차 문예중흥 5개년 계획평가』, 국가기록원, 1978.

문화공보부, 『호국선현의 유적』, 문화공보부, 1977.

문화공보부, 『충무공정신의 생활화』, 문화공보부, 1972.

문화공보부 문화국 진흥과, 『제1차 문예중흥 5개년 계획확정』, 국가기록원, 1973.

문화공보부 문화재관리국, 『문화재대관 사적편』 하, 문화공보부 문화재관리국, 1976.

문화공보부 예술국 진흥과, 『1975년도 문예진흥사업추진』, 국가기록원, 1975.

「문화예술진흥기금으로 지급하는 기부금에 대한 면세」, 『문예진흥』, 1977.12.

「문화재보호와 민족주체성 확립」, 『국토통일』, 국토통일원, 1973.10.

「민족문화예술의 실태와 그 진흥의 필요성」, 『문교월보』 48, 1973.11.

박성의, 「민족문화에 대한 태도와 연구과제」, 『고대문화』 13, 1972.8.

법제처장, 『방송법 중 개정법률안』, 국가기록원, 1973.

변우창, 『경범죄처벌법석의』, 수도문화사, 1954.

서항석, 「민족예술의 대제전」, 『한국연극』 제2권 제12호, 1977.12.

「세종문화회관개관기념예술제」, 『한국연극』 제3권 제5호, 1978.5.

송건호, 「민족문화의 위기와 극복」, 『영대문화』 10, 영남대학교, 1977.

송희영, 「개정 경범죄처벌법 해설」, 『경찰고시』 101, 경찰고시사, 1973.3.

송희영, 「경범죄 단속상황과 제문제」, 『경찰고시』 95, 경찰고시사, 1972.9.

「안보·안정·총화의 길」, 『문예진흥』, 1976.1.

여석기, 「전통문화와 외래문화」, 『정신문화』, 한국정신문화연구원, 1981 겨울.

여중철, 「전통문화와 외래문화」, 『영대문화』 10, 영남대학교, 1977.

영화진흥공사, 『1977년도판 한국영화년감』, 영화진흥공사, 1978.

영화진흥공사, 『1978년도판 한국영화년감』, 영화진흥공사, 1979.

「우리 문화예술의 르네상스」, 『주부생활』 106, 1974.1.

윤주영(문공부장관), 「문예중흥의 과제와 전망」, 『유신정우』 5권 1호, 1977.4.

윤주영(문공부장관), 「문예중흥의 배경」, 『월간중앙』 44, 1971.11.

이진순, 「서울세종문화회관개관을 축하하며」, 『한국연극』 제3권 제5호, 1978.5.

임희섭, 「해방 30년의 한국사회의 변화」, 『영대문화』 8, 영남대학교, 1975.

전라남도 목포시 기획실 문예체육담당관실, 『건전가요 보급운동 전개』, 국가기록
　　　원, 1978.

전라북도 전주시 기획실 문화공보담당관실, 『대중가요정화(국내금지곡)』, 국가기
　　　록원, 1977.

「제1차 문예중흥 5개년 계획」, 『신여원』 26, 1974.1.

「제2차 문화예술 진흥위원회 개최」, 『문예진흥』, 1977.1.

조성길(한국문화예술진흥원 부원장), 「문예진흥원의 운영방향과 사업」, 『문예진흥』 1,
　　　1974.5.

총무처 의정국 의사과, 『장발단속계획보고』, 국가기록원, 1976.

「74년도 문예진흥사업실적」, 『문예진흥』 9, 1975.1.

「75년도 문예진흥사업계획 및 예산」, 『문예진흥』 10, 1975.2.

「75년도 문예진흥사업추진을 위한 각종 위원회 구성」, 『문예진흥』, 1975.3.

「1976년도 문예진흥원 사업실적 및 성과」, 『문예진흥』 4권 1호, 1977.

「1977년도 문예진흥원 사업계획」, 『문예진흥』, 1977.1.

「1977년도 문화예술 시정지표」, 『문예진흥』, 1977.1.

「1978년도 문예진흥원 사업계획」, 『문예진흥』 43, 1978.2.

「1978년도 문예진흥원 사업실적」, 『문예진흥』, 1979. 1.

「특집 제1회 대한민국연극제 평가좌담」, 『한국연극』 제2권 제12호, 1977. 12.

한국문화예술진흥원, 『1976년도판 문예년감』, 한국문화예술진흥원, 1977.

한국문화예술진흥원, 『1977년도판 문예년감』, 한국문화예술진흥원, 1978.

한국문화예술진흥원, 『1978년도판 문예년감』, 한국문화예술진흥원, 1979.

「한국연극의 해외공연」, 『연극평론』 1977 여름호.

홍보조사연구소, 「10월 유신 1년간의 성과」, 『국토통일』, 국토통일원, 1973. 10.

2. 참고저서

가와무라 쓰네아키 외(이흥재 옮김), 『문화재정책개론』, 논형, 2007.

강준만, 『한국대중매체사』, 인물과 사상사, 2007.

김동호 외, 『한국영화정책사』, 나남출판, 2005.

김미경, 『한국현대미술자료약사(1960~1979)』, ICAS, 2003.

김정렴, 『아, 박정희』, 중앙M&B, 1997.

김종원 · 정중헌, 『우리 영화 100년』, 현암사, 2001.

김지평, 『한국가요정신사』, 아름출판사, 2000.

김행선, 『박정희와 유신체제』, 선인, 2006.

김행선, 『6 · 25전쟁과 한국사회문화변동』, 선인, 2009.

노중선 엮음, 『남북한 통일정책과 통일운동 50년』, 사계절, 1996.

문옥배, 『한국금지곡의 사회사』, 예술, 2004.

『문화예술총서 – 문화정책』 10, 한국문화예술진흥원, 1988.

박광우, 『한국문화정책론』, 김영사, 2010.

박찬호, 『한국가요사』 2, 미지북스, 2009.

박혜자, 『문화정책과 행정』, 대영문화사, 2011.

백운관 · 부길만, 『한국출판문화변천사』, 타래, 1992.

변우창, 『경범죄처벌법석의』, 수도문화사, 1954.

부산일보사 기획연구실, 『임시수도천일』 하, 부산일보사, 1983.

신영석, 『역대 정권의 통일정책 변천사』, 평화문제연구소, 2008.

이중한 · 이두영 외, 『우리 출판 100년』, 현암사, 2001.

임영태, 『대한민국 50년사』, 들녘, 1998.

정덕장, 『주석 경범죄처벌법』, 법원사, 1989.
정종화, 『자료로 본 한국영화사』, 열화당, 1997.
정철현, 『문화연구와 문화정책』, 서울경제경영, 2005.
조항제, 『한국방송의 역사와 전망』, 한울아카데미, 2003.
조희연, 『박정희와 개발독재시대』, 역사비평사, 2007.
최경숙, 『한국현대사의 이해』, 부산외국어대학교 출판부, 2001.
최의철·신현기, 『남북한 통일정책과 교류협력』, 백산문화, 2001.
최창봉·강현두, 『우리 방송 100년』, 현암사, 2001.
크리스 젠크스(김윤용 옮김), 『문화란 무엇인가』, 현대미학사, 1996.
탈코트 파아슨즈(이종수 옮김), 『사회의 유형』, 기린원, 1989.
한국예술종합학교 한국예술연구소 엮음, 『한국현대예술사대계』 4(1970년대), 시공
　　사, 2004.

3. 참고논문

권오헌, 「역사적 인물의 영웅화와 기념의 문화정치－1960～1970년대를 중심으로」,
　　고려대학교 대학원 사회학과 박사학위논문, 2010.
권은선, 「1970년대 한국영화연구」, 중앙대학교 첨단영상대학원 영상예술학과 영화
　　영상이론 전공 박사학위논문, 2010.
김경동, 「오늘의 시점에서 본 6·25의 사회적 흔적」, 『현대사회를 어떻게 볼 것인
　　가』, 동아일보사, 1988.
김민정, 「개화기 이후의 남성 머리 양식의 변천과 재현에 관한 연구」, 한성대학교
　　예술대학원 패션예술학과 석사학위논문, 2003.
김세진, 「1970년대 한국 국책영화 규정에 대한 소고」, 『현대영화연구』 3, 한양대학
　　교 현대영화연구소, 2007.
김운미, 「1970년대 남북한 무용교육에 대한 연구」, 『한국체육학회지』 42권 4호, 한
　　국체육학회, 2003.
김일수, 「경범죄처벌법의 제문제」, 『대한변호사협회지』 133, 대한변호사협회, 1987.9.
김일영, 「박정희 시대 연구의 쟁점과 과제」, 정성화 편, 『박정희 시대 연구의 쟁점
　　과 과제』, 선인, 2005.
김재석, 「진동아굿과 마당극의 공유정신」, 『민족문학사연구』 26, 민족문학사학

회·민족문학사연구소, 2004.

김진균, 「한국의 교육문화에 대한 사회학적 접근」, 『한국사회변동연구』 1, 민중사, 1984.

김창남, 「유신문화의 이중성과 대항문화」, 『역사비평』 30, 역사문제연구소, 1995 가을.

박명진, 「1970년대 연극제도와 국가이데올로기」, 『민족문학사연구』 26, 민족문학 사학회·민족문학사연구소, 2004.

박용모, 「남북한 통일정책에 대한 연구」, 동국대학교 행정대학원 북한학과 통일정 책전공 석사학위논문, 2001.

박용상, 「한국방송법제사」, 『법조』 39권 5호, 법조협회, 1990.

박종백, 「한국통일정책의 변화과정 연구」, 고려대학교 정책대학원 국제관계학과 석사학위논문, 1998.

박지연, 「영화법 제정에서 제4차 개정기까지의 영화정책(1961~1984)」, 김동호 외, 『한국영화정책사』, 나남출판, 2005.

박지연, 「1960, 70년대 한국영화정책과 산업」, 한국영상자료원 편, 『한국영화사 공 부』, 이채, 2004.

배광복, 「남북관계의 경로의존과 구성」, 고려대학교 대학원 정치외교학과 박사학 위논문, 2008.

백외문, 「한국문화정책의 발전방향에 관한 연구」, 연세대학교 행정학과 석사학위 논문, 1991.

선재규, 「공연법제의 변천과 발전방안 연구」, 성균관대학교 대학원 공연예술학과 석사학위논문, 2003.

유팔무, 「한국전쟁과 문화변동」, 『아시아문화』 16, 한림대학교 아시아문화연구소, 2000.12.

윤금선, 「1970년대 독서대중화운동연구」, 『국어교육연구』 20, 서울대학교 국어교 육연구소, 2007.

윤선희·김영한, 「1970년대 대중문화와 여성의 재현」, 한국방송학회, 『한국방송학 보』 19권 3호, 2005.9.

윤진현, 「1970년대 국립극단 역사 소재극 연구」, 『민족문학사연구』 31, 민족문학사 학회·민족문학사연구소, 2006.

윤진현, 「1970년대 역사 소재극에 나타난 담론투쟁 양상」, 『민족문학사연구』 26,

민족문학사학회·민족문학사연구소, 2004.

이선엽, 「경범죄처벌법의 역사적 변천」, 『한국행정사학지』 25, 한국행정학회, 2009.

이영도, 「기록을 통해서 본 70년대 문예중흥 5개년 계획」, 『기록인』 7, 국가기록원, 2009 여름.

이영미, 「한국 남성 헤어스타일 변천에 관한 연구」, 동덕여자대학교 패션전문대학원 패션학과 석사학위논문, 2004.

이종석, 「유신체제의 형성과 분단구조」, 이병천 엮음, 『개방독재와 박정희 시대』, 창비, 2003.

이혁상, 「한국영화진흥기구의 역사」, 김동호 외, 『한국영화정책사』, 나남출판, 2005.

이호걸, 「1970년대 한국영화」, 한국영상자료원 편, 『한국영화사 공부』, 이채, 2004.

장영민, 「박정희 정권의 국사교육 강화정책에 관한 연구」, 『인문학연구』 34권 2호, 충남대학교 인문과학연구소, 2007.

전재호, 「동원된 민족주의와 전통문화정책」, 한국정치학회 편, 『박정희를 넘어서』, 푸른숲, 1998.

전재호, 「민족주의와 역사의 이용-박정희 체제의 전통문화정책」, 『사회과학연구』 7, 서강대학교 사회과학연구소, 1998.12.

정갑영, 「우리나라 전통문화정책의 전개과정과 그 의미」, 『정신문화연구』 81, 2000.12.

정덕장, 『주석 경범죄처벌법』, 법원사, 1989.

정성호, 「한국전쟁과 인구사회학적 변화」, 한국정신문화연구원 편, 『한국전쟁과 사회구조의 변화』, 백산서당, 2002.

정태수, 「유신체제와 유일사상체제기의 1970년대 남북한 영화」, 정태수, 『남북한 영화사 비교연구』, 국학자료원, 2007.

정해구, 「박정희 신드롬의 양상과 성격」, 한국정치학회 편, 『박정희를 넘어서』, 푸른숲, 1998.

정헌이, 「1970년대 이후 한국미술의 내셔널리즘과 미술비평」, 서양미술사학회, 『서양미술사학회논문집』 31, 2009.8.

조현수, 「70년대 한국문화정책에 대한 연구-제1차 문예중흥 5개년 계획(1974~1978)을 중심으로」, 중앙대학교 사회개발대학원 문화예술학과 예술학 석사학위논문, 1987.

주창윤, 「1970년대 청년문화와 세대담론의 정치학」, 『언론과 사회』 14권 3호, 성곡

언론문화재단, 2006.8.
하효숙, 「1970년대 문화정책을 통해 본 근대성의 의미 – 문예중흥 5개년 계획과 새마을운동을 중심으로」, 서강대학교 신문방송학과 석사학위논문, 2000.
황혜진, 「1970년대 유신체제기의 한국영화연구」, 동국대학교 대학원 연극영화학과 박사학위논문, 2003.

찾아보기

김행선

- 1954년 서울 출생
- 1977년 고려대학교 문과대학 불어불문학과 졸업
- 1996년 고려대학교 일반대학원 사학과 문학박사
- 2002년 고려대학교 아세아문제연구소 연구조교수
- 2005년 성균관대학교 동아시아 유교문화권 교육연구단 연구조교수
- 현재 고려대학교 사학과 강사

■ 저서

『루소의 생애와 사상』, 노란숲, 2011.

『초기경전에 나타나는 석가모니의 생애와 사상』, 선인, 2010.

『6·25전쟁과 한국사회문화변동』, 선인, 2009.

『역사와 신앙』, 선인, 2008.

『한국근현대사 강의』, 선인, 2007.

『박정희와 유신체제』, 선인, 2006.

『4·19와 민주당』, 선인, 2005.

『해방정국 청년운동사』, 선인, 2004.

강만길 외, 『근대 동아시아 역사인식 비교』, 선인, 2004.

『동서양 고전의 이해』, 이회출판사, 1999.

『해방정국 청년운동과 민족통일전선운동 연구(1945.8.15~1946.10)』, 이회출판사, 1996.